中国明堂思想研究

中国明堂思想研究

王朝をささえるコスモロジー

南澤良彦著

岩波書店

目　次

序章

第一節　問題の所在

(一)明堂とは何か

1　明堂の両義性

明堂《めいどう》とは、政治と宗教とが分かち難く結び付いた両義《りょうぎ》的な場所である。具体的に述べよう。明堂とは第一義的には、王者の殿堂《でんどう》である。近代以前の中国の伝統的な観念では、王者は天子《てんし》、天の息子であり、天からの命《めい》を厳粛に受諾し、地上を統治した。明堂は天子がその神授の権力を行使し、臣下や周辺国に忠誠を誓わせる場所だった。また、明堂は天子が天から、月令《げつれい》と呼ぶ月ごとに行うべき政治、儀式、行事のリストを拝聴し、臣下に伝達する場所でもあった。

明堂はまた、神霊の廟堂《びょうどう》でもある。天子は明堂に天や上帝《じょうてい》と呼ばれる天の神を祀《まつ》り、あわせて自己の先祖の霊や、日月星辰《じつげつせいしん》、山川風雨等を神格化した自然神をも祀った。いみじくも、唐《とう》の則天武后《そくてんぶこう》が自らの明堂を万象神宮《ばんしょうしんきゅう》と命名したように、明堂は数多《あまた》の神霊の集う廟堂だったのである。

明堂とは王者の殿堂であり、神霊の廟堂であった。この二つの側面は矛盾せず、むしろ一体化した性質のものである。王者が臣下の忠誠を確認する場所に明堂を選んだのは、そこが神霊の祀られる聖なる場所であるからだ。王者も臣下も、誰しもが天を畏怖し、先祖の霊の永遠性や八《や》百万《およろず》の神の存在を信じていたからこそ、明堂において神の御前で立てた誓いは守られる保証があり、下される月令は尊重されるのだ。

2　天の思想と明堂

中国では、古代から天に対する信仰があった。その起源は、西周《せいしゅう》(紀元前一〇二三〜前七七〇)の時代に遡る。それまで中国を支配していた殷《いん》王朝(商《しょう》とも言う。前一六世紀頃〜前一〇二三)は、上帝を信仰していた。上帝が荒ぶる人格神であったのに対し、天は人格と自然との両面を持った性質の神であった。天は宇宙を主宰する最高神であるが、物言わぬ神であり、地上世界は人間の中の徳に優れた者を選んで天の子(天子)とし、天に替わってその統治を命じた。天子は善政を施せば、天から褒美を授かるが、悪政を行えば、警告として天変地異が起こり、反省の色が見えなければ、統治権(天命)を取り上げられる。このような天に対する観念は、前漢《ぜんかん》時代(前二〇二〜後八)に天人相関《てんじんそうかん》思想と呼ばれる思想に発展し、後漢《ごかん》時代(二五〜二二〇)には、天子は、天子自身かその祖先が天神《てんじん》の精に感じて生まれたとする説(感生帝説)さえ生じたのである。

天は自然としての側面では、その見かけの色から蒼天《そうてん》、その広大さから昊天《こうてん》、敬意を表して皇天《こうてん》と呼ばれ[1]、また人格神としての側面では上帝、天帝《てんてい》とも呼ばれたが、儒教の経典、教義では両側面をあわせた昊天上帝(皇天上帝)の語が最高神を指す正式名称として定着した。前漢初期には黄老《こうろう》思想の影響で、新たに泰一《たいいつ》神が現れて最高神とされ、その補佐役として五帝《ごてい》がはじめて登場した。五帝は、五行《ごぎょう》思想の産物であり、木火土金水の五行を司り、東南中央西北の五方位に拠って、春夏土用《どよう》秋冬の季節の巡りを順調にする。実は実在が確認される最初の明堂である泰山《たいざん》明堂に祀られたのは、この泰一神と五帝とであった。前漢末に長安《ちょうあん》に明堂を造った王莽《おうもう》は、泰一神と皇天上帝とを同一視した。後漢時代には天空の星座に居所を持つ天皇大帝《てんこうたいてい》、太微《たいび》五帝が現れ、明堂の祭祀対象の論議をさらに複雑にしてゆく。

3　古代中国の祭祀

古代中国では、祭祀は国の最大事項の一つであり、祭祀で重要なのは、供物《くもつ》を捧げることであった。(2) 供物を捧げるのは、神霊に交わり、加護を得て将来の幸福を願うためである。祭祀する神霊には、神と祖霊《それい》(先祖の霊)の二種類があった。神には天神地祇《ちぎ》、日月星辰から、山川風雨、土地神穀神等に至るまでの、八百万の神があった。祖霊の祭祀は中国では特に重んじられ、孝子は父母に、死後も生前と同様に孝養を尽くすために、祭祀するのである。

皇帝は人の子として、当然ながら祖霊を祭祀する義務があるが、皇帝の特権として一際大きな宗廟《そうびょう》(霊廟)を建て、先祖の祭祀を国家の行事として行った。皇帝の宗廟は太廟と呼ばれ、皇帝の一族ばかりではなく、臣下からも、尊崇を受けた。また、天神地祇の祭祀は皇帝の特権であり、義務である。皇帝は天子として、その父母である天神地祇を、首都の郊外に土の壇を築いて祭祀した。

天神地祇の祭祀には、数多の神々をあわせ祀る(これを配食《はいしょく》、配享《はいきょう》、配饗《はいきょう》と言う)のが通例であった。皇帝の祖霊も配食されたが、その最大の理由は天神と共に祭祀を捧げて、祖霊を最大に礼遇し、その尊厳を高めることにある。もう一つ付け加えれば、祖霊には、神霊が見えない生身の人間である皇帝になり代わって天神を供応する役割も期待されたに違いない。

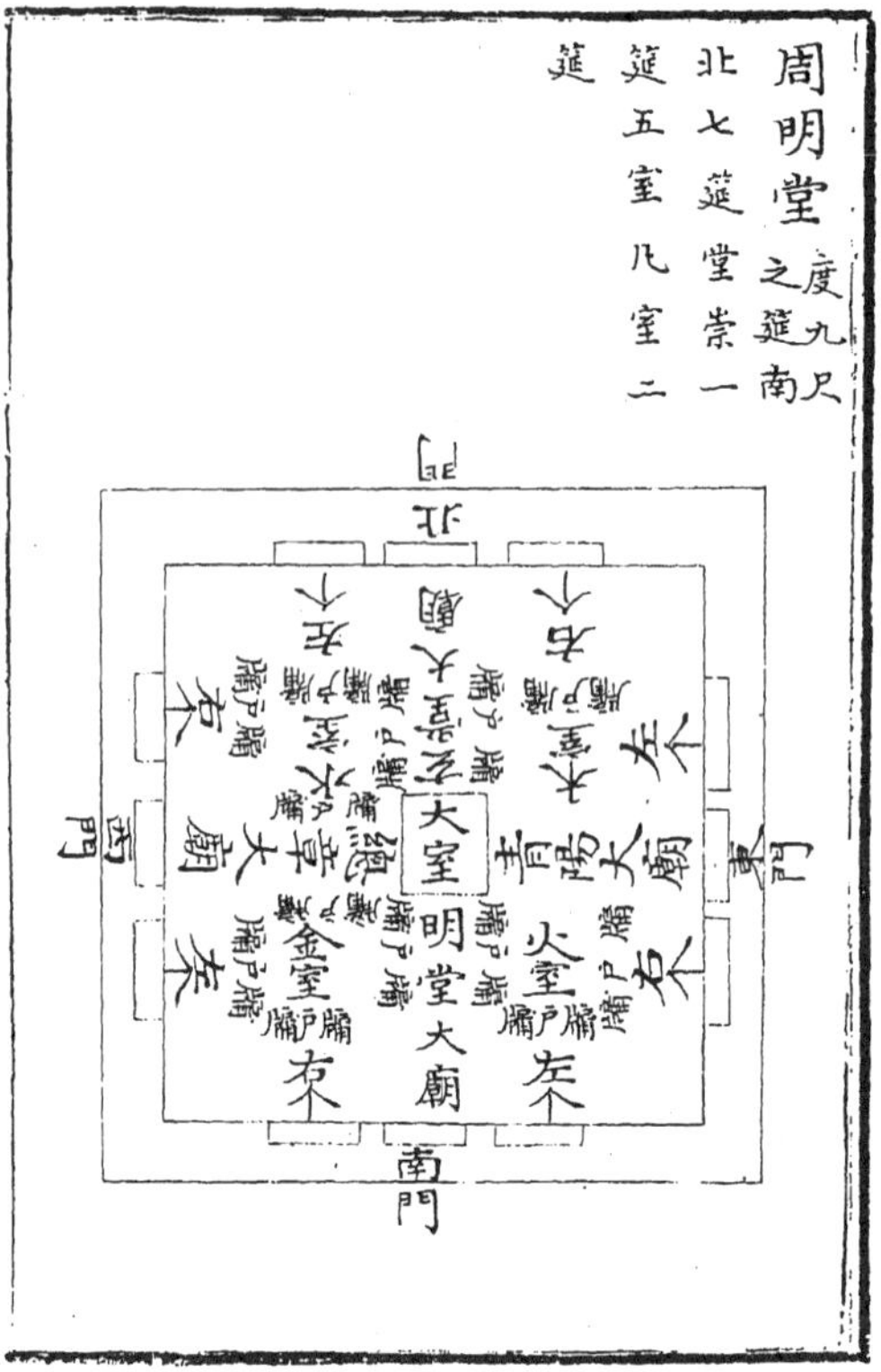

図1　周の明堂（〔宋〕陳祥道『礼書』巻40）

4　祭政一致の象徴としての明堂とその派生意義

周の時代、王は明堂（図1）に臣下を招集し、忠誠を誓わせた。明堂はまた、上帝を祀り、文王《ぶんおう》が配食される廟堂であった。この時代には天を祀る場所には郊があり、祖霊を祀る場所には宗廟があり、天子の宗廟は月令を施す場所でもあった。臣下を朝見する場所は宮城内にあった。これらを存続させながら、それらの機能を一つにあわせた場所が明堂なのである。明堂は、王権確立と天神、祖霊祭祀とを、言い換えれば政治と祭祀とを一体化した、祭政一致の象徴的な装置として構想、建造されたと言えよう。この多元的な装置はその構造によって、さらに機能、目的を拡大させた。

郊壇《こうだん》〈郊に設けられた土《ど》壇〉は原則として野外にあった。それに対し、明堂は屋根があり、壁があり、四壁で囲まれた堂室がある閉ざされた空間であり、神社仏閣や教会のような宗教施設に近い。実際には密閉されることは滅多になかったが、明堂のこの密室性は皇帝たちの想像力を刺激し、明堂を天神との直接的、個人的な交感が可能になる特別な聖域だと認識させたに違いない。この認識が、明堂の機能、目的を拡大させたのである。漢の武帝《ぶてい》が泰山明堂を設置した目的の一つが不死の実現にあったことは、その分かりやすい実例である。

(二)なぜ明堂を問題とするのか

1　中国思想研究上の問題意識

明堂は祭政一致を象徴する両義的な場所である。この定義は、明堂が政治と宗教、哲学思想との研究対象となることを意味する。明堂の研究は伝統的な中国学の分類では、儒教の一分野である礼学《れいがく》において行われてきた。礼学とは個人と社会との道徳規範、社会制度及びそれらを母体とする文化の総体である礼を研究し、現実社会において実践する学問である。漢代以降、歴代王朝は儒教を国教とし、皇帝の政治は道徳規範によって行われる礼治とされたために、礼学が国家の制度の研究実践を担うようになったのである。礼学の議論は単なる学術研究にとどまらず、現実社会の問題解決のため極めて重要なものになり、基盤とする儒教が発展するにしたがい、学派が分かれ、また政治上の思惑が絡み、紛糾を極めるテーマが少なからず生じたが、明堂こそはその最大のものの一つであった。

そもそも祭祀の問題は礼学上、郊壇にせよ宗廟にせよ、議論が定まらないことが多いが、明堂は郊壇と宗廟との二つの機能をあわせ持ち、その上、依拠する経典に相反する規定のある二系統があり、混乱を極めているのだ。ただし、相反する規定はそれぞれ中国伝統思想に根拠を持ち、それぞれの経典の支持者は自らの正義を信じていた。たとえば、最大の対立点である、明堂の内部構造が五室なのか九室なのかの問題は、五室には五行思想が反映しており、九室には中国の領域が九州から成り立っているという観念が反映している。他にも、明堂のまとう、奥行き間口《まぐち》高さ等の寸法の数値、窓や戸、門の個数といった数多の数字はすべて、陰陽《いんよう》五行思想や、『周易《しゅうえき》』の理論等の中国伝統思想に由来する象徴数なのであり、明堂が方形の周壁の上に円蓋を載せる形状(上円下方《じょうえんかほう》)であるのは、方形の大地の上を円形

（半球形）の天が覆う（天円地方《てんえんちほう》）と考えた、古代中国人の世界観に基づいている。謂わば、明堂とは中国伝統の思想、世界観の凝集なのである。

明堂の祭祀対象も漢代以来、紛糾を極めた問題であった。経典の規定は周の事例として、上帝を祀り、文王を配食すると記すだけで、上帝は一体何者なのか、文王を配食するのは父だからなのか、それとも王朝創立に功績のあった王だからなのかも曖昧である。そのため後世、上帝や配食について様々な解釈がなされ、一定しなかった。明堂の祭壇に据えられた神霊の変遷は、中国の天神地祇、八百万の神に対する観念や、祭祀についての観念の変化の過程を示しているのである。

明堂は政治の場所でもあった。中国の政治は徳治、礼治を理想とし、それらは儒教の範疇に属するから、明堂研究は儒教研究の重要な一環であるが、諸侯朝見や月令の授受といった明堂での政治行為が呪術性《じゅじゅつ》、宗教性を濃厚に帯びていることを考慮すれば、明堂の政治研究は単純な政治学的研究ではなく、自ずから思想性の強い政治研究となるのである。また、儒教が国教として国家を運営する現実政治の指針と見なされた中国では、儒教は政治思想の側面を大きくもち、明堂をめぐる言説は、政治思想の文脈の中で語られる。政治思想は中国思想の中で極めて大きな割合を占めるから、明堂をめぐる言説の研究もまた、中国思想研究で小さからぬ一角を占めるのである。

このように、明堂は中国思想の幾つもの観念が複合的、重層的に結び付いて形成されたものであり、明堂研究は必然的に中国思想の特質を解明することにつながるのである。明堂研究は、単なる礼学思想、儒教思想の研究の領域を超えて、中国思想全体の研究にとって意義あることなのだ。言い換えれば、中国思想研究をより深化させるためには、明堂研究は甚だ有効なのである。

さらには、明堂がまとう象徴性や構造は、中国伝統思想、宇宙論の産物であるが、極めてコンパクトに中国思想のエッセンスを凝集し、幾何学的に整った、その造形は、多様で発展性のある解釈を許す。この他に類を見ない明堂の特質は、明堂をより広範で普遍的な哲学、思想の研究対象にする。たとえば、明堂の構造や配置を建築や都市の空間論として論じることも可能である。また、社会思想の観点から、古代、中世、近世における社会各層の人人の明堂に対する観念の変遷を、政治、宗教、社会相互間の関係性の問題として研究することも興味深いテーマとなる。明堂の思想的研究は極めて大きな可能性を秘めているのである。

2　関連分野での問題意識

明堂の政治研究は、その呪術性、宗教性や、政治思想の面で、中国思想の研究対象であるが、その現実性によって、歴史学の研究対象でもある。中国史研究においては、明堂研究は政治史や制度史の分野で行われてきた。また近年では、政治史、制度史を総合した国家祭祀(皇帝祭祀)研究の分野で、明堂研究は郊祀と並んで研究対象とされ、一定の成果を挙げてきた。さらに、中国文化の世俗化の一例として、明堂祭祀に付随する鹵簿《ろぼ》〈皇帝の行幸行列〉を取りあげた研究が出現するなど、中国史の分野でも、明堂研究の可能性は広がっており、今後ますます重要性を増すであろう。

眼を転じれば、日本でも平安時代には、日本最古の図書目録『日本国現在書目録《にほんこくげんざいしょもくろく》』(八九一年成立)に明堂論をその一部とする『三礼図《さんらいず》』が著録され、藤原通憲《ふじわらのみちのり》(一一〇六～一一五九)の『王宮正堂正寝勘文《おうきゅうせいどうせいしんかんもん》』には、明堂に関する相当精細な理解が示されている(3)(図2)。これらから分かるように、日本には早くに明堂思想は伝来していたが、日本史上における明堂の研究は緒に就いたばかりである。また、琉球《りゅうきゅう》王国の首里城御庭《しゅりじょううなー》が明堂式の建築であることが検証されており(4)(図3)、このことは、中国、日本、琉球文化交流の面からも注目される。日本史、日本思想の分野でも明堂研究は発展性のある研究テーマだと言えよう。

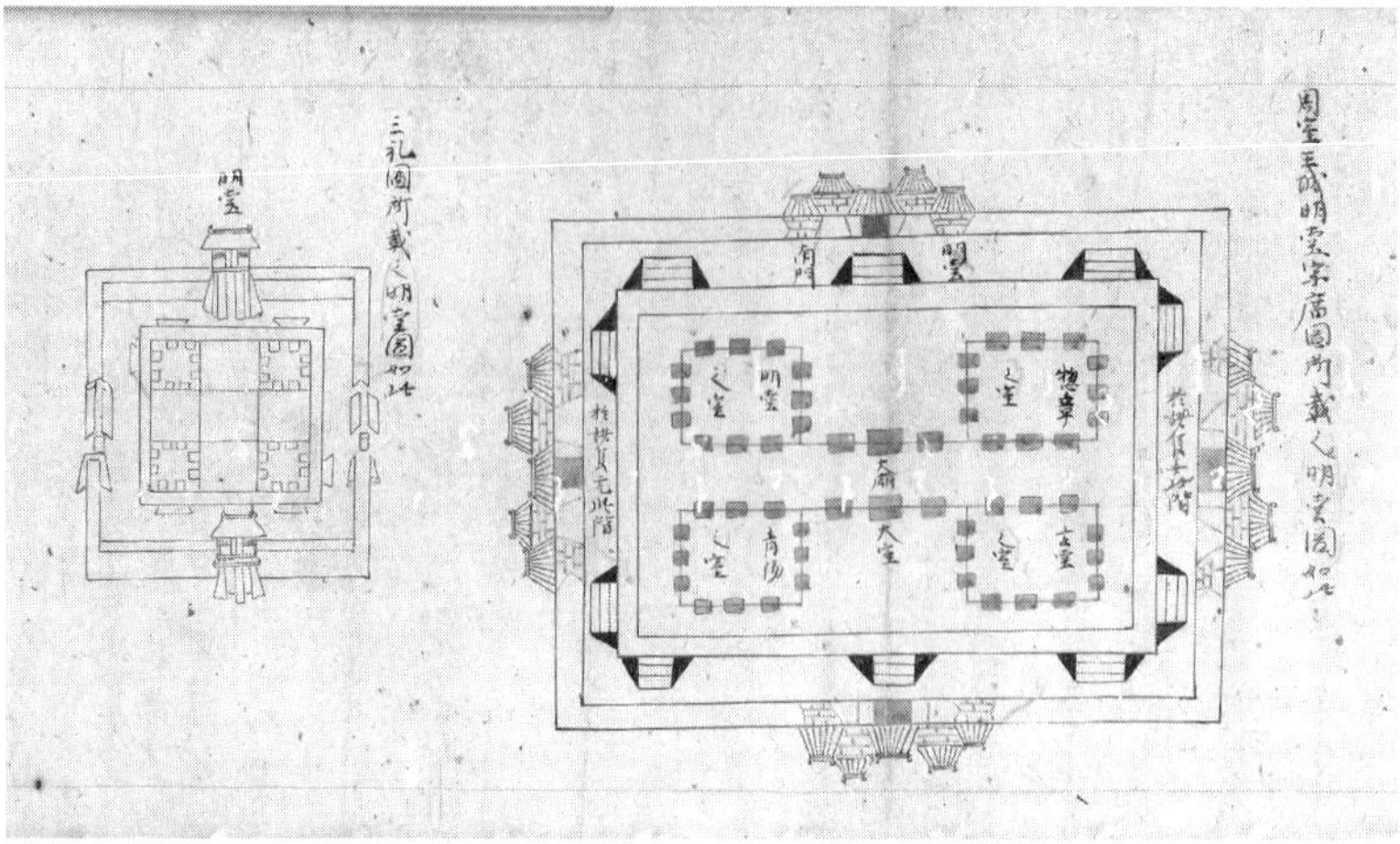

図２　古代日本の明堂研究(藤原通憲『王宮正堂正寝勘文』，石清水八幡宮蔵(古橋紀宏「藤原通憲「王宮正堂正寝勘文」とその礼図について」))

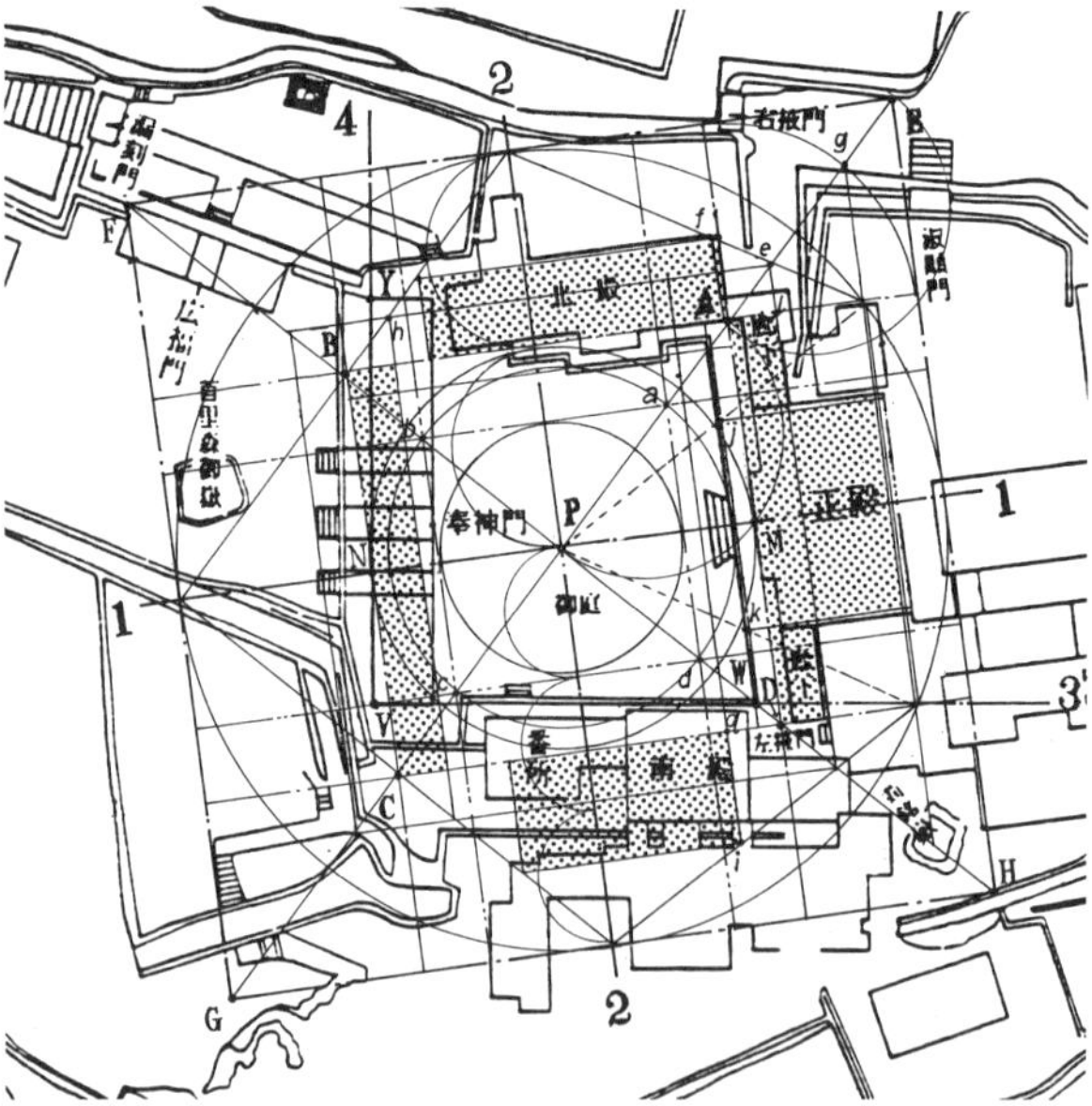

図３　琉球の明堂(首里城)(秋元一秀・浦山隆一「首里城の明堂概念について：御庭ゾーンの配置構成原理に関する研究」『日本建築学会大会学術講演梗概集』F，1989年)

さらに、明堂の語は、風水《ふうすい》や鍼灸《しんきゅう》の分野の文献には頻出し、風水思想や中国医学の分野では、極めて重要な概念である。中国医学の重要性は言うまでもないだろう。風水思想は近年、呪術的自然科学技術を研究する学問である術数《じゅっすう》学研究の一環として研究されている。風水思想に明堂の概念が流入した年代は未確定であるが、南北朝時代を降ることはなく、中国医学に明堂の概念が定着したのは、遅くとも漢を降らない[5]。風水思想での明堂は気の集まる穴(ケツ)の前の空間を指し(図4)、中国医学では鍼灸点(ツボ)を指す(図5)。中国医学や風水思想でのこのような明堂の概念は、本来の明堂が気が集積し神との交感を実現する霊妙なる場所であることからの派生義であろう。本来の明堂を深く知ることは、風水思想や中国医学の明堂概念をより深く理解するために有益である。近年、風水思想と中国医学とは、世界に貢献し得る東アジアの思想文化の代表格として再認識されている。明堂の理解を深めることは、ひいては東アジアの思想文化の理解に繋がるのである。

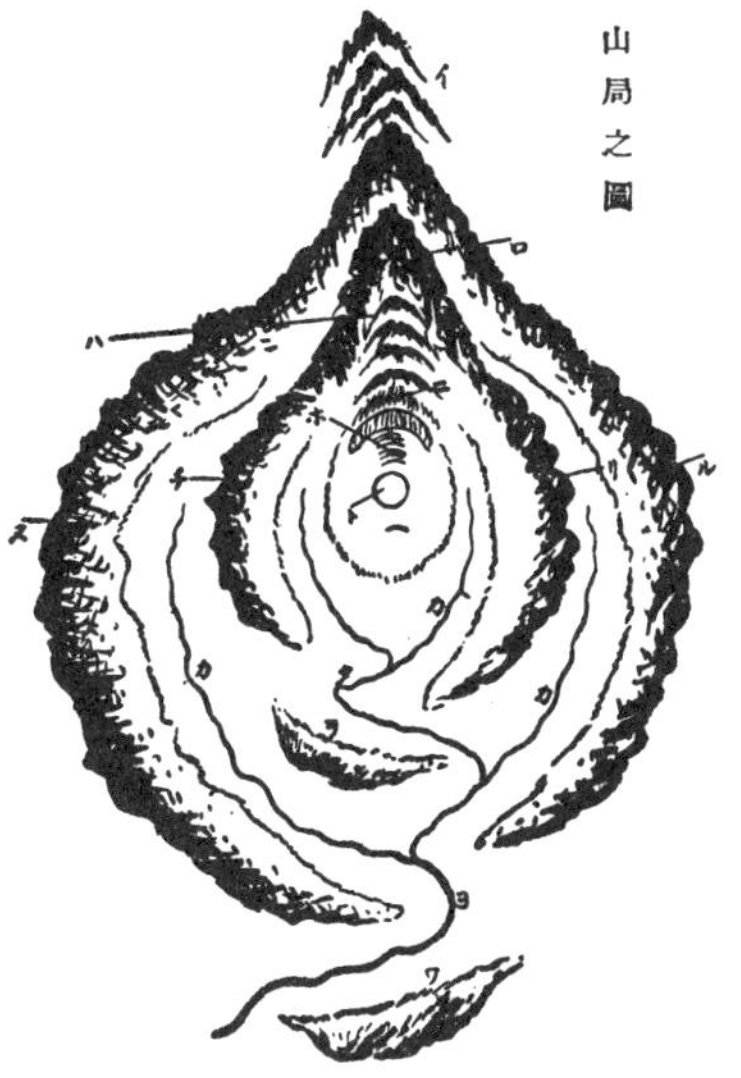

図4　風水の明堂(山局の図)(村山智順『朝鮮の風水』)

興味深いことに朝鮮《ちょうせん》半島の史書(『高麗史《こうらいし》』『朝鮮実録《ちょうせんじつろく》』)では、高麗《こうらい》時代(九一八〜一三九二)以降は、明堂の語は九〇%以上で、風水思想の文脈の中で使われている。これは、明堂の王権論との関わりで論じられるテーマとすることができ、明堂研究を通じて、朝鮮半島の文化の特質の一斑を解明することができるかも知れないのだ。明堂研究の射程は広遠である。

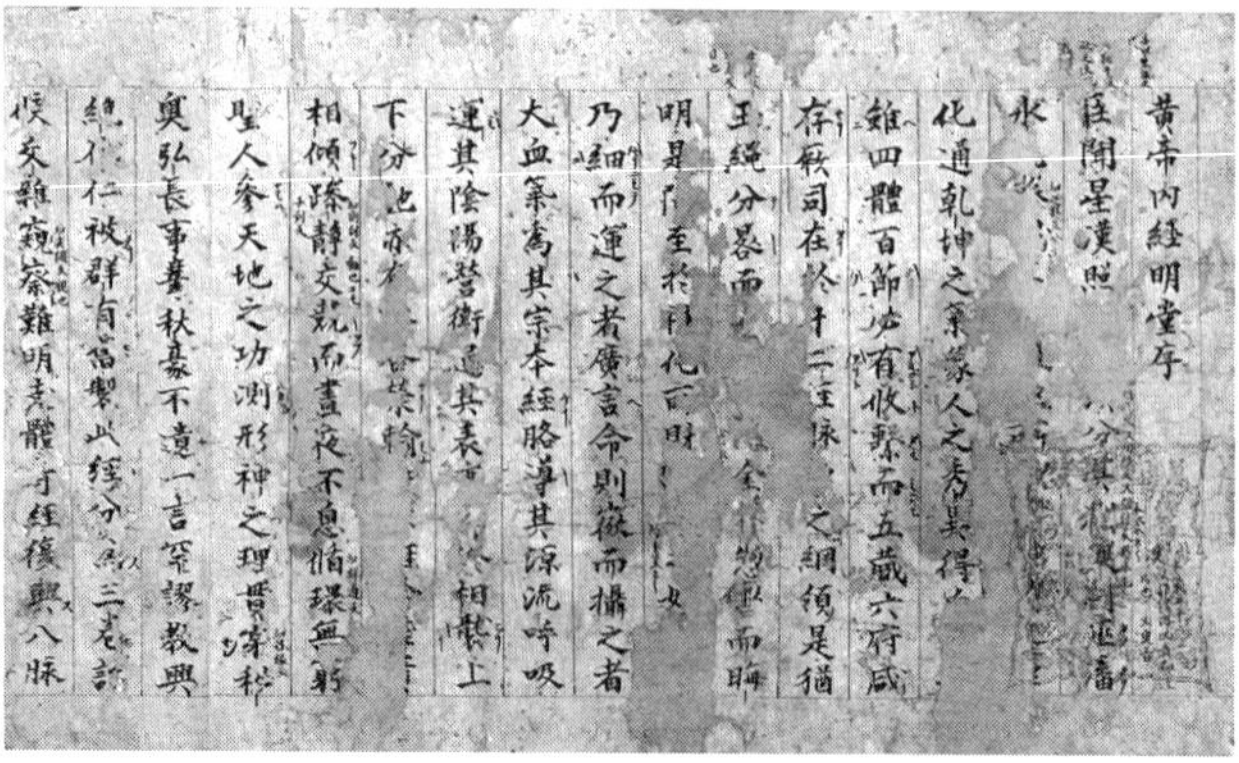

図5　中国医学の明堂(国宝『黄帝内経明堂』，仁和寺蔵(『日本の国宝』14，朝日新聞社))

第二節　研究史

明堂の研究史は、明堂の多面性を反映して、関連する学問分野は多岐にわたる。主要分野は哲学思想、歴史学であるが、考古学や建築学の分野における明堂研究も無視することはできない。そこで、本節では管見の及ぶかぎりではあるが、明堂研究史を歴史研究、考古学研究、建築学研究、そして思想研究の各項に分けて述べる。

(一)歴史研究における明堂研究史

1　中　国

中国近代における明堂研究は、劉師培《りゅうしばい》の「周明堂考《しゅうめいどうこう》」(一九一三年)(6)、王国維《おうこくい》の「明堂廟寝通考《めいどうびょうしんつうこう》」(一九二一年)(7)によって幕を開けた。この二論考は、いずれも清朝考証学の成果を踏まえながらも、西洋の学問に触発され、伝統的学術の限界を乗り越えようとしたものであった。この傾向はその後の古史研究に受け継がれた(8)。

一九五〇年代に入り、西安市近郊で前漢平帝時代の明堂に比定される礼制建築の遺跡が発掘されたのを皮切りに、その後各地で明堂に比定される遺跡の発掘が相継いだ。歴史研究の方面でも新たな展開があり、顧頡剛《こけつごう》は、明堂を大講堂、集会所であり、神秘性はないとした。[9]

近年では、姜波《きょうは》の『漢唐都城礼制建築研究《かんとうとじょうれいせいけんちくけんきゅう》』(二〇〇三年)[10]が出色である。建築研究と題するが、単なる建築学の領域を超えて、漢代から唐代にかけての郊壇、宗廟等の礼制建築を、考古資料や歴史文献を駆使して網羅的に研究する歴史研究であり、明堂に関しても、要領よくまとめている。

張一兵《ちょういっぺい》の『明堂制度研究《めいどうせいどけんきゅう》』(二〇〇五年)[11]と『明堂制度源流考《めいどうせいどげんりゅうこう》』(二〇〇七年)[12]との二著は世界で初めて著された、明堂制度を総合的に研究した専著であり、その重要性は特筆されなくてはならない。前者は明堂に関する総合的な研究であり、明堂の淵源、機能、構造、儀礼等の研究である。後者は明堂制度の歴史を、その萌芽期から、衰退期にいたるまでを論述した通史的歴史研究である。

2　日　本

日本では、明堂研究は礼学の一分野とされ、思想研究が先行した。歴史研究では、矢吹慶輝の「大雲経《だいうんきょう》と武周《ぶしゅう》革命」(一九二七年)[13]に唐の則天武后の明堂に関する研究があるのが、嚆矢《こうし》と言える。

近年では、金子修一の『古代中国と皇帝祭祀』(二〇〇一年)[14]、『中国古代皇帝祭祀の研究』(二〇〇六年)[15]に収録される一連の研究が特筆される。金子の論考が漢代から唐代までを扱うのに対し、宋代以降の明堂研究としては、山内弘一の「北宋時代の郊祀」(一九八三年)[16]、小島毅の「郊祀制度の変遷」(一九八九年)[17]が重要である。

3　欧　米

欧米では一九二二年にフランスのマルセル・グラネが『中国人の宗教』[18]中で一節を割いて論述したのを始めとして、

アンリ・マスペロの *Le Ming-T'ang Et La Crise Religieuse Chinoise Avant Les Han*(漢代以前中国の明堂と宗教危機)(一九四八〜一九五一年)[19]、イギリスの Soothill, *The Hall of Light: A Study of Early Chinese Kingship*(明堂——初期中国王権研究)(一九五一年)[20]が現れた。

(二)考古学研究における明堂研究史

唐金裕《とうきんゆう》の「西安西郊漢代建築遺址発掘報告」(一九五九年)[21]は、歴代王朝の明堂遺跡に関して最初に発表された発掘報告である。この発掘報告は、中国内外に大きな反響を呼んだ。中国では、王世仁《おうせいじん》の「漢長安城南郊礼制建築(大土門村遺址)原状的推測」(一九六三年)[22]が、この遺跡を前漢末王莽の明堂遺跡に比定した。その後、礼制遺跡発掘が相次ぎ、明堂研究は飛躍的に盛んになった。王世仁はそれらの遺跡発掘調査に基づく明堂研究を、「明堂形制初探」(二〇〇四年)[23]としてまとめ、明堂研究に大きな影響を及ぼすこととなる。明堂研究で王世仁と双璧をなす考古学者に楊鴻勛《ようこうくん》(「明堂泛論《はんろん》——明堂的考古学研究」一九九八年)[24]がおり、両者の復元研究は無視できない程の差異を見せる。

考古学研究は中国の独擅場《どくせんじょう》であり、記すべき日本や欧米の研究は見当たらない。

(三)建築学研究における明堂研究史

1　中　国

この分野では、専論は挙げ難いが、歴史研究に挙げた姜波『漢唐都城礼制建築研究』、張一兵『明堂制度研究』、『明堂制度源流考』、および考古学研究に挙げた王世仁「明堂形制初探」、楊鴻勛「明堂泛論」が、建築学的見地からの考察を行っていることを指摘しておく。

2　日　本

日本では近代以降、中国を中心とする東洋建築史研究の伝統があり、明堂の研究も行われた。中でも京都大学工学部建築学科の戦中戦後の歴代教授には小品ながら、中国学専門ではないが故の斬新な切り口の研究がある。特に興味深いのは、増田友也の研究報告「明堂」(一九五三年)[25]に見える、整型と開放型との区分の提唱である。これは所謂、九室と五室とをこう呼ぶのだが、明堂の構造を礼学の議論から離脱させ空間論の問題として論じている。増田が独創的な建築空間論を展開した建築思想家であることを知れば、中国哲学思想の思考様式とは異なる形で明堂を哲学思想の主題とする可能性が見えてこよう。

実証的研究では、田中淡の『中国建築史の研究』(一九八七年)[26]中の周代及び隋代の明堂に関する論考が重要である。

3　欧　米

欧米の建築学研究は、イタリアのForte, *Mingtang and Buddhist Utopias in the History of the Astronomical Clock* (天文時計の歴史における明堂と仏教的ユートピア)(一九八八年)[27]をここに入れても良いが、詳しい紹介は次項に譲る。他には記すべき研究を知らない。

(四)思想研究における明堂研究史

1　中　国

近代以前の研究としては、清《しん》代の秦蕙田《しんけいでん》(一七〇二～一七六四)の『五礼通考《ごらいつうこう》』[28]巻二十四から巻三十までに明堂関係の厖大な資料が収められたのを皮切りに、考証学的研究が行われた。それらは礼学の立場からの研究であるから、思想研究と言えるが、考証が主であり、思想的考察には乏しい。明堂に絞った論著としては、恵棟《けいとう》（一六九七～一七五八）の『明堂大道録《めいどうだいどうろく》』(29)、戴震《たいしん》（一七二四～一七七七）の『明堂考』(30)、阮元《げんげん》（一七六四～一八四九）の「明堂論」(31)、金鶚《きんがく》（一七七一～一八一九）の「明堂考」(32)等がある。

近年の中国における思想研究は、大陸地区では特に論評すべきものはないが、台湾の研究としては、後述の黄銘崇《こうめいすう》の研究が大きな反響を呼んだ。

2　日　本

日本でもやはり、明堂の思想研究は、礼学に対して肯定的であるか批判的であるかは別として、礼学の枠内で行われてきた。古くは、森三樹三郎の「明堂と月令」（一九三五年）(33)、濱田恢道の「明堂制度私考」（一九三九年）(34)があり、また藤川正数の「明堂制について」（一九六八年）(35)もそうである。池田秀三「黄侃〈礼学略説〉詳注稿（一）」（二〇〇六年）(36)は礼学的明堂研究の近年における注目すべき成果と言えよう。

上述の金子修一の研究や梅原郁「皇帝・祭祀・国都」（一九八六年）(37)、妹尾達彦「唐長安城の儀礼空間」（一九九二年）(38)は、礼学的思想研究の枠を超えた、巨視的な歴史学者による明堂思想研究と言えるだろう。

ほかに二〇世紀後期以降に現れた明堂の思想研究の専論には、はやくには一九六〇～七〇年代の三上順の研究があり(39)、一九九〇年代以降に永井弥人の研究が(40)、二〇〇〇年以降に筆者の研究がそれぞれあり(41)、最も近年では林克の研究が挙げられる(42)。一九八〇～一九九〇年代の大室幹雄の研究も重要である(43)。

3　欧　米

欧米では、礼学の枠はなかったから、事情は異なる。典型的な著作は、Forte, *Mingtang and Buddhist Utopias in the History of the Astronomical Clock* である。この著作は、副題を"*The Tower, Statue and Armillary Sphere Constructed by Empress Wu*"(武后によって建造された塔と像、渾天儀《こんてんぎ》)と言うように、唐の則天武后の明堂を、天堂(仏堂)や仏像、大儀《だいぎ》、九鼎《きゅうてい》といった巨大建造物と共に、宇宙論的スケールをもって論じた快著である。論の当否はともかく、明堂の重要性を欧米、さらには日本、台湾、中国の読書人に知らしめた意義は高く評価される。この著作以降、世界的に明堂は歴史学や考古学にとどまらず、思想、宗教、文学、芸術の研究対象とされることが自明となったのである。

この点で近年、欧米志向を加速させる台湾の学術界の動向は注目すべきである。代表例は、Hwang Ming-chong 黄銘崇の *Ming-tang: cosmology, political order and monuments in early China*(明堂——初期中国における宇宙論、政治秩序、建造物)(一九九六年)[44]及び、その中国語による展開と言える「明堂与中国上古之宇宙観」(一九九八年)[45]である。

第三節　本書の研究目的と構成

(一)本書の研究目的

前節の明堂研究史の概観から分かることの一つは、日本では、明堂の専著はなく、専論も多くないことである。歴史研究の多くの場合、明堂研究は郊祀研究の一部分として扱われてきた。しかしながら、欧米や中国、台湾の研究動向を見れば、明堂研究がそのような扱いに甘んじるべきではないことが理解できる。例えば、周の明堂は、王にとって朝見の場として周王国の中心から周辺へと広がる支配の空間や、月令の四季十二箇月の回帰的時間を象徴する構造であると同時に、天子(天の子)として父なる天と密接に繋がる垂直の宇宙軸でもあった。漢の武帝の明堂は昇仙のための装置であり、唐の則天武后の明堂は森羅万象の神霊を迎える万象神宮(パンテオン)であり、周のそれと同様に天界と行き来できる宮殿(通天宮《つうてんきゅう》)だったのである。それゆえに、この建物は中国伝統思想で最も重視される天と地との観念、天人の相関性、帝王の統治の有徳性と呪術性等を体現し、それを構成するあらゆる部分品の寸法や数量が陰陽五行思想やその他の中国伝統思想由来の数を象徴として具有するのである。したがって、明堂研究は中国伝統文化研究の中枢に据えられて然るべきと考える。

本書は、中国伝統文化の凝集といって過言ではない明堂を、思想、宗教、歴史、文学、科学技術等の相互に関係する学問諸領域の成果を多面的複合的に参照しながら、通時的に研究する、明堂に関する本邦初の専著となるであろう。本書の研究は、明堂の思想を通史的に解明するに止まらず、明堂を通して見たダイナミックな中国文化史研究となり、明堂研究の裾野が及ぶ範囲内、すなわち日本を含む東アジア全域の、思想、宗教、歴史、文学、科学技術等の研究の発展に寄与するであろう。

(二)本書の構成

本書の構成は、歴史の流れに沿って、明堂に関する諸制度の変遷を、それを推進した人士の明堂観に目を向けて、詳細に叙述する全八章の本論と終章からなる。

第一章では、明堂の黎明期である先秦時代を承けて、古典的明堂が完成した両漢時代について、帝王たちが実現した現実の明堂の諸制度や、思想家たちが構想した理想の明堂像を論じる。

第二章では、両漢時代に完成した明堂制度を継承した魏晋時代に、絶えることなく行われた議論やそれを反映し、繰り返し行われた変革について論じる。

第三章では、江南に新天地を得た漢人王朝である劉宋政権が、中原での明堂論議を一旦棚上げし、まったく異なる構造の明堂を創造し、そこで時代に相応しい上帝を祭祀した状況を論じる。

第四章では、劉宋時代に成立した南朝明堂制度を、続く斉梁陳の三王朝が如何に継承発展させたかを論じる。

第五章では、南朝とは対照的に、非漢族出身でありながら、古い伝統が色濃く残る中原の地にあえて王朝を樹立した北魏王朝が、正統王朝に相応しい明堂を営もうと苦心した様を論じる。

第六章では、北魏の直系ながらも、南北朝を統一し、揺るぎない正統意識を持つに至った隋王朝が構想した明堂について論じる。

第七章では、絢爛たる文明文化を誇った唐王朝が、古典を創作する意欲で造営を試み、実現した明堂について、その構造や機能、祭祀対象の変遷等を、唐代制定の礼典との関連で論じる。

第八章では、近世の幕を開いた宋代において、なお余勢を保った明堂の輝きや唐代に既成事実化した明堂の世俗化について論じ、最後に元明清時代における明堂の末裔について論じる。

終章では、古代ローマ帝国のパンテオンと比較して、明堂の本質、存在意義を論じ、また中国医学や風水思想における明堂思想の波及の問題を論じる。

注

(1) 季節ごとの天の別名として、春を蒼天、夏を昊天、秋を閔天《びんてん》、冬を上天《じょうてん》と呼ぶこともある。

(2) 『春秋左氏伝』成公十三年(北京、中華書局、『十三経注疏』本、一九八〇年、一九一一頁)に、「國之大事、在祀與戎。祀有執膰。戎有受脤。神之大節也。」とある。「膰」「脤」は神霊に捧げる供物、「神之大節」は神と交わる大原則の意である。

(3) 古橋紀宏「藤原通憲「王宮正堂正寝勘文」とその礼図について」(『東アジアの宗教と文化』、西脇常記教授退休記念論集編集委員会、二〇〇七年)を参照。

(4) 秋元一秀・浦山隆一「首里城の明堂概念について——御庭ゾーンの配置構成原理に関する研究——」(『日本建築学会大会学術講演梗概集』F、日本建築学会、一九八九年)を参照。

(5) 『隋書』経籍志には、『明堂孔穴』五巻、『明堂孔穴図』三巻が著録され、『旧唐書』経籍志、『新唐書』藝文志には、明堂経脈類の分類がある。本書終章第四節を参照。

(6) 劉師培「周明堂考」(『左《さ》盦外集《あんがいしゅう》』巻一、『劉申叔先生遺書』巻四十一、台北、大新書局、一九六五年)。

(7) 王国維「明堂廟寝通考」(『観堂集林』巻三、『王国維全集』第八巻、杭州、浙江教育出版社、広東教育出版社、二〇一〇年)。

(8) 一例を挙げれば、顧頡剛『中国上古史研究講義』(北京、中華書局、一九八八年)二三五〜二三六頁を参照。

(9) 顧頡剛「明堂」(『史林雑識』、北京、中華書局、一九六三年)。

(10) 姜波『漢唐都城礼制建築研究』(北京、文物出版社、二〇〇三年)。

(11) 張一兵『明堂制度研究』(北京、中華書局、二〇〇五年)。

(12) 張一兵『明堂制度源流考』(北京、人民出版社、二〇〇七年)。

(13) 矢吹慶輝「大雲経と武周革命」(『三階教之研究』、岩波書店、一九二七年)。

(14) 金子修一『古代中国と皇帝祭祀』(汲古書院、二〇〇一年)、特に、第八章。

(15) 金子修一『中国古代皇帝祭祀の研究』(岩波書店、二〇〇六年)。

(16) 山内弘一「北宋時代の郊祀」(『史学雑誌』第九十二編第一号、史学会、一九八三年)。

(17) 小島毅「郊祀制度の変遷」(『東洋文化研究所紀要』第百八冊、東京大学東洋文化研究所、一九八九年)。
(18) 原著は、Marcel Granet, *La Religion des Chinois*, Gautier-Villars et $\mathrm{C^{ie}}$, Paris, 1922. 邦訳は、マルセル・グラネ著、栗本一男訳『中国人の宗教』(平凡社、東洋文庫、一九九九年)。
(19) Henri Maspero, *Le Ming-T'ang Et La Crise Religieuse Chinoise Avant Les Han*, Mélanges chinois et bouddhiques, Bruxelles, vol. IX, 1948-51, pp. 1-71.
(20) William Edward Soothill, *The Hall of Light: A Study of Early Chinese Kingship*, Lutterworth Press, London, 1951.
(21) 唐金裕「西安西郊漢代建築遺址発掘報告」(『考古学報』一九五九年第二期、中国社会科学院考古研究所、一九五九年)。
(22) 王世仁「漢長安城南郊礼制建築(大土門村遺址)原状的推測」(『考古』一九六三年第九期、中国社会科学院考古研究所、一九六三年)。
(23) 王世仁「明堂形制初探」(『中国古建探微』、天津、天津古籍出版社、二〇〇四年)。
(24) 楊鴻勛「明堂泛論――明堂的考古学研究」(『東方学報』京都、第七十冊、京都大学人文科学研究所、一九九八年)。
(25) 増田友也「明堂」(『日本建築学会研究報告』第二十一巻、日本建築学会、一九五三年)。
(26) 田中淡『中国建築史の研究』(弘文堂、一九八九年)、特に「『考工記』匠人営国とその解釈」(初出は一九八〇年)、「隋朝建築家の設計と考証」(同一九七八年)。
(27) Antonino Forte, *Mingtang and Buddhist Utopias in the History of the Astronomical Clock: The Tower, Statue and Armillary Sphere Constructed by Empress Wu*, Istituto Italiano per il Medio ed Estremo Oriente/EFEO (Serie Orientale Roma, 59; PEFEO, 145). Rome/Paris, 1988.
(28) 〔清〕秦蕙田『五礼通考』(『四庫全書』文淵閣本、経部四、礼類五〈台北、台湾商務印書館、『景印文淵閣本四庫全書』、一九八六年、第百三十五〜百四十二冊〉)。
(29) 〔清〕恵棟『明堂大道録』(『経訓堂叢書』、大同書局、一八八七年)。
(30) 〔清〕戴震『明堂考』(『戴東原集』巻二〈台北、台湾商務印書館、『四部叢刊』初編縮本、一九七五年、第九十四冊〉)。
(31) 〔清〕阮元「明堂論」(『揅経室集』一集巻三、『四部叢刊』初編縮本、第九十八冊)。

(32) 〔清〕金鶚「明堂考」(『求古録礼説』二、『皇清経解続編』巻六百六十四、南菁書院、一八八八年)。
(33) 森三樹三郎「明堂と月令」(『支那学』第八巻第二号、支那学社、一九三五年)。
(34) 濱田恢道「明堂制度私考」(『支那学』第九巻第三号、一九三九年)。
(35) 藤川正数「明堂制について」(『漢代における礼学の研究』、風間書房、一九六八年)。
(36) 池田秀三「黄侃〈礼学略説〉詳注稿(一)」(『中国思想史研究』第二十八号、京都大学中国哲学史研究会、二〇〇六年)。
(37) 梅原郁「皇帝・祭祀・国都」(中村賢二郎『歴史のなかの都市　続都市の社会史』、ミネルヴァ書房、一九八六年)。
(38) 妹尾達彦「唐長安城の儀礼空間」(『東洋文化』第七十二号、東京大学東洋文化研究所、一九九二年)。
(39) 三上順の明堂研究には、「明堂の構造に就いての一考察」(『哲学』第十三輯、広島哲学会、一九六一年)等がある。
(40) 永井弥人の明堂研究には、「前漢末期の明堂建設に於ける王莽の意図」(『日本中国学会報』第四十八集、日本中国学会、一九九六年)等がある。
(41) 筆者の明堂研究は本書に集成されている。
(42) 林克「「方技的視点から見た明堂論」序説」(『大東文化大学漢学会誌』第五十三巻、大東文化大学漢学会、二〇一四年)。
(43) 大室幹雄『劇場都市』(三省堂、一九八一年)一四六～一六六頁、同『檻獄都市』(三省堂、一九九四年)五六〇～五九三頁、同『遊蕩都市』(三省堂、一九九六年)一四四～一五一頁。
(44) Hwang Ming-chong, *Ming-tang: cosmology, political order and monuments in early China*, Harvard University, 1996.
(45) 黄銘崇「明堂与中国上古之宇宙観」(『城市与設計学報』第四期、中華民国都市設計学会、一九九八年)。

第一章　先秦両漢時代　王者の殿堂、神霊の廟堂

序

明堂の起源は古い。黄帝《こうてい》の時代にすでに明堂はあったとする説は疑わしいとしても[1]、周代に存在したことは歴史事実と思われる。後に経典を含め、周を理想国家とみる様々な文献、また思想家がその理想を仮託して、虚実取り混ぜ明堂の形象を描いたため、実に多様な明堂像が、後世に伝えられることになった。

秦《しん》代に明堂があったかは未詳である。だが、思想の書物を焼き捨て、学者を穴埋めにして、周王朝とは全く異なる政治体制を築き上げた始皇帝《しこうてい》には、理想国家としての周の象徴である明堂にはことさら関心がなかったに違いない。

漢代においては、事情は異なる。明堂の建立は、巡狩《じゅんしゅ》(天子の地方行幸)、封禅《ほうぜん》(天地の祭祀)、暦法の改正等と同等の重要な国家事業とみなされ、即位当初の、儒教を信奉する若き武帝《ぶてい》は、その実現を期待された。だが、後年不死の夢想に取り憑かれた彼が実現した明堂は性質を異にしていた。続く王莽《おうもう》に至り、儒教が政権簒奪の道具とされたとき、明堂もまた見事にその詐術に利用された。後漢において建立された明堂は、経典の規範に合致したその端正で壮麗なさまを賛美される一方、多元化した儒教の学派間の論争の的となり、王朝が衰微するにつれ批判の声も大きくなった。

明堂はその萌芽期からすでに、人士の耳目を属《しょく》すその偉観とは裏腹に、儒教の論争、権力者の思惑に翻弄されたのである。

本章ではまず、明堂が元来備える性質を確認し、次に、前漢時代に武帝と王莽とが建てた明堂を詳細に検討し、後漢時代の明堂と明堂論とを精密に分析して、拡大する儒教の教義、知識の中で、明堂の教義、知識が如何に発展したのかを概観し、明堂の本質と多元性とを解明する。

第一節　先秦時代

(一)戦国諸子文献所載の明堂――『孟子』と『荀子』

明堂について、戦国中期の『孟子《もうし》』梁恵王《りょうけいおう》篇下に次の一節がある。

斉《せい》の宣王《せんおう》が問うた。「人は皆私に、明堂を取り壊せと言うが、取り壊すべきなのか」と。孟子がお答えして言った。「そもそも明堂とは、王者の堂です。王が、王道政治を行おうとするのであれば、明堂は取り壊してはなりません」と。(2)

齊宣王問曰、「人皆謂我毀明堂、毀諸已乎。」孟子對曰、「夫明堂者、王者之堂也。王欲行王政、則勿毀之矣。」

孟子の考えでは、明堂の第一義は王者の殿堂なのである。また、戦国後期の『荀子《じゅんし》』彊国《きょうこく》篇には、「明堂を塞外に築いて諸侯を朝見させる」(3)との一文がある。明堂は帝王が諸侯に君臨する場所なのである。これらの文献の記述から、戦国時代には、明堂は王道政治を行う王者が諸侯に君臨するための殿堂だと認識していたことが分かる。

(二)経典所載の明堂

1　『礼記』明堂位篇

王者が諸侯を朝見させる様子は、『礼記《らいき》』明堂位《めいどうい》篇に次のように具体的に叙述される。

昔、周公《しゅうこう》は、諸侯を明堂の所定の位置で朝見させた。天子は斧が画かれた屏風を背にして南を向いて立つ。三公は中央の階段の前で、北を向いて立ち、東を上とする〈序列に従って東からならぶ〉。諸侯の位置は東の階段の東で、西を向いて立ち、北を上とする。諸伯の国は西階の西で、東を向いて立ち、北を上とする。諸子の国は門の東で、北を向いて立ち、東を上とする。諸男の国は門の西で、北を向いて立ち、東を上とする。九夷《きゅうい》の国は東門の外で、西を向いて立ち、北を上とする。八蛮《はちばん》の国は南門の外で、北を向いて立ち、東を上とする。六戎《りくじゅう》の国は西門の外で、東を向いて立ち、南を上とする。五狄《ごてき》の国は北門の外で、南を向いて立ち、東を上とする〈九夷、八蛮、六戎、五狄はいわゆる東夷、南蛮、西戎、北狄の異民族の周辺国家〉。九采《きゅうさい》の国〈九州内の夷狄担当の諸侯〉は、応門の外で、北を向いて立ち、東を上とする。四塞《しさい》〈九州外の四方夷狄の衛星国家〉は、一世に一度来朝する。これが周公の制定した明堂の位置である。明堂とは、諸侯の身分の上下を明確にするのである。[4]

昔者周公、朝諸侯于明堂之位。天子負斧依南鄉而立。三公、中階之前、北面東上。諸侯之位、阼階之東、西面北上。諸伯之國、西階之西、東面北上。諸子之國、門東、北面東上。諸男之國、門西、北面東上。九夷之國、東門之外、西面北上。八蠻之國、南門之外、北面東上。六戎之國、西門之外、東面南上。五狄之國、北門之外、南面東上。九采之國、應門之外、北面東上。四塞、世告至。此周公明堂之位也。明堂也者、明諸侯之尊卑也。

天子が権威の象徴である斧の画かれた屏風を背にして南面して立つと、三公以下、侯伯子男の諸侯国、東夷、南蛮、西戎、北狄の周辺国が、身分の上下や方位の序列に従って天子の周辺を整然と囲繞する。そして、天子は諸侯等の朝見を受けるのである。

これは、周の周公が行った明堂儀礼の描写である。武王《ぶおう》崩御後、即位した成王《せいおう》は幼弱だったので、周公が天子の位に即き、統治を行った。(5) その六年目、諸侯、周辺国を一堂に会し、明堂に朝見させたのである。これによって周王を頂点とする周王国内諸国間のヒエラルキーが明確になり、周の支配体制は盤石となったのである。(6)『礼記』は前漢の戴聖《たいせい》が戦国時代から前漢初期の雑多な礼関係の文献から編集したものであり、漢代以降、経典とされ、その信憑性は『孟子』や『荀子』に較べて遜色はない。したがって、その明堂位篇は先秦時代の人士に抱かれていた明堂の一般的なイメージを伝えるものであると言えよう。

2　『礼記』月令篇・『詩経』我将・『孝経』聖治章

明堂位篇の明堂は、諸侯朝見の場であったが、経典に見える明堂には、それ以外にも様々な機能を見出せる。『礼記』月令《がつりょう》篇には、一年十二箇月に配当された十二の部分をもつ明堂が登場する。(7) この明堂で天子は月令〈月ごとに行うべき行事〉を諸侯に頒布する。明堂はいわば三次元的に表現された暦なのである。そして月令の行事の中には季節(四季と土用)を主宰する神神の祭祀が含まれる。明堂は神神を祭祀する場でもあるのだ。

『詩経』《しきょう》周頌《しゅうしょう》清廟之什《せいびょうしじゅう》「我将《がしょう》」の詩は、明堂で文王《ぶんおう》を祭祀する時に使われた。(8) 先祖を祭祀する場所は宗廟であるから、明堂は宗廟でもあるわけだ。

『孝経』《こうきょう》聖治章《せいちしょう》には、周公が文王を明堂に祀り、上帝に配享した、(9) との記述がある。配するとは、配食、配饗、配享、従祀とも言い、併せ祀ることである。

3 『大戴礼記』明堂篇

以上の経典の記載内容と重複するものを含め、明堂に関する諸説を網羅的に収録しているのが、『大戴礼記《だたいらいき》』明堂篇(10)である。『大戴礼記』は、前漢の戴徳《たいとく》の編著で、甥の戴聖の『礼記』同様、先秦時代より漢代初めにいたるまでの礼関係文献から編集しており、経典に準じる権威を有する。その明堂篇の記述は次の通りである。便宜上番号を付けて示す。

①明堂が昔あった。全部で九つの室があり、一つの室には四つの戸と八個の牖《よう》(窓)があるので、全部で三十六の戸と七十二の窓がある。茅で建物を覆い、上が円形で下が方形である。

②明堂は諸侯の上下関係を明確にする場所である。外にめぐらした水流を辟雍《へきよう》と言い、その外に南に八蛮、東に九夷、北に五狄、西に六戎が列席する。

③明堂は月令を施す場所である。戸を赤く飾り、窓を白く飾る。……堂の高さは三尺、東西は九筵《えん》、南北は七筵である。上が円形で下が方形である。九室十二堂であり、室ごとに四戸、戸ごとに二窓あり、その宮は方三百歩〈一歩は、六尺〉である。明堂は近郊にある。近郊は三十里の距離である。

④或いは明堂は、文王の廟だとされる。瑞物である朱草は日に一葉を生やし、十五日になると十五葉を生やす。十六日に一葉が落ち、すべての葉が落ちるとまたはじめに戻って葉を生やす。

⑤周の時は恩徳が行きわたり、蒿が大きく茂って宮柱にしたので、明堂を蒿宮と名付けた。これは天子の政事の正殿である。斎戒せずその建物に居ることはない。朝見を明堂の太廟である南宮で待ち、朝見してから明堂の南門を出る(11)。

①明堂者古有之也。凡九室、一室而有四戸八牖、三十六戸、七十二牖。以茅蓋屋、上圓下方。
②明堂者、所以明諸侯尊卑。外水曰辟雍。南蠻東夷、北狄西戎。
③明堂月令。赤綴戸也。白綴牖也。……堂高三尺、東西九筵、南北七筵。上圓下方。九室十二堂、室四戸、戸二牖、其宮方三百歩。在近郊、近郊三十里。
④或以爲明堂者、文王之廟也。朱草日生一葉、至十五日生十五葉。十六日一葉落、終而復始也。
⑤周時德澤洽和、蒿茂大以爲宮柱、名蒿宮也。此天子之路寢也。不齊不居其屋。待朝在南宮、揖朝出其南門。

明堂の機能については、諸侯及び周辺国の朝見説、月令の施行説、文王の霊廟説、天子の正殿説が記されている。天子の正殿説は『大戴礼記』ではじめて見る説であるが、この説を含め、『大戴礼記』明堂篇には、後世の明堂議論において重視される明堂に関する多くの情報が記されている。特に構造に関する、Ⓐ九室と十二堂とを具えること、Ⓑ室は四つの戸と八つの窓とを具えること、したがって、明堂全体で三十六の戸と七十二の窓《三十六戸、七十二牖》を具えること、Ⓒ茅で建物を覆い、上部が円形、下部が方形であること、Ⓓ外周を水流がめぐっていること等の説と、明堂のサイズに関する、Ⓔ堂の高さ三尺、東西九筵〈八十一尺〉、南北七筵〈六十三尺〉の説は、『大戴礼記』説として、後世の明堂論議を長く呪縛した。しかも、それらの説は、漢代以降、明堂論議における最大の典拠の一つとなる『周《しゅ》礼《らい》』考工記匠人営国《こうこうきしょうじんえいこく》の条の説と決定的に相違する内容を含むのである。

4　『周礼』考工記匠人営国の条

『周礼』考工記匠人営国の条の明堂説は次の通りである。

夏《か》王朝の世室《せいしつ》〈宗廟〉は、堂の脩〈奥行き〉は二七〈十四歩〉、広〈間口《まぐち》〉は奥行きに奥行きの四分の一を加えて、十七歩半である。五室であり、四方の室は奥行き三歩、中央の太室は四歩、間口はそれに四乃至三尺を加える。九つの階段があり、各室に四つの戸口と八つの窓があった。漆喰を塗って完成した。門堂〈門の両脇の堂〉は堂の三分の二の寸法で、室は門の三分の一を占める。殷《いん》王朝の重屋《ちょうおく》〈王宮の正殿〉は、堂の奥行きが七尋〈五丈六尺。尋は長さの単位、一尋八尺〉、堂の崇〈堂の基壇の高さ〉は三尺である。寄せ棟造りで二層の梁がある構造だった。周人の明堂は、九尺の筵を長さの単位とする。東西は九筵、南北は七筵、堂の高さは一筵である。五室であり、すべての室の間口は二筵である。(12)

夏后氏世室、堂脩二七、廣四脩一。五室、三四歩、四三尺。九階、四旁兩夾窻。白盛。門堂三之二、室三之一。殷人重屋、堂脩七尋、堂崇三尺。四阿重屋。周人明堂、度九尺之筵。東西九筵、南北七筵、堂崇一筵。五室、凡室二筵。

『周礼』所載の周の明堂に関する記述は少なく、夏の世室、殷の重屋に関する記述を合わせて推定しなくてはならないとされる。周代の明堂は筵〈竹で編んだムシロ〉を長さの基準単位とする。筵は九尺で、周代の一尺は一八～二三センチ余の幅で諸説あるが、仮に約二〇センチとすれば、一筵は約一八〇センチとなる。したがって、周代の明堂は、東西の長さが九筵すなわち八十一尺〈八丈一尺、一六二〇センチ〉、南北の長さは七筵すなわち六十三尺〈六丈三尺、一二六〇センチ〉、堂の高さは一筵すなわち九尺〈一八〇センチ〉である。そして、明堂は五室の構造であり、五室の間口は室ごとに二筵すなわち十八尺〈一丈八尺、三六〇センチ〉である。

『大戴礼記』のサイズと構造に関する説はⒶⒺであるが、それが、『周礼』の説と合致するのは、明堂のサイズが東西九筵、南北七筵であることだけで、他は尽く相違する内容である。なかんずく、明堂が九室の構造であるとは、『周礼』の五室説と合わない、極めて深刻な相違である。そして、これが漢代以降、歴代王朝の明堂論議が紛糾を極める最大の原因の一つとなるのである。

第二節　前漢時代

(一)武帝初期の長安明堂構想

漢代に至り、武帝(劉徹《りゅうてつ》、在位前一四一〜前八七)が首都の城南に明堂を建立しようとした。『史記《しき》』封禅書《ほうぜんしょ》には次のような記述がある。

武帝は即位当初、極めて鬼神の祭祀を敬重した。建元《けんげん》元年(前一四〇)のことである。漢王朝が成立してすでに六十年余になる。天下は安定し、高位高官たちはみな天子が封禅の儀式を行い、暦・度量衡を改制することを望んだ。そして武帝は儒術を愛好し、儒術の士を賢良科に招聘した。趙綰《ちょうわん》・王臧《おうぞう》らは学問によって公卿となり、古昔の礼制を議論して、明堂を城南に立てて諸侯を朝見させようと企図し、巡狩、封禅、暦・服色改制に着手したが、実行されなかった。竇太后《とうたいこう》は儒術を好まず、命じて微かに趙綰らの悪事を探らせ、趙綰・王臧を召喚して糾明したところ、趙綰・王臧は自殺し、彼らの着手した事業は尽く廃止された。(13)

今天子初卽位、尤敬鬼神之祀。元年、漢興已六十餘歳矣。天下艾安、搢紳之屬皆望天子封禪改正度也。而上鄉儒術、招賢良、趙綰・王臧等以文學爲公卿、欲議古立明堂城南以朝諸侯、草巡狩封禪改曆服色事未就。會竇太后治黃老言、不好儒術、使人微伺得趙綰等姦利事、召案綰・臧、綰・臧自殺、諸所興爲皆廢。

この間の事情をいささか詳細に述べよう。(14) 景帝《けいてい》の崩御を受けて武帝が即位したのは、前一四一年のことである。翌建元元年六月、趙綰と王臧は、明堂を立て諸侯を朝見させることを奏請した。ただし、彼らには明堂に関する十分な知識がなかったため、趙綰の師である儒者の申公《しんこう》をその顧問として推挙した。七月には申公を招聘したが、既に八十歳余の老齢のため、武帝の問いに満足に答えられなかった。引っ込みのつかない武帝は仕方なく、太中大夫の官位と邸宅を与えて、明堂、巡狩、暦・服色改制について検討させた。しかしながら、この趙綰・王臧らによる儒家思想を官界主流の座に押し上げようとする機運は、黄老思想の信奉者で儒家嫌いの実力者である竇太后による徹底的な弾圧を被り、建元二年(前一三九)十月、武帝は明堂建立を断念する。

ここで注目すべき点は三つある。第一に、趙綰・王臧らは明堂を建立して、諸侯を朝見させようとしたことである。明堂の機能の一つが、諸侯を朝見させることであるのは、上述の通りである。

第二に、儒者を自称する趙綰と王臧に明堂の知識が十分なかったことであり、その師の申公もまた、必要な情報を供与できなかったことである。申公の学問は荀子に淵源し、詩の他、礼と『春秋穀梁伝《しゅんじゅうこくりょうでん》』の学も兼修していたが、明堂を建立し、実際に運用するだけの知識はなかったのである。(15)

最後に、明堂建立の候補地が城南であることである。実は、経典には明堂建立場所についての規定はないのである。明堂は国の南に立てられることは今日に至るまで、歴代の通説とされるが、それは緯書由来の説であり、漢代を遡ることはなく、経典に明文はない。(16)趙綰と王臧が城南を候補地とした根拠は不詳であるが、一つの仮説として、周代の朝覲《ちょうきん》儀礼をアレンジしたことが考えられる。

明堂の朝見儀礼は、『礼記』明堂位篇に拠れば、天子が屏風を背にして南面して立ち、諸公北面、諸侯東面、諸伯西面して行われるとされるが、これは、「天子が屏風を背にして立ち、諸侯が北面して天子にお目見えする」覲の儀礼と、「天子が門屏の間に立ち、諸公が東面して諸侯が西面する」朝の儀礼とを組み合せたものと考えられる。(17)鄭玄《じょうげん》注に拠れば、朝は春に、覲は秋に、ともに天子の宗廟で行われ、夏は春の朝に準じる宗の儀礼が、冬は秋の覲に準じる遇の儀礼が行われる(18)。そして、朝覲(および宗遇)の後、天子は諸侯と共に、東南西北の四郊で日月山川等を拝礼し、また国都の外に壇を築き、その上にそれらの神霊の憑依する方明〈天地と四方を象徴する六色に塗られ、六種の玉石をはめこんだ立方体の木〉を安置して祭祀する(19)。問題は、壇を築く場所が、春は東方、夏は南方、秋は西方、冬は北方であり、城南に当たる南方に壇が築かれるのは夏に限られることだが、明堂の朝見儀礼が朝と覲とを組み合わせたものであるなら、建築場所も朝の東方と覲の西方との間を取って南方としたと考えられる。この解釈は、明堂が諸侯会同の場所とも、神霊祭祀の場所とも、宗廟ともされることをも同時に説明することができ、きわめて魅力的である。ただし、諸侯会同は宗廟で行われ、四郊、四壇とは場所を異にしているから、これを明堂と直ちに同一視するのではなく、明堂の観念の重大な淵源と見なすのである(20)。

(二)武帝の泰山明堂と不死願望

前漢の明堂は首都に建立される遥か以前に、泰山(今の山東省泰安《たいあん》市にある山)の麓に突如として出現する。『史記《しき》』封禅書《ほうぜんしょ》に次のように言う。

そもそもことの始まりは、武帝が泰山を封禅したことである。泰山東北の遺跡は古時に明堂があった場所であるが、峻険な地帯にあって狭小であった。武帝は新たに明堂を奉高《ほうこう》県(今の山東省泰安市)の傍に営みたいと思ったが、その制度は不明であった。その時、済南《さいなん》の人公玉帯《こうぎょくたい》が黄帝の時の『明堂図《めいどうず》』なるものを奉った。その図によれば、殿が一つあり、四面壁なく、茅葺き屋根、水が引き入れられ殿の垣根の周囲をめぐる。二階建て廊下が作られ、その上に楼閣があり、西南から入る。廊下は昆侖《こんろん》と言い、天子はここから入り、上帝を祭祀するのである。そこで武帝は奉高県に命じて、公玉帯の図の通りに、明堂を汶水《ぶんすい》のほとりに建立させた。

元封《げんぽう》五年（前一〇六）の泰山封禅のおり、明堂の上座で太一（泰一）と五帝とを祭祀し、高祖劉邦《りゅうほう》の位牌を対面する形で祀り、后土を下の部屋で祀り、二十の太牢〈牛・羊・豚の捧げ物〉を捧げた。武帝は昆侖道から入り、初めて明堂の祭祀儀礼を執り行ったが、それは郊祀の儀礼に準じた。儀礼が終わると、明堂の下で、玉帛や犠牲を載せて焼き天に捧げる燎の儀式を行った。(21)

初、天子封泰山。泰山東北阯古時有明堂處、處險不敞。上欲治明堂奉高旁、未曉其制度。濟南人公玊帶上黃帝時『明堂圖』。『明堂圖』中有一殿、四面無壁、以茅蓋。通水、圜宮垣。爲複道、上有樓、從西南入。命曰昆侖、天子從之入、以拜祠上帝焉。於是上令奉高作明堂汶上、如帶圖。及五年脩封、則祠太一・五帝於明堂上坐、令高皇帝祠坐對之、祠后土於下房、以二十太牢。天子從昆侖道入、始拜明堂如郊禮。禮畢、燎堂下。

泰山東北にあった古昔の明堂遺跡は、斉の宣王が孟子にその存廃を尋ねた明堂であり、元来、周の天子が東方巡幸の折、諸侯を朝見させたところだとされるが、(22)武帝の時代にはその制度を知る手がかりもなくなっており、武帝は出所の怪しい図面に頼らざるを得なかった。泰山明堂（図６）は元封二年（前一〇九）秋に建立され、(23)同五年三月に、泰山封禅にあわせて最初の祭祀が行われた。その後泰山行幸の都度、明堂で祭祀を行うことは定例となったが、(24)それは逆に明堂が泰山封禅の宗教儀式の中に組み入れられたことを意味する。武帝即位当初の長安城南に建立しようとした明堂とは、いささか性格を異にすると言えよう。

一般に、「易姓《えきせい》革命により王となり、太平をもたらせば、必ず泰山で天を祀る封の儀式を行い、梁父《りょうほ》〈泰山の支脈〉で地を祀る禅の儀式を行うのは、何故か。天の命令で王となり、万民の支配を任されたからには、太平をもたらしたことを天に告げ、神神の功績を報告するのである。(25)」というように理解されている封禅儀式だが、秦の始皇帝や、漢の武帝にとってはさらに奥深い意義を認められる。すなわち長生不死の実現である。

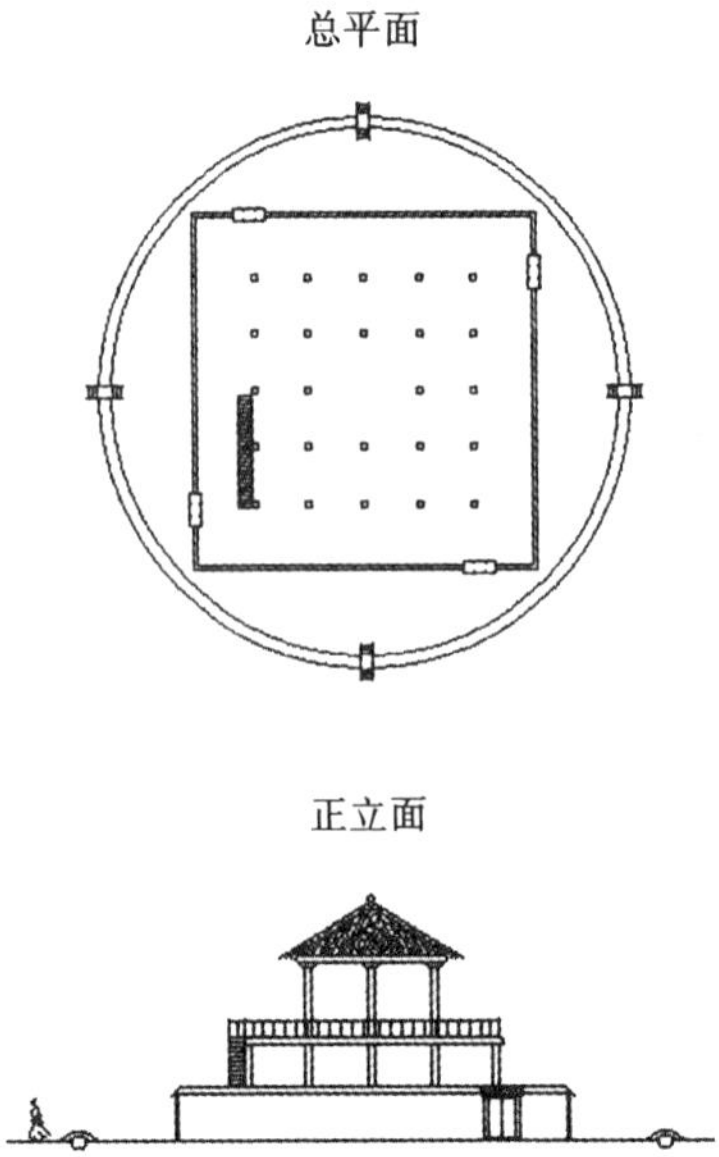

図6　漢の武帝の泰山明堂(張一兵『明堂制度研究』)

　武帝が封禅について聴いていたのは、たとえば、「竈《かまど》の神を祀れば、神怪を招き、神怪を招けば水銀を黄金に変化させることができ、黄金ができて飲食器にすれば寿命を延ばせ、寿命が延びれば東海中の蓬萊山《ほうらいさん》に棲む仙人に会え、仙人と会えて封禅の儀式を行えば、不死となります。黄帝がそうでした。[26]」という方士李《り》少君《しょうくん》の言上であり、また、「陛下も封禅の儀式を行いなさい。行えば仙人となって天に昇ることができましょう。[27]」という斉の方士公孫卿《こうそんけい》のことばであった。方士とは、神仙思想を信奉する呪術者である。

　要するに封禅とは儒家の範疇《はんちゅう》ではなく、まさに方士の世界に属するのだ。したがって、泰山明堂(黄帝明堂)もまた、封禅において重要な役割を担うことになったからには、『孟子』や『荀子』に見える儒家的明堂とはいささか性格を異にすると言わざるを得ない。そもそも基になった図(『(黄帝時)明堂図』)を提供した公玉帯が方士であり、黄帝とは封禅を通じて唯一昇仙に成功した帝王であることを考慮に入れれば、泰山明堂には神仙思想の色彩が濃厚に看取される。[28]

　漢では高祖劉邦以来、五帝を天神として祭祀していたが、武帝の元光《げんこう》二年(前一三三)頃に、亳《はく》(河南省商丘県)出身の謬忌《びゅうき》が「天神の最高神は泰一であり、泰一の補佐が五帝です。」と進言したのを受けて、長安東南郊に泰一神を祭祀する祭域が設けられた。この祭域は薄忌《はくき》泰一壇《たいいつだん》と呼ばれ、泰一の壇は三重で、五帝の壇がその下に、黄帝の壇が西南に置かれるのを例外として、各自配当された方位の位置にぐるりと置かれ、八方向に伸びる神霊の通り道が整備された。元鼎《げんてい》五年(前一一二)に武帝が甘泉で初めて行った、十一月一日冬至の郊祀でも、これに倣った泰畤《たいじ》と呼ぶ祭域が設置され[29]、元封五年(前一〇六)の泰山明堂における泰一と五帝との祭祀に反映された。

明堂祭祀は常設の建物を伴うから、露天で行われる郊祀といささか事情を異にするとはいえ、祭祀対象や祭祀儀礼は郊祀の直系だったと言える。そして、武帝時代の郊祀は薄忌泰一壇を祖型とし、神仙思想的色彩に満ちたものであるから、その直系である泰山明堂に神仙思想的性格が受け継がれていることは疑いを入れない。そもそも、最初に明堂の建立を進言したのは儒家官僚だったが、彼らは実際には明堂に関する知識をほとんど持ち合わせておらず、泰山明堂は甘泉郊祀や泰山封禅と同様に、方士等の主導によって実現したのだ。しかしながら、泰山明堂は、泰一・五帝に対する祭祀の後、諸侯王列侯を朝見させて、『礼記』明堂位篇の周公明堂朝見を再現し[30]、また、児寛《げいかん》が、明堂の建立と祭祀とを言祝《ことほ》いで、周代に廃絶した王道政治の復興であるとして賛美したように[31]、したたかな儒家官僚の戦略によって、儒家思想で粉飾され、儒家的明堂説の源泉の一つとして、後世の明堂論に大きな影響をおよぼしてゆくのである。とりわけ、五帝が明堂の祭祀対象とされたことは特筆しなくてはならない。

後漢以降北宋まで、五帝は明堂の祭祀対象として、西晋と唐代のごく僅かな期間を除き、不動の地位を確立するが、その起源はこの泰山明堂に求めることができるのである。儒家官僚は我田引水的に泰山明堂を儒家側に取り込んだ。それ故に、あるいはそれにもかかわらず、明堂の神仙思想的性格は深奥に秘匿され、後世の帝王たちが明堂建立を切望する、隠された大きな動機の一つとなるのである。

(二)王莽の長安明堂と儒教国家

武帝の果たせなかった首都城南の明堂建立は、前漢末にいたって、王莽(前四五～後二三、在位八～二三)によって実現された。王莽は、元帝《げんてい》の皇后(成帝《せいてい》の生母)王政君《おうせいくん》の甥で、幼主平帝《へいてい》を擁立して実権を握り、漢王朝を簒奪して新王朝を立てた人物である。王莽は儒教を熱狂的に愛好し、明堂に対しても、並外れた知識と見解とを有していた。王莽の長安明堂建立について、『漢書《かんじょ》』王莽伝は次のように記す。

この歳(元始四年[四])、王莽が奏上して、明堂・辟雍・霊台《れいだい》を起工し、太学《たいがく》の学生のために屋舎一万区画を建設し、市場・常満倉を造作したので、漢王朝の制度は極めて盛大になった。五経博士《ごきょうはかせ》に加えて楽経《がっきょう》の博士を立て、博士を各五人増員した。天下の一経に通じ十一人以上に教授するもの、及び逸礼・『古文尚書《こぶんしょうしょ》』『毛詩《もうし》』『周礼』『爾雅《じが》』・天文・図讖《としん》・鍾律・月令・兵法・識字書に通暁するものを徴集し、皆朝廷に参内させた。これら天下の異能の士を網羅したところ、参内したものは前後千人単位に及び、朝廷内で皆に学説を記録し、誤謬を訂正し、異説を統合させたという。

群臣が奏上して言う、「むかし周公は成王を奉じ、臣下の最高位におりながら、周の制度を定めるのに七年を要しました(32)。そもそも明堂・辟雍は、毀廃してから千年もの間復興されませんでした。今、安漢公《あんかんこう》(王莽)は外戚から朝廷に入り、皇帝陛下を補佐し、四年で明堂、辟雍を興起するに至りました。その功業徳行は明らかです。安漢公は八月十六日に勅命を奉じて責任者を派遣し、朝に賦役の書類によって建築作業を割り振りし、翌十七日には、太学の学生や、庶民が大いに喜び会し、十万の人員が集まり、二十日の通常作業で、明堂、辟雍の建設という偉大な功業がすべて完成したのです。尭《ぎょう》・舜《しゅん》の壮挙や西周の創業でも、誠にこれに勝るものはありません。宰《さい》衡《こう》〈宰相〉の位は諸侯王の上にあらねばなりませんので、束帛加璧《そくはくかへき》、大国乗車・安車各一、驪馬二駟[33]を賜われますように。」詔して曰く、「よろしい。九錫《きゅうしゃく》[34]を賜う方法を議せよ。」と。……

元始《げんし》五年(五)正月に、明堂で祫祭《こうさい》を行った。諸侯王二十八人、列侯百二十人、宗室子九百余人が徴集されて、祭祀を補助した。……

その秋、劉歆《りゅうきん》・陳崇《ちんすう》等十二人が皆、明堂建立に携わり、教化を宣布した功績によって列侯に封じられた[35]。

是歳、莽奏起明堂・辟雍・靈臺、爲學者築舍萬區、作市・常滿倉、制度甚盛。立樂經、益博士員、經各五人。徵天下通一藝教授十一人以上、及有逸禮・古書・毛詩・周官・爾雅・天文・圖讖・鍾律・月令・兵法・史篇文字、通知其意者、皆詣公車。網羅天下異能之士、至者前後千數、皆令記說廷中、將令正乖繆、壹異說云。羣臣奏言、「昔周公奉繼體之嗣、據上公之尊、然猶七年制度乃定。夫明堂・辟雍、墮廢千載莫能興、今安漢公起于第家、輔翼陛下、四年于茲、功德爛然。公以八月載生魄庚子奉使、朝用書臨賦營築、越若翊辛丑、諸生・庶民大和會、十萬衆竝集、平作二旬、大功畢成。唐虞發舉、成周造業、誠亡以加。宰衡位宜在諸侯王上、賜以束帛加璧、大國乘車・安車各一、驪馬二駟。」詔曰、「可。其議九錫之法。」……

五年正月、祫祭明堂、諸侯王二十八人、列侯百二十人、宗室子九百餘人、徵助祭。……

其秋、……劉歆・陳崇等十二人皆以治明堂、宣教化、封爲列侯。

いささか長文の引用となったが、明堂に関しては、元始四年に王莽の手によって明堂が建立されたこと(具体的には、八月十六日に作業の割り振りをし、十七日に学生、一般市民十万人を動員して、わずか二十日の工期で完成した。)、翌年正月に明堂で祫祭が行われたこと、及びこの度の明堂建立の責任者が劉歆であったことが記される。

明堂建立(図7)と同列に、王莽が行った、学校や、市場・備蓄倉庫の整備、広範囲の学問教育の人材発掘の政策が

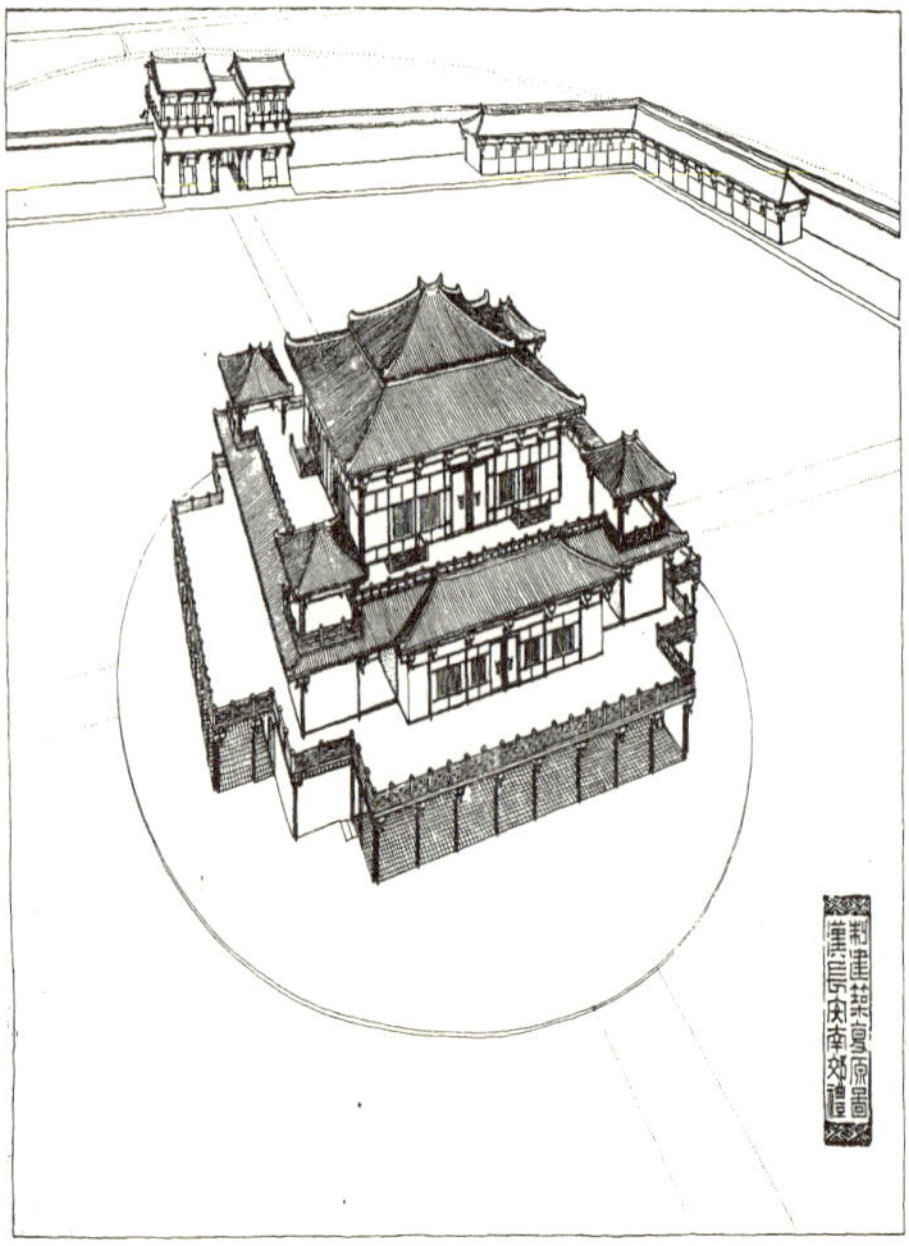

図7 王莽の長安明堂(王世仁「漢長安城南郊礼制建築[大土門村遺址]原状的推測」『考古』1963年第9期)

述べられているのは、王莽の明堂建立が、学問振興、民生安定の一環であったことを示す。これらの政策を行った王莽は、王道政治を実現した尭舜、西周の文王、武王にも勝る為政者として賞賛される。特に明堂辟雍の建立は最大の功績とされ、『礼記』明堂位篇を踏まえて、成王を補佐して諸侯を朝見させた周公に王莽を擬え、禅譲の前段階である九錫下賜の提議へと歩を進めさせて、政権奪取の正当化に大きな根拠を与えた。この歳(元始五年)十二月には、平帝の崩御を承けて、さらに事態は進行し、やはり『礼記』明堂位篇を典拠としながらも、周公が実質的に王位に即いたことを強調して、王莽の皇帝即位を正当化した。[36] ここでも明堂は、王莽を周公に重ね合わせる仕掛けとして機能した。

武帝時代、即位当初(前一四一)の儒家官僚主導の長安明堂構想は、黄老(道家)思想支持派との権力闘争に敗北して実現せず(前一三九)、かえって神仙思想に傾倒した武帝治世の後半期に方士主導の泰山明堂が出現した(前一〇九)。しかしながら、その後の百年の間に、事態は一変し、前漢王朝が儒教国家へと変貌を遂げ、王莽が儒教を自己の政権奪取の舞台装置としたとき、明堂は重要な役割を担わされたのである。明堂は王者の堂であるとは、孟子の言葉だが、王莽は、簒奪者の汚名を免れるために、自覚的、積極的に明堂を建立し、利用したのである。後世、帝王としての正統性を獲得するために、明堂を建立しようとした帝王は少なくないが、その端緒は王莽が開いたと言えるであろう。

さて、武帝即位当初の長安明堂構想は、諸侯を朝見させるのが目的であった。その目的は一部、泰山明堂で実現されたことは、前項で見た通りだが、王莽によって実現された長安明堂の目的乃至は機能は如何なるものであろうか。その一つが祫祭であることは右の引用に明記されている。

祫とは「大いに親疏遠近の先祖の霊を一緒に祭祀することである(37)」と説明され、通常は祖廟で行われる。ということは、王莽は明堂を祖廟と見なしていたことになる。これは、『毛詩』我将に見える説である。『漢書』王莽伝にはまた、王莽の、「周公が摂政であるとき、后稷《こうしょく》を郊で祭祀して天に併せ祀り、文王を明堂で祭祀して上帝に併せ祀った。(38)」という文章や、「予は伏して思うに、皇初祖考黄帝、皇始祖考虞帝《ぐてい》を、明堂に宗祀する。(39)」という文章が記録される。「后稷を郊で祭祀して天に併せ祀り、文王を明堂で祭祀して上帝に併せ祀った。」とは、『孝経』聖治章に典拠のある文言で、ここから後漢以降、郊祭では、天を祀って、王朝の太祖を併せ祀り、明堂の祭祀では、上帝を祀って、父の霊を併せ祀る、という明堂の原則(厳父配天)の一つが導き出されるが、王莽の場合、父ではなく、虞帝(舜)を明堂に祀った。王莽は、周公が文王を明堂に祀った理由は、文王が周公の父だからではなく、周王朝創立に功績があったからだと解釈したのだろう。しかも、王莽は明堂で舜と共に黄帝も祀った。だから、明堂に祫祭した(一緒に祀った)、と言うのだが、これは、王莽が明堂を、厳父配天の原則、つまり父だけに最高の孝心を捧げるためのものではなく、より広範な先祖祭祀のためのものだと認識していたことを示す。

(四)王莽の長安明堂の文献資料と考古学研究

ところで、右の引用中、王莽が広く募った人材の専門分野が、逸礼、『古文尚書』『毛詩』『周礼』『爾雅』、天文、図讖、鍾律、月令、兵法、識字書であることに注目しよう。これらは、『爾雅』、兵法、識字書を除き、書物はいわゆる古文経、学問分野は緯書に関わり深いものばかりである。

武帝が儒教国教化を宣言して以降、儒教は宇宙論から個人の生活に至るまで、その理論と細部とを説明するイデオロギーとされ、原始儒家時代とは較べようもない厖大な知識が必要となった。従来の儒家経典だけでは十分ではなくなったとき、新たな知識の供給源が出現した。それが、古文経であり、緯書だったのである。[40] そして、古文経を熱烈に支持したのが、王莽の側近の劉歆（前三二？〜二三）である。古文経の中で、明堂について記述があるのは、『周礼』であり、王莽は周の礼制復興を標榜して新の国家制度を整えた。したがって、王莽の長安明堂が古文経の影響を蒙った可能性は高いが、考古学資料も含めて、証拠立てる資料は極めて少ない。

古文経の文献で明堂について記載があるのは、現存のものでは、『毛詩』我将の詩、『孝経』聖治章、『周礼』考工記であるが、『毛詩』と『孝経』とには同内容の今文経があり、『周礼』考工記の記載事項は、明堂が五室であることと、東西、南北の長さと堂の高さのサイズだけである。逆に、今文経の『大戴礼記』明堂篇の記載内容は、明堂は文王を祀る祖廟であるとする等、王莽の長安明堂の性質と一致する点が少なくない。

考古学研究も、『大戴礼記』明堂篇との近似性を裏付ける。一九五六年七月、陝西省西安市西北郊外、大土門村北で、この明堂に比定される漢代礼制建築の遺跡が発掘された。遺跡は、漢長安故城安門外道東、長安城南壁から約一・五キロメートル南に位置し、①中心建築、②正方形周壁、③四門、④四隅曲尺形配房〈脇棟〉、⑤円水溝から成る。中心建築は方形の土台中央部にある。土台は南北二〇五メートル、東西二〇六メートル、高さ一・六メートルである。土台の上部は版築である。

①の中心建築の主要建築は、円形の版築土台上にあり、土台は直径六二メートル、厚さ一・九メートル。主要建築

の遺跡平面は「亞」字形を呈しており、四面対称、毎辺長さ四二メートル前後。台基の中央は正方形の版築土台で、一辺長さ一七メートル。正方形版築土台の四隅には、各二個の正方形の小版築土台があり、大きさは同じ。中心正方形版築土台の四面には東南西北四つの庁堂があり、毎辺長さ二四メートル、北堂は四間の抱厦〈間は柱と柱の間を数える語。抱厦は母屋から左右に突き出た建物〉を突き出し、他の三面は八間の抱厦である。

中心建築の外周には、②の正方形周壁がある。毎辺二三五メートル、中心建築との距離は九六メートル。周壁の四面中央には各一門(③の四門のこと)があり、四隅には毎辺四七メートルの④の曲尺形配房がある。周壁の外側には⑤の円水溝がある。直径三六〇メートル前後、幅約二メートル、深さ約一・八メートルである。[41]

この礼制建築遺跡は王莽の長安明堂に比定されるが、それは、王莽の長安明堂の構造が、『礼記』月令篇に依拠していると考えられ、それが遺跡の①の構造と符合するからであり、『漢書』王莽伝の応劭《おうしょう》の注に描写された明堂の特徴が遺跡のそれと一致する点があるからだ。

『礼記』月令篇に見える明堂は、一年十二箇月に配当された、青陽左个《さか》・青陽太廟・青陽右个《ゆうか》・明堂左个・明堂太廟・明堂右个・総章左个・総章太廟・総章右个・玄堂左个・玄堂太廟・玄堂右个という十二の部屋をもつ。遺跡の中央建築は中央正方形版築の四面には、四もしくは八の区画のある庁堂が突き出していたと推定される。王莽の長安明堂は祫祭を明堂太廟で行ったと『漢書』王莽伝に明記されるところから、[42]『礼記』月令型の明堂だったと想定され、遺跡の特徴と一致する。応劭の注は、「明堂は上が円形で下が方形、八つの窓に四つの門を備え、施政の宮殿であり、国の南にある。……辟雍は璧の丸い様に似せる。周りに水をめぐらすのは、教化が流れゆく様に似せる。[43]」とあり、確かにこの遺跡の、長安城南にあり、四門あり、円水溝がめぐる特徴に合致する。しかしながら、応劭は後漢末の儒学者であり、王莽の長安明堂の実態に即しているとは思われない。しかも、その記述内容は、『大戴礼記』明堂篇との一致点が少なくない。したがって，遺跡の特徴から，これを王莽の長安明堂に比定する蓋然性は高いが，そうであれば王莽長安明堂と『大戴礼記』明堂篇との近似性をよりいっそう，論証するのであり，古文経との関係はますます疎遠になったと言わざるを得ない。

王莽の長安明堂が参照したと思われる文献としては他に，『明堂陰陽録《めいどういんようろく》』がある。この書物は佚書で，現在は『太《たい》平御覧《へいぎょらん》』に収録される文章が最も長文である。引用すれば，次の通りである。

『礼記明堂陰陽録』に曰く，「『明堂陰陽』に，「(明堂は)王者の天に応じる原理装置である。」とある。明堂の制度は，周囲に水をめぐらす。水の流れは左回りであり，天の運行を象る。明堂の内部には太室〈大きな主室〉があり，中央の星座である紫微宮を象る。南は明堂を突出し，南の星座である太微を象る。西は総章を突出し，西の星座である五潢《ごこう》を象る。北は玄堂を突出し，北の星座である営室を象る。東は青陽を突出し，東の星座である天市を象る。上帝は四季ごとに，星界の所定の宮殿を治める。王者は天の意思を承けて万物を統御するが，やはりその方位にて国政を行う。(44)」

『禮記明堂陰陽錄』曰，『明堂陰陽』，「王者之所以應天也。」明堂之制，周旋以水。水行左旋，以象天。內有太室，象紫宮。南出明堂，象太微。西出總章，象五潢。北出玄堂，象營室。東出靑陽，象天市。上帝四時，各治其宮。王者承天統物，亦於其方，以聽國事。

この書物は，『漢書』巻三十，藝文志《げいもんし》，六藝略《りくげいりゃく》(礼家)に，『明堂陰陽』三十三篇と著録された書物と関係深いと推測できる。『明堂陰陽』の条には，「古明堂の遺事」と原注があり，『礼記』月令篇と明堂位篇や『大戴礼記』明堂篇の原型とされる。(45)また，右の文章の一部を，隋の牛弘《ぎゅうこう》が「『明堂陰陽録』に曰く」として引用する他，唐の李賢《りけん》が「劉向『七略《しちりゃく》』に曰く」として，李善《りぜん》が「『七略』に曰く」として引用する。(46)劉向《りゅうきょう》が前漢宮廷の蔵書を解題したのが

『別録《べつろく》』で、それを劉歆が書籍目録にしたのが『七略』である。隋唐人たちは、劉歆『七略』(実際は劉向『別録』)を通して、『明堂陰陽』を読んだのだ。右の「王者の天に応じる原理装置である。」の一文は『明堂陰陽』の佚文であり、その後の、明堂が備える中央の太室と東南西北に突き出た青陽・明堂・総章・玄堂は天上の星界の形勢を模倣した、との言説は、劉向の所説であろう。『史記』天官書《てんかんしょ》は、天空の星界を中宮と東南西北の四宮に分ける。紫微宮は中宮の、太微は南宮の、五潢は西宮の、営室は北宮の、天市は東宮のそれぞれ星座とする。筆者は王莽の長安明堂の特徴と『大戴礼記』明堂篇との近似性を指摘してきたが、『大戴礼記』明堂篇は『明堂陰陽』の遺篇であるから、王莽の長安明堂は『明堂陰陽』系の明堂思想に依拠したと言う方が、より正確である。

第三節　後漢時代

(一)後漢雒陽明堂とその淵源

漢を再興した後漢の光武《こうぶ》帝《てい》(劉秀《りゅうしゅう》、在位二五〜五七)は雒陽《らくよう》〈洛陽のこと。漢は火徳の王朝で水を嫌うから、三水偏《さんずいへん》の「洛」の字を避けて「雒」の字に換えたと言われる〉を首都とした。即位後三十二年目になって、ようやく明堂を建立した(図8)。『続漢書《しょくかんじょ》』(47)祭祀《さいし》志中《しちゅう》に次のようにある。

この年(中元《ちゅうげん》元年[五六])、初めて北郊、明堂、辟雍、霊台を造営したが、使用に供さなかった。……明帝《めいてい》(在位五七〜七五)は即位すると、永平《えいへい》二年(五九)正月辛未(十九日)、初めて五帝を明堂に祀り、光武帝を併せ祀った。五帝の坐を堂上に位置するのは、それぞれ五行説で決まっている方位に設置した。黄帝は未(西南)に設置することを含め、五帝とも南郊の位置の通りにした。光武帝の位置は青帝の南やや後で、西に向けた。犠牲は五帝及び光武帝それぞれに犢《こうし》一頭とし、南郊と同じ音楽を演奏した。明堂祭祀が終了すると、引き続いて霊台に登り、雲気を観望した。[48]

　是年、初營北郊、明堂、辟雍、靈臺、未用事。……
　明帝即位、永平二年正月辛未、初祀五帝於明堂、光武帝配。五帝坐位堂上、各處其方。黄帝在未、皆如南郊之位。光武帝位在青帝之南少退、西面。牲各一犢、奏樂如南郊。卒事、遂升靈臺、以望雲物。

光武帝が明堂建立を発願したのは、張純《ちょうじゅん》、桓栄《かんえい》等の儒学者が、そろって三雍《さんよう》(明堂、辟雍、霊台)の建立を奏上したからである。これに先立って、張純は、七経讖《しちけいしん》(詩、書、礼、楽、易、春秋及び『論語』の名を冠した七種の緯書、もしくは七経緯と予言記)、『明堂図』(公玉帯が武帝に献上した『(黄帝時)明堂図』)、『河間古辟雍記《かかんこへきようき》』(河間献王劉徳《かかんけんおうりゅうとく》が武帝に献上した辟雍、明堂、霊台に関する記録)、武帝の泰山明堂の制度、及び前漢平帝の時の明堂論議を研究した。[49] 讖緯の書は、光武帝が明堂建立と同時期に、天下にこれを宣布したことが知られるように、後漢時代には極めて高い権威を認められていた。明堂に関する緯書の条文を数例紹介しよう。

『礼含文嘉《れいがんぶんか》』、「明堂は神霊に通じ、天地を感ぜしめ、四時の運行を正確にする原理装置である。[50]」

　『禮含文嘉』曰、明堂所以通神靈、感天地、正四時。

『孝経援神契《こうきょうえんしんけい》』、「明堂の制度は、東西九筵である。筵は長さ九尺であるから、明堂は東西八十一尺、南北六十三尺であり、故に太室と言う。」「周の明堂は、国都の陽〈南〉に在り、三里の外、七里の内、辰巳の方角にある。」

　『孝經援神契』曰、明堂之制、東西九筵、筵長九尺也。明堂東西八十一尺、南北六十三尺、故謂之太室。又曰、周之明堂、在國之陽、三里之外、七里之內、在辰巳者也。

『春秋合誠図《しゅんじゅうがっせいと》』、「明堂が辰巳にあるとは、水火の際に在ると言うことだ。辰は木であり、巳は火である。木の生数は三で、火の成数は七だから、三里の外、七里の内に在るのだ。」

『春秋合誠圖』曰、明堂在辰巳者、言在水火之際。辰木也。巳火也。木生數三、火成數七、故在三里之外、七里之內。

『礼含文嘉』は、明堂の呪術的宗教的意義を述べ、『孝経援神契』は明堂の位置に関する知識を語り、『春秋合誠図』はその位置の象徴性を解き明かす。緯書の一般的な特徴として、経書に不足する呪術的宗教的な内容や個別具体的な知識に富むことが挙げられる。後漢の張純等はもちろん、恐らくは王莽の長安明堂を設計・運営した劉歆等もこれらの緯書の知識を参照したであろうことは、想像に難くない。

明堂での祭祀儀礼が終了すると、明帝は霊台に登り、雲気を観望した。この行為は、『春秋左氏伝』の故事を踏まえる。僖《き》公《こう》五年正月辛亥朔日、僖公は告朔〈宗廟で時令を頒布する儀式〉を終えると、観台に登り雲気を観望し、記録した。節句ごとに雲気を記録することは礼なのである。[51] 明帝がこの故事を再現したのは、後漢雒陽明堂が祭祀を行う太廟であると同時に、告朔儀礼を行う朝堂でもあることを表す。告朔儀礼は、天神から時令を授かる宗教行為であると同時に、臣下に時令を頒布する政治活動でもあるからだ。

さて、後漢雒陽明堂で注目すべきは、前漢泰山明堂と同じく、五帝を祭祀したことである。しかも、これは南郊の祭祀に準拠したという。雒陽の南郊祭祀施設は、建武二年（二六）に営まれた。興味深いことにこの雒陽南郊は、さらに前漢平帝元始五年の故事を再現したものだったのである。[52] 元始五年に王莽は南郊を含む大規模な国家祭祀改革を行った。[53] この元始五年の祭祀改革で五帝に関しては、五帝を含む数多の神神を五行説に基づく分類で五群に編成し、長安の東南西北の四郊において、東南西北及び東南の方位にそれらの諸神の祭域が営まれたことが知られる。南郊には、四郊とは別に天神の皇天上帝を祭祀する泰畤が営まれたようだが、その祭壇の外周に五帝が配置されたことは、明文

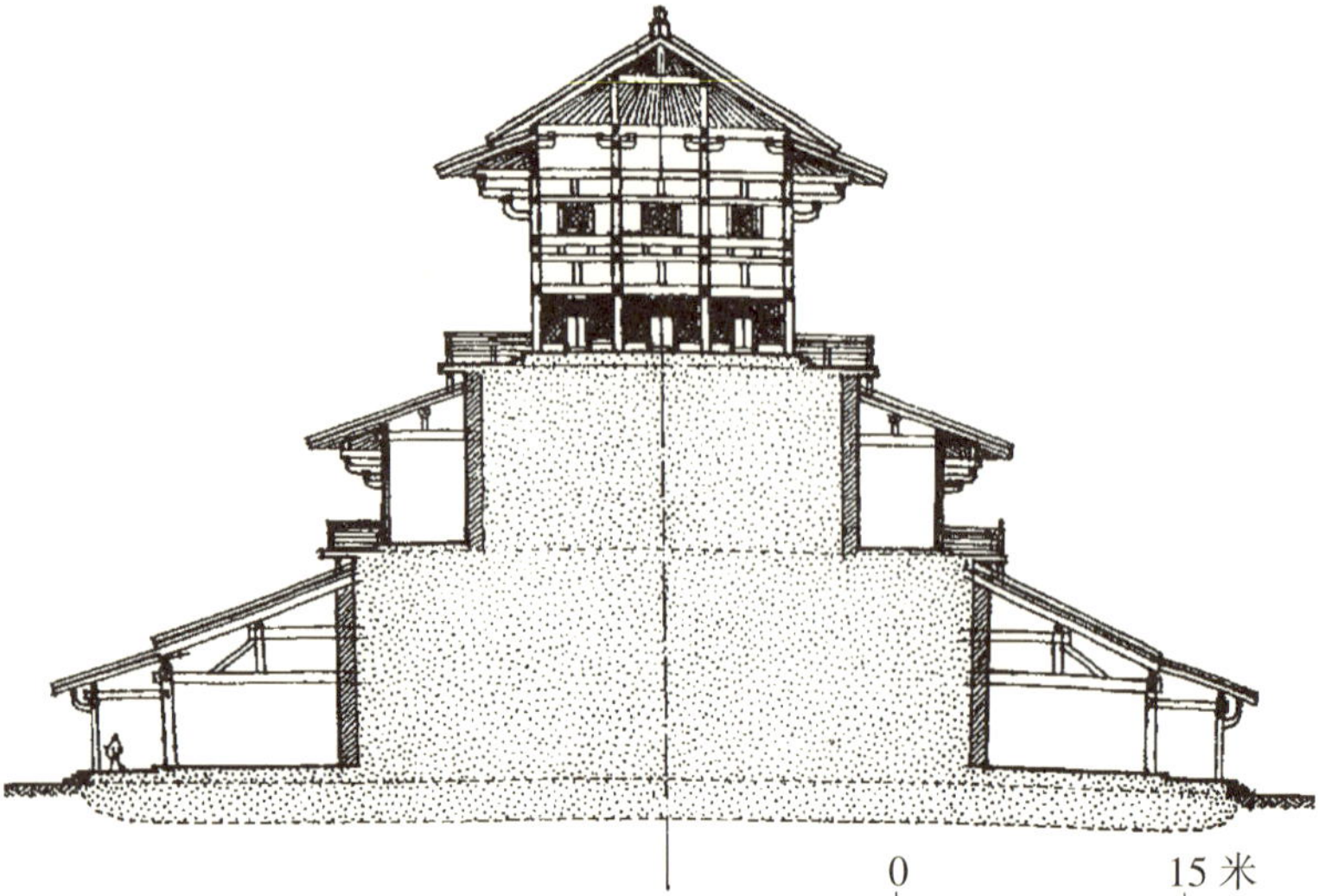

図 8　後漢雒陽の明堂断面図（楊鴻勛「宇文愷承前啓後的明堂方案」『文物』2012 年第 12 期）

は無いながらも、後漢の史実から、逆に推定できるのであり、この泰畤に祭祀された五帝は、四郊に祭祀された五帝と同一である。そうだとすれば、後漢雒陽明堂に祀られた五帝は、前漢平帝元始五年に長安四郊に祭られた五帝だということになる。

（二）後漢雒陽明堂の五帝

1　王莽の皇天上帝泰一と五帝

王莽は皇天上帝を泰一神の後身とみなした。元始五年の祭祀改革における王莽の発言の中に、「いま天神を皇天上帝と称し、泰一の祭域を泰畤と呼ぶが、地祇《ちぎ》を后土《こうど》と称するのは、四郊に祀る中央黄霊《こうれい》の名と同じであり、また北郊の祭域には尊称がない（のは不適当だ）。地祇を皇地《こうち》后祇《こうぎ》と称し、（后土の）祭域を広畤と呼ぶようにせよ。[54]」という一節がある。天神が皇天上帝と呼ばれ、その祭域を泰畤と称するのに対し、地祇は四郊に祀る中央黄霊と同じく后土と呼ばれ、その祭域も尊称がないのはおかしいとするくだりだが、注目すべきは、皇天上帝の祭域である泰畤を説明するのに、「泰一の祭域を泰畤と呼ぶ」と言った箇所である。此処は、後文の「地祇を皇地后祇と称し、祭域を広畤と呼ぶようにせよ。」にあわせて、「天神を皇天上帝泰一と称し、祭域を泰畤と呼ぶ」と句読しても良いが(55)、要するに王莽は皇天上帝と泰一とを同一視しているのだ(56)。

傍証として、『史記』天官書に、「中宮の天極星の星々の中で、最も明るい星が、太一《たいいつ》の常居である(57)。」とあるのが挙げられる。太一は『漢書』天文志《てんもんし》では泰一と、『晋書《しんじょ》』天文志では、太乙と表記される。『晋書』天文志では、太乙の坐は北極五星中最も赤く明るい星とされるが、同じ中宮にある鉤陳《こうちん》六星付近の一星が群霊、万神を支配する最高神とされ、これは天皇大帝《てんこうたいてい》と呼ばれる。天皇大帝は鉤陳を常居とするが、北極星に執務の場(太乙の坐)を確保していると考えることは可能である(58)。一方、皇天上帝は『尚書』(周書召誥《しゅうしょしょうこう》)、『礼記』(月令)の表記で、古文経の『毛詩』(大雅《たいが》雲漢《うんかん》)、『周礼』(春官大宗伯《しゅんかんだいそうはく》)、『春秋左氏伝』(成公十三年)に見える昊天上帝と同一の、天の最高神を指す。後漢の鄭玄(一二七〜二〇〇)は、昊天上帝は、天皇大帝であり、北辰の星(北極星)だと考えた(59)。古文経の表記を取らなかった理由は不明だが、王莽が皇天上帝(昊天上帝)、泰一を北極星と見なしていた可能性は極めて高い。だとすれば、その補佐である五帝もまた、星ということになる。

五帝が星だとすれば、如何なる星であろうか。『史記』天官書では、中宮の天極星が太一の常居であるのに対し、南宮にある五星が五帝坐だとされる。『晋書』天文志では、太微に五帝坐があるとする。中央に黄帝の座があり、他の四帝がその周りを取り囲む。中宮には別に五帝内坐があり、ここで五帝は所定の順序で天皇大帝の居所に伺候するとされる。これから推測すれば、『史記』天官書の五帝坐も、五帝の居所、もしくは五帝そのものと考えられていたのであろう。武帝が泰山明堂に祀った五帝はこの星の五帝であったに違いない。

王莽の長安明堂で祀られたかは不明ながらも、五帝は新たに営まれた南郊で皇天上帝の祭壇の外壇に祀られた他、長安城の四郊に祀られた。しかしながら、この王莽時代の五帝は泰山明堂の五帝とは様相を異にするように思われる。元始五年王莽が新たに設けた五箇所の祭域に祭祀されたのは、日月、風雨雷、北辰北斗、五惑星、二十八宿五星官の他は、中央帝黄霊后土、東方帝太昊青霊勾芒《たいこうせいれいこうぼう》、南方炎帝赤霊祝融《えんていせきれいしゅくゆう》、西方帝少皞白霊蓐収《しょうこうはくれいじょくしゅう》(60)、北方帝顓頊黒霊玄冥《せんぎょくこくれいげんめい》であった(61)。これらは、『礼記』月令篇に見える五帝五神に他ならない。

2　五人帝、五天帝、太微五帝、五行帝

『礼記』月令篇の五帝は、五人帝とされるのが、通説である。太昊・炎帝・黄帝・少皞・顓頊は偉大なる帝王で、死後天上の五行の神(帝)になったが、もともと人間であるから、五人帝と呼ばれる。また、勾(句)芒・祝融・后土・蓐収・玄冥は生前極めて有能な臣下だったから、死後天上で五帝に仕える神となった、というわけである。そして、通説では、後漢の明堂に祭祀された五帝は五人帝である。しかしながら、これらの通説は、本当はどこまで信憑性があるのだろうか。

『礼記』月令篇の五帝である太昊・炎帝・黄帝・少皞・顓頊は、歴史上の帝王である伏羲《ふくぎ》・神農《しんのう》・黄帝・少皞・顓頊と同一視されるが、これには劉歆と『孔子《こうし》家語《けご》』とが大いに貢献した。劉歆の『世経《せいけい》』(『漢書』巻二十一下、律暦《りつれき》志《し》下に収録)は、『春秋左氏伝』(昭公十七年)や『国語《こくご》』(楚語下《そごげ》)の記事を巧みに利用して、少皞を歴史に組み込み、太《たい》昊炮犧氏《こうほうぎし》、炎帝神農氏、黄帝軒轅氏《けんえんし》、少昊帝《しょうこうてい》、顓頊帝という人帝の系譜を編成したのである(62)。『孔子家語』(五帝篇)は、太昊・炎帝・黄帝・少皞・顓頊は、生前偉大な帝王であったものが、死後天の五行に配当されたと明記した。また、句芒・祝融・后土・蓐収・玄冥は五行の官名であり、生前上公〈最高位の諸侯〉であったものが、死後神となったとも記す(63)。実は、この五神に関する話は、『春秋左氏伝』に典拠を持つ。

『春秋左氏伝』(昭公二十九年)には、五行の官を五官と言い、歴代の帝王の偉大な功臣が、生前上公に封じられ、死後祀られて、木正〈木徳の長官〉の句芒、火正〈火徳の長官〉の祝融、金正〈金徳の長官〉の蓐収、水正〈水徳の長官〉の玄冥、土正〈土徳の長官〉の后土という神になる、少皞氏の四叔《ししゅく》〈四人の子孫〉である重《ちょう》・該《かい》・脩《しゅう》・熙《き》が金木及び水に巧みであったので、重が句芒に、該が蓐収に、脩及び熙が玄冥となり、顓頊氏の子の犂《れい》が祝融となり、共工氏《きょうこうし》の子の句《こう》龍《りゅう》が后土となった、と記される。[64]『孔子家語』はこの話を採り、さらに五神の理論を五帝の理論にアレンジしたのである。

三国魏の王粛《おうしゅく》(一九五～二五六)は、この『孔子家語』の記載内容を根拠に、『孔子家語』の注釈や自著の『聖証論《せいしょうろん》』において、鄭玄の太微五帝説を批判した。太微五帝とは、星界の太微の五帝坐にいる五柱の天帝、蒼帝霊威仰《れいいぎょう》・赤帝赤熛怒《せきひょうど》・黄帝含枢紐《がんすうちゅう》・白帝白招拒《はくしょうきょ》・黒帝汁光紀《じゅうこうき》のことである。[65]鄭玄は明堂に祭祀される上帝を太微五帝とした。鄭玄と王粛の学説対立は、その後経学界を二分して、長く論争の源となるが、その論議の中で、太微五帝を五天帝、太昊・炎帝・黄帝・少皞・顓頊を五人帝と呼ぶようになったのである。五人帝という術語は、王粛以降の産物であり、魏晋を遡ることはないのだ。また、周知の通り、『孔子家語』は王粛による偽作とされてきた。その真偽はさておき、[66]現行の『孔子家語』が王粛によってはじめて広く知られるようになったことは否定できない事実である。しかも、『孔子家語』の五帝理論は王粛の注釈が補完する形で完成された。唐代の孔穎達《くようだつ》(五七四～六四八)が、後漢の賈逵《かき》(三〇～一〇一)、馬融《ばゆう》(七九～一六六)が、明堂に祭祀する五帝は太微五帝ではなく、『孔子家語』を根拠として、大皞・炎帝・黄帝ら五人帝の類だと考えた、とするのは、[67]後世の先入観による見解で、賈逵・馬融が、五帝は太微五帝ではないとしたことは確かだが、『孔子家語』を読んだことや、大皞・炎帝・黄帝らを五人帝と呼んだことを裏付ける資料はない。鄭玄も、太昊・炎帝・黄帝・少皞・顓頊を、伏羲・神農・黄帝・少皞・顓頊と同一視したが、[68]その根拠は示していない。おそらくは、歴史上の帝王と天の神とを結合させる観念は、『孔子家語』及びその王粛注の登場を待ってようやく、明快に説明できる理論を獲得し、魏晋以降に通説となったのであり、漢代にはまだ醸成段階にあったのだ。したがって、魏晋以降一般的になった五帝観念を漢代の五帝に当てはめることは妥当ではない。

王莽の長安四郊には、天地の別神として、中央帝黄霊后土、東方帝太昊青霊勾芒、南方炎帝赤霊祝融、西方帝少皞白霊蓐収、北方帝顓頊黒霊玄冥が祭られた。これらの神神は月令の五帝五神であるが、当時は、伏羲・神農・黄帝・少皞・顓頊の人帝としての歴史が書かれたばかりの頃であり、伏羲等が死後天神になったと認識し、伏羲等の後身としての太昊等を天神として祭祀したのだと考えるのはいささか早計である。当時はまだ、太昊等はあくまで東南中央西北の五帝であって、伏羲等と結びつけられることは稀で、五行の神として祀られたのであり、星界の五帝坐を本拠とし、五行の運行を司る神神と見なされていたのであろう。

3　後漢雒陽明堂の五帝

元始五年に長安の四郊で祭られた五帝が五行の帝だとすれば、この故事を模倣して設定された、後漢の明堂の五帝もまた、星界の五帝坐の五行神ということになる。永平二年(五九)に雒陽の五郊で、青帝句芒、赤帝祝融、黄帝后土、白帝蓐収、黒帝玄冥を祭祀したことから、後漢の明堂に祭られた五帝は、青帝・赤帝・黄帝・白帝・黒帝とされる(69)。元始五年の五帝と較べれば、太昊等の名称が消え、中央東南西北の五方位ではなく青赤黄白黒の五色の帝に変わっている。五色は五方位と同じく、五行の帝であることを意味するが、太昊等の名称が消えたのは、太昊等の歴史人物化が進み、それらの名称から直ちに伏羲等を連想し、国家祭祀の対象としては相応しくないと感じられてきたからであろう。

後漢初期を代表する儒学者の鄭衆《ていしゅう》(?〜八三)は、四時に四郊で祀る五帝を五色之帝とする。[70] 五色之帝とは、永平二年に雒陽の五郊で祭祀した青帝・赤帝・黄帝・白帝・黒帝に違いない。賈逵・馬融は、五帝は大皞・炎帝・黄帝等だと考えた。後漢中期の許慎《きょしん》(五八?〜一四七?)は賈逵の弟子だが、その著『五経異義《ごきょういぎ》』に批判的に引用される講学大夫淳于登《じゅんうと》(生卒年不詳)の説は、『孝経』の上帝を、太微中の五帝坐にいる五精之帝とした。注意すべきは、淳于登の説は緯書の『孝経援神契』によることである。[71]

そもそも太微五帝の観念は『史記』天官書にはなく、正史の天文志では、唐代編纂の『晋書』天文志になって、ようやく登場する。ところが、それらに先立って、後漢時代に盛行した緯書にはすでに、太微、紫微の観念が存在し、太微に霊威仰・赤熛怒・含枢紐・白招拒・汁光紀の五帝の坐があり、紫微に天皇大帝の常居があるとされ、[72] 天界の勢力図、天人の感応に関する理論が構築されていたのである。

緯書の太微五帝理論を精密化したのは、鄭玄である。鄭玄は、四郊で祀られる主神は太微五帝であり、太昊・炎帝・黄帝・少皞・顓頊と句芒・祝融・后土・蓐収・玄冥を従祀する(『周礼』春官小宗伯《しょうそうはく》「兆五帝於四郊」注)とする。太微五帝は、五精之帝(『礼記』月令注)、五徳之帝(『礼記』王制《おうせい》注)とも呼ばれる。太昊・炎帝・黄帝・少皞・顓頊は蒼赤黄白黒の五精之君、句芒・祝融・后土・蓐収・玄冥は木火土金水の五官之臣と呼ばれ、太古以来著明な徳の持ち主であった宓戯氏《ふくぎし》・大庭氏《たいていし》・軒轅氏・金天氏《きんてんし》・高陽氏《こうようし》が五精之君であり、立派な功績を立てた少皞氏の子の重・該・脩・熙、顓頊氏の子の黎《れい》[73]が五官之臣となった(『礼記』月令注)。帝王の始祖は皆、星界の太微中の五帝坐星にいる太微五帝の精に感応して生まれるとする(『礼記』大伝《たいでん》注)。

さて、緯書及び鄭玄説を参考にすれば、逆に、感生帝説成立の条件として、天の五帝坐と結びつけられた『礼記』月令篇の五帝の観念が存在したと推定できる。明堂、四郊、五郊には五行の気を迎え、五徳之帝(五精之帝)を祀り、五帝を配し祀る。地上にいる五行の本体が太昊等であり、その精が、天の五帝坐に上るのである。前漢末の元始五年に長安四郊で祀られた、中央帝、東方帝太昊、南方炎帝、西方帝少皞、北方帝顓頊、及び後漢初の永平二年(五九)に雒陽五郊で祭祀された、青帝、赤帝、黄帝、白帝、黒帝がこれである。

そして、劉歆の『世経』によって、太昊等を伏羲等の人帝と同一視する観念が醸成され、後漢後半には主流となった。鄭玄の師の馬融は、緯書説を当然知っていたにも拘わらず、太微五帝説を採らず、五帝を大皞・炎帝・黄帝等とした。馬融の年代を考えれば、太皞、炎帝等を伏羲、神農等の五人帝と見なした可能性もあれば、天の五帝坐にいる五行の神だと認識していた可能性もある。鄭玄の同時代人である蔡邕《さいよう》(一三三～一九二)は、明堂に祀る五帝は、生前の功徳によって死後に祭祀を受けた伏羲以下の帝王であり(「明堂月令論《めいどうげつれいろん》」)、それらの帝王は、五行に則り、王朝交替した(班固《はんこ》『典引《てんいん》』注)(74)、との認識を有する。蔡邕は緯書を否定しないが、太微五帝に言及することはない。

(三)後漢雒陽明堂の構造

漢魏洛陽故城南郊において礼制建築遺跡の予備調査が行われたのは、一九六〇年代初期だった。一九七〇年代から八〇年代初期にかけて本格的発掘調査が行われ、二〇一〇年に発掘報告が出版された(75)。報告書によると、遺跡は明堂、辟雍、太学の遺跡とされ、明堂は、後漢、魏晋、北魏の各時代の遺跡が重なる重層的遺跡だったことが解明された。つまり、後漢時代に立てられた明堂が、魏晋時代に修復されて継続使用され、北魏に大幅な改修が加えられたことが裏付けられたのである。これは、文献の記載内容とも一致する。

後漢雒陽明堂の構造に関する記載は、一次資料である『後漢書』帝紀、『続漢書』祭祀志には多くない。文献研究は勿論のこと、考古学研究も、後世の資料であるそれらの注釈や注釈に引用された文献の記載内容に頼らざるを得ない。また、明堂遺跡は後漢・魏晋・北魏の三時代の遺跡が重なり合っているため、後漢時代の遺跡だけを取り出して復元することは不可能である。したがって、考古学研究から、後漢雒陽明堂の全貌を正確に知ることは極めて困難であるが、僻遠の地にあった泰山明堂、二十年の寿命だった長安明堂に較べ、建立から後漢滅亡までの百七十年もの間、首都の南郊に威容を誇った時間と地理とを考えれば、二次資料の信憑性は相当高い。考古学研究を文献と対照しながら、後漢雒陽明堂の構造を概観しよう。

『後漢書』の李賢注、『続漢書』の劉昭《りゅうしょう》注が引用する文献は、既述の経典『周礼』『大戴礼記』、緯書の『孝経援神契』の他は、ほぼ後漢時代のものである。年代順に引用すれば次の通りである。

桓譚《かんたん》(前二四?~五六)『新論《しんろん》』「天は明と称するから、明堂と名付けた。上が円形なのは天に法り、下が方形なのは地に法り、八窓は八風に法り、四門は四時に法り、九室は九州に法り、十二堂は十二月に法り、三十六戸は三十六雨に法り、七十二窓は七十二風に法った(76)。」

天稱明、故命曰明堂。上圓法天、下方法地、八窻法八風、四達法四時、九室法九州、十二坐法十二月、三十六戶法三十六雨、七十二牖法七十二風。

王隆《おうりゅう》(一世紀前半)『漢官篇《かんかんへん》』「明堂は古昔の清廟茅屋である。」

是古者清廟茅屋。

張衡《ちょうこう》(七八~一三九)「東京賦《とうけいふ》」「明堂は二階建てであり、八達九房だ。」その薛綜《せっそう》(?~二四三)の注、「八達とは室に八窓有ることを言う。堂の後に九室有り、周の明堂の制度と異なる所以だ。」

「復廟重屋、八達九房。」薛綜注曰、「八達謂室有八窻也。堂後有九室、所以異於周制也。」

胡広《ここう》(九一~一七二)『漢官篇』注(『漢官解詁《かんかんかいこ》』)「古昔の清廟が、茅で屋根を覆ったのは、倹約を示すためである。

今の明堂が、茅で覆うのは、瓦をその上に加えるとはいえ、古昔を忘れておらず、瓦の下に茅をしいて、古昔の制度を温存するということだ。」

古之清廟、以茅蓋屋、所以示儉也。今之明堂、茅蓋之、乃加瓦其上、不忘古也。下藉茅、存古制也。

応劭《おうしょう》(?〜二〇四?)『漢官儀《かんかんぎ》』「明堂の四面は土を掘って濠を作り、上に橋を作った。濠の中には水はない。明堂は平城門から二里のところにある。天子がお出かけのときは、平城門から出て、先ず明堂を経て、それから南郊に至って天を祀る。」

明堂四面起土作壍、上作橋。壍中無水。明堂去平城門二里所。天子出、從平城門、先歷明堂、乃至郊祀。

以上の後漢の明堂に関する言説は、ほぼ『大戴礼記』の記載内容と一致する。これらの文献の著者は皆、後漢雒陽明堂を実見したはずであるから、後漢雒陽明堂が『大戴礼記』に依拠したことが分かる。後漢明堂の構造について、『大戴礼記』以外の知識としては、「復廟重屋」であった(張衡「東京賦」)こと、四面に空堀があり橋が架けられていた(応劭『漢官儀』)ことが、知られる程度である。

考古学調査研究によれば、明堂遺跡の発掘により、東西四一五メートル、南北四〇〇メートル余のほぼ正方形の敷地、及び敷地の中央の直径約六二・八メートルの中心円形建築の版築台基の遺構が確認された。中心建築の外周に環水があったかは確認されていない。興味深いのは、中心建築の東面の漢晋時期の地層堆積中から、彩色壁皮砕塊が発見されたことである。この壁皮は、浅青色、青色のものが主であるが、少量の赤色、黒色のものも含まれていた。後漢雒陽明堂は、「四面の堂を作り、その方位の色で彩色し、四方を象徴した」[77]とされるが、これらの彩色壁皮はその記述が事実であったことを裏付ける。[78]

(四)蔡邕の「明堂月令論」――後漢の明堂論1

1　後漢後半の明堂と蔡邕

『大戴礼記』の規定では、明堂は周囲に辟雍と呼ばれる水路をめぐらすものである。ところが、前項で引用した応劭『漢官儀』に、後漢雒陽明堂は四面に濠をめぐらしたが、そこに水がなかったとの記述があった。応劭は、生卒年は不詳ながら、後漢末期に活躍した学者官僚であり、主に霊帝《れいてい》(劉宏《りゅうこう》、在位一六七～一八九)に仕え、『漢官儀』は献《けん》帝《てい》(劉協《りゅうきょう》、在位一八九～二二〇)に献上された。当時後漢王朝は衰亡に向かい、明堂は漢安《かんあん》元年(一四二)を最後にその祭祀の記録を見ない有様であった。後漢では、辟雍は明堂とは別の建築とされたが、明堂の周囲には濠がめぐらされていた。おそらくは、元来は濠には水が引き入れられていたのであろうが、後漢の国政が衰退するに従い、水路の管理も行き届かなくなり、濠の水は涸れたのであろう。

応劭は淡々と記述するだけであるが、明堂に大きな意義を認め、この状況に危機感を覚えた人物も当然いた。『続漢書』祭祀志注は大きな紙幅を割いて、蔡邕「明堂月令論」を引用する。後漢の明堂に関する極めて重要な文献だと認識したが故であろう。そして、この蔡邕こそが、応劭の同時代人にして、明堂の重要性を誰よりも理解した人物であり、明堂の置かれた危機的状況を打開すべく著した渾身の著作が「明堂月令論」に他ならない。

蔡邕、字は伯喈《はくかい》、陳留圉《ぎょ》(今の河南省杞《き》県)の人である。儒教経典に通暁した他、讖緯の学や災異解釈にも通じ、年少にして博学の名をほしいままにした(79)。また、数術・天文・音律を好み、暦法への関心は並々ならなかった。今日、『続漢書』律暦志とされるものは、実は蔡邕の作である(80)。

さて、蔡邕が生きた後漢後半は、実に規範・正統から逸脱して、災異〈大小の自然災害や異常現象〉が頻発し、国家の疲弊は目を覆わんばかりの時代であった。熹平《きへい》六年（一七七）、霊帝は続発する災異現象の原因解明と対策とを群臣に下問した。これに対し、蔡邕が奉った答申（「陳政要七事疏」）は、第一条で、明堂での月令頒布、五郊での五帝祭祀、清廟〈太廟〉での先祖祭祀、辟雍での養老礼の重要性を説き、これらこそが他の儀礼に優先して行われるべきなのに、様々な小事を以てしばしば廃されることが近年来の災害妖変を招き、国家を疲弊させている最大の原因だとの見解を示した。この見解は一見、明堂、五郊、太廟、辟雍について個別に述べているようだが、実は蔡邕の考えでは、明堂・清廟・辟雍の三者は、名称は異なるが、実体は同一なのである。したがって、蔡邕は、明堂の衰退こそが災異頻発の原因だと認識していると見て良かろう。

蔡邕にとって国家の最重要事は、暦の正しい運用であった。蔡邕の認識では、暦とはそもそも数である。この数は計算の道具と神秘的な呪力という両面を有し、それ故に暦によって、天体の正しい観測とそこからの将来の出来事の予知を可能にし、帝王の政治教化という大事業を完成させるのである。暦の季節ごとの行事が月令である。その月令は帝王によって地上世界の中心である明堂で行われる。明堂とは、祖先を宗祀し、上帝を迎えてその気の力を得る場所である。暦を制定し、明堂で月令を粛々と行うことこそが、帝王の最優先の事業である。それなのに、現実には明堂月令はしばしば廃される、これが災異を招く所以なのである。(81)

2　蔡邕の「明堂月令論」

後漢雒陽明堂は、その設置当初こそ順調に機能していたが、蔡邕の時代（桓帝《かんてい》・霊帝期）には様々な不具合が生じていた。後漢の礼制では、明堂、太廟、辟雍はそれぞれ別個の建物であり、儀礼も個別に行われていた。蔡邕には、そもそもこの点だけでも致命的欠陥に思えたに違いないが、それ以上に粗略に扱われていることに強烈な不満を抱いていた。そして、自己の理想の明堂を論じた発憤の書が、「明堂月令論」なのである。

「明堂月令論」は、①明堂の理念、②明堂の文献考証、③理想の明堂の形体制度、④明堂月令の正当性を、それぞれ説く四部分からなる。これら四部分はいずれも、後世の明堂論に多大な影響を与えた。その重要性に鑑みて、以下些か詳細に検討しよう。まず、①の部分を全文引用する。

明堂とは天子の太廟であり、その先祖を宗祀し、上帝に配するための装置である。夏時代は世室と言い、殷時代は重屋と言い、周時代は明堂と言った。東の部分を青陽と言い、南を明堂と言い、西を総章と言い、北を玄堂と言い、中央を太室と言う。『易』(説卦伝)に、「離は、明であり」「南方の卦だ。」「聖人は南面して天下の声に耳を傾け、明なる方を向いて治める。」と言う。人君の位置は、南が最も適正だ。だから、五つの名称がある中で、明堂を選んで全体の名称としたのだ。四方向の部分の正中は皆太廟と呼ぶ。天から季節ごとの時令を謹聴し、先祖の宗祀儀礼を行い、功績のあった臣下の労苦を明記し、養老敬長の意義を喚起し、幼年者教育の学校を開き、諸侯を朝見し士を選抜して、制度をはっきりさせるのだ。生者はその能力に乗じてやって来、死者はその功績を論功して祭られる。ゆえに重要な教えの宮殿となり、舜、夏殷周四代の学校や官僚制度が備わるのだ。譬えれば、(明堂は)北極星が不動でいながら、他の星々が拱手して敬意を表し、万物が翼賛するようなものだ。政治教化が生じ、宇宙万物の変化が由来する根源であり、すべてが統一されることを明示するのだ。だから明堂と命名するのは、偉大なる事象、深遠な意義という意味合いがあるのだ。その宗祀の要素を取れば、清廟と呼び、中央の室の要素を取れば、太廟と呼び、広大の要素を取れば、太室と呼び、南向きの要素を取れば、明堂と呼び、四門で行われる学問教育の要素を取れば、太学と呼び、四周の水流が璧のように円形である要素を取れば、辟廱《へきよう》と呼ぶが、名称が異なるだけで建物は同一で、実体は一つなのである。[82]

> 明堂者天子太廟、所以宗祀其祖、以配上帝者也。夏后氏曰世室、殷人曰重屋、周人曰明堂。東曰青陽、南曰明堂、西曰總章、北曰玄堂、中央曰太室。『易』曰、「離也者、明也。」「南方之卦也。」「聖人南面而聽天下、鄕明而治。」人君之位、莫正于此焉。故雖有五名、而主以明堂也。其正中皆曰太廟、謹承天順時之令、昭令德宗祀之禮、明前功百辟之勞、起養老敬長之義、顯教幼誨穉之學、朝諸侯選造士于其中、以明制度。生者乘其能而至、死者論其功而祭、故爲大教之宮、而四學具焉、官司備焉。譬如北辰居其所、而衆星拱之、萬象翼之。政教之所由生、變化之所由來、明一統也。故言明堂、事之大義之深也。取其宗祀之貌則曰淸廟、取其正室之貌則曰太廟、取其尊崇則曰太室、取其鄕明則曰明堂、取其四門之學、則曰太學、取其四面周水圜如璧、則曰辟廱、異名而同事、其實一也。」

①は、「明堂月令論」全文二千五百字余りの八分の一弱の分量に過ぎないが、蔡邕の明堂至上主義とでも言うべき、明堂への過剰な思い入れが看取される。続く②の部分は千二百字余りを費やして、明堂、太廟、辟雍及び太学が同一物であることの論証を中心に、『春秋』『左伝』『礼記』『易』『孝経』『爾雅』『周礼』『詩』等を博引旁証して論じる。これら経典の文章の中には、後世の明堂論で重視されることになる『礼記古文明堂礼《らいきこぶんめいどうれい》』のような、その後散佚した文献の佚文もある。

③は蔡邕の理想とする明堂の設計思想を詳細な数値を挙げて論述する。後世、この部分は諸家の明堂論において、有力な典拠とされるから、これも全文を引用しよう。

明堂制度の数値には、各々根拠がある。明堂は方形で間口が百四十四尺である。百四十四の数は坤の策である。屋根の円形の楣《まぐさ》〈横梁〉は直径二百一十六尺である。二百十六の数は乾の策である。太廟明堂は方形で間口が三十六丈である。通天屋は直径九丈であり、陰陽九六の変である。円が覆い方形に載るのは、九六の道である。八闥

〈門〉は八卦に象る。九室は九州を象り、十二宮は十二支の数に応じ、三十六戸七十二牖は四戸八牖に九室を乗じた数である。戸は皆外設して閉じず、天下に隠すことのないことを示すのである。通天屋は高さ八十一尺で、黄鍾の九九の実である。二十八柱を四方に並べるのもやはり、七宿の象徴である。堂の高さが三丈であるのは三統〈天地人〉に応じ、四方向を向いて五色に塗られているのは、五行に象り、外の広さが二十四丈であるのは、一歳の二十四節気に応じるのである。四周に水がめぐるのは、四海を象る。これらの明堂の規格は、王者の典礼である(83)。

其制度之數、各有所依。堂方百四十四尺、坤之策也。屋圜(屋)〔楣〕徑二百一十六尺、乾之策也。太廟明堂方三十六丈、通天屋徑九丈、陰陽九六之變也。圜蓋方載、六九之道也。八闥以象八卦、九室以象九州、十二宮以應十二辰、三十六戸、七十二牖、以四戸八牖乘九室之數也。戸皆外設而不閉、示天下不藏也。通天屋、高八十一尺黄鍾九九之實也。二十八柱列于四方、亦七宿之象也。堂高三丈以應三統、四鄉五色者、象其行、外廣二十四丈、應一歳二十四氣也。四周以水、象四海。王者之大禮也。

最後の④は、『礼記』に収録された月令篇の説く宇宙論の壮大さとその正当性とを、七百字を費やして力説する。「明堂月令論」に記された明堂の構造と数値とは、桓譚『新論』の記述と一致するものもいくつかあり、実際の後漢雒陽明堂とさほど乖離していないかも知れない。また、その数理思想にも象数易や暦学思想、讖緯思想の影響を見出すことができよう。しかしながら、それらを体系化したのは、蔡邕の所為であり、そこに示された明堂像は蔡邕の理想とするそれであって、蔡邕の批判する後漢雒陽明堂は勿論のこと、蔡邕が理想とする周代の明堂とも異なる、それまでの歴史上一度も実現されたことのない明堂であった。だが、南北朝以降、特に北魏、隋唐といった北朝系の王朝はこの蔡邕の「明堂月令論」を金科玉条のごとく尊崇し、その実現を図ったのである。学者官僚だっただけではなく芸術家でもあった蔡邕の知識・理論と美意識とに裏打ちされた明堂像は、術数的象徴が凝集した完璧なフォルムであり、北朝系の人士の眼にはまさにまばゆいばかりの光芒を放つ華夏中国の文明文化の象徴だったに違いない。

（五）　鄭玄の明堂説――後漢の明堂論2

1　鄭玄説の明堂構造

蔡邕の「明堂月令論」は、後漢雒陽明堂に対するアンチテーゼであった。同様に後漢雒陽明堂に不満を覚え、自己の明堂の理念を構築した学者が鄭玄である。

鄭玄、字は康成《こうせい》、山東高密（今の山東省高密）の人である。今文経学、古文経学を兼修して、あらゆる儒教経典に通暁し、特に三礼《さんらい》（『周礼』『儀礼《ぎらい》』『礼記』）の学に優れ、精緻な礼学体系を構築した。鄭玄は、後漢最大の儒学者とされるが、その礼学体系は後漢の礼制を必ずしも忠実には反映しておらず、鄭玄の独自性が強いものである。その明堂に関する学説も、後漢雒陽明堂に批判的であった。その最も大きな理由は、それが九室の構造だからである。

鄭玄の礼学体系は『周礼』を最高原理（経礼）とする。その明堂学説も同様である。[84] したがって、明堂は『周礼』考工記に記されるように五室でなければならない。明堂が五帝を祭祀する場であり、五行の数によって室を設けているからである。[85] この明堂に祭祀する五帝とは、太微五帝に他ならない。鄭玄にとって、太微五帝の存在は極めて重大であった。それゆえに、明堂が五室であることは譲れないのである。明堂の構造については五室であること以外は、おおむね、緯書『孝経援神契』に依拠して、上円下方、八窓四闥（門）、国都の南にあることを肯定する。[86]

また、鄭玄は明堂の五室の配置を囲字のように想定するが、土室を中央に置き、残りの四室は方角通りの正東正南正西正北ではなく、木室を東北に、火室を東南に、金室を西南に、水室を正北にそれぞれ置くと解釈する。[87] これは、

『周礼』考工記営人営国の条の、周の明堂ではなく、夏の世室の箇所に関する注釈に見える説だが、鄭玄は夏の世室、殷の重屋を周の明堂の前身とみなしており、周の明堂の配置として、その根拠を、水木は東北で、木火は東南で、火土は中央で、金土は西南で、金水は西北でそれぞれ用事〈五行の季節の所管〉を交えるからだ、と説明する。(88)

2　鄭玄説の明堂祭祀

鄭玄の学説では、明堂は、政治教化を明らかにする殿堂であり、(89)上帝を祭祀する場所である。周の明堂は、文王を宗祀したが、文王の宗廟であるわけではない。それは配享に過ぎず、あくまでも上帝の祭祀が主だとする。(90)さて、明堂の祭祀は、五帝を主神とし、五神をそれに従祀することになる。ここで問題は、鄭玄が五帝を太微五帝とすることである。ここで、鄭玄の太微五帝説を確認しよう。『礼記』大伝篇注に、次のようにある。

王朝の先祖の大本を大いに祭るとは、天を郊祀するという意味である。王者の先祖は、皆太微五帝の精に感応して誕生する。蒼帝は霊威仰、赤帝は赤熛怒、黄帝は含枢紐、白帝は白招拒、黒帝は汁光紀である。みな夏暦の正月にその王朝の感生帝を郊祭する。蓋し特に尊重するからだ。『孝経』(聖治章)に「后稷を郊祀し、天に配享した」と言うのは、霊威仰に配享するのだ。「文王を明堂に祀り、上帝に配享した」と言うのは、五帝に汎く配享するのだ。(91)

大祭其先祖所由生、謂郊祀天也。王者之先祖、皆感大微五帝之精以生。蒼則靈威仰、赤則赤熛怒、黃則含樞紐、白則白招拒、黑則汁光紀。皆用正歲之正月郊祭之。蓋特尊焉。『孝經』曰、「郊祀后稷、以配天」、配靈威仰也。「宗祀文王於明堂、以配上帝」、汎配五帝也。

これは感生帝説と呼ばれるもので、天人相関説と五行説とが結び付いた理論の一種であり、王者の先祖は皆、天界の太微の星座にいる五行を掌る天帝である五帝の精に感応して生れたとされる。太微の五帝は蒼帝霊威仰、赤帝赤熛怒、黄帝含枢紐、白帝白招拒、黒帝汁光紀の五柱であり、鄭玄は、この太微の五帝を五精之帝、五徳之帝と呼ぶ。この『礼記』大伝は、禘《てい》祭に関する説明で、鄭玄の注釈では、禘祭が王朝の始祖と王朝の感生帝とを合わせて祀る大祭であることを説き、併せて、『孝経』聖治章の経文を感生帝説の見地から解釈するのである。『孝経』の経文は一見、后稷と文王の祭祀を説く文面のようだが、実は祭祀の主たる対象は彼らではなく、天と上帝なのである。そして、鄭玄の解釈ではこの箇所の天と上帝とはともに太微五帝を指し、郊祭では周の感生帝である蒼帝霊威仰を祭祀し、明堂では五柱の感生帝全体を祭祀するのである。后稷と文王は主役ではなく、感生帝に従祀される配帝〈配享される祖先の神霊〉なのである。

さて、郊や明堂に従祀されるのは、彼らだけではない。『周礼』春官の鄭玄注には、次のように記される。

小宗伯、「五帝を四郊に兆する。」鄭玄注、「兆は壇の祭域である。五帝は、蒼帝を霊威仰と言い、太昊を配享する。赤帝を赤熛怒と言い、炎帝を配享する。黄帝を含枢紐と言い、黄帝を配享する。白帝を白招拒と言い、少昊を配享する。黒帝を汁光紀と言い、顓頊を配享する。[92]」

兆五帝於四郊。鄭玄注、兆爲壇之營域。五帝、蒼曰靈威仰、太昊食焉。赤曰赤熛怒、炎帝食焉。黄曰含樞紐、黄帝食焉。白曰白招拒、少昊食焉。黑曰汁光紀、顓頊食焉。

大宗伯、「血祭によって社稷、五祀、五嶽を祭る。」鄭玄注、「この五祀とは、五官之神を四郊で祭祀することである。四季に五行の気を四郊に迎えて、五徳之帝を祭るときもやはり、この五官之神を配享する。[93]」

以血祭祭社稷、五祀、五嶽。鄭玄注、此五祀者、五官之神、在四郊、四時迎五行之氣於四郊、而祭五德之帝、亦食此神焉。

つまり、郊では、太昊・炎帝・黄帝・少昊・顓頊と五官之神とが五帝（大微五帝）の従祀の列に加わるのである。五官之神とは、句芒・祝融・后土・蓐収・玄冥であるから、これらは『礼記』月令篇に記された五帝五神に他ならない。『礼記』月令篇には、次のようにある。

孟春「その帝は大皡、その神は句芒」鄭注、「これは蒼精之君、木官之臣である。古より以来、徳にすぐれ功績を立てた者である。大皡は宓戯氏、句芒は少皡氏の子で重と言い、木官となった。[94]」

孟春「其帝大皡、其神句芒」鄭注、「此蒼精之君、木官之臣。自古以來、著徳立功者也。大皡宓戯氏、句芒少皡氏之子、曰重、爲木官。」

孟夏「その帝は炎帝、その神は祝融」鄭注、「これは赤精之君、火官之臣である。古より以来、徳にすぐれ功績を立てた者である。炎帝は大庭氏、祝融は顓頊氏の子で黎と言い、火官となった。」

孟夏「其帝炎帝、其神祝融」鄭注、「此赤精之君、火官之臣。自古以來、著徳立功者也。炎帝大庭氏也。祝融顓頊氏之子、曰黎、爲火官。」

中央「その帝は黄帝、その神は后土」鄭注、「これは黄精之君、土官之神である。古より以来、徳にすぐれ功績を立てた者である。黄帝は軒轅氏、后土もまた顓頊氏の子の黎が、兼任して土官となった。」

中央「其帝黄帝、其神后土。」鄭注、「此黄精之君、土官之神。自古以來、著徳立功者也。黄帝軒轅氏也。后土亦顓頊氏之子曰黎、兼爲土官。」

孟秋「その帝は少皡、その神は蓐収」鄭注、「これは白精之君、金官之臣である。古より以来、徳にすぐれ功績を立てた者である。少皡は金天氏、蓐収は少皡氏の子で該と言い、金官となった。」

孟秋「其帝少皡、其神蓐收。」鄭注、「此白精之君、金官之臣。自古以來、著徳立功者也。少皡金天氏。蓐收少皞氏之子、曰該、爲金官。」

孟冬「その帝は顓頊、その神は玄冥」鄭注、「これは黒精之君、水官之臣である。古より以来、徳にすぐれ功績を立てた者である。顓頊は高陽氏である。玄冥は少皞氏の子で脩と熙と言い、水官となった。」

孟冬「其帝顓頊、其神玄冥、」鄭注、「此黒精之君、水官之臣。自古以來、著徳立功者也。顓頊高陽氏也。玄冥少皞氏之子、曰脩、曰熙、爲水官。」

鄭玄の解釈では、この月令の五帝は蒼赤黄白黒の五精之君、つまり五行の君主であるが、元来は人間なのである。五神の方は、五官之臣、つまり五行の臣下であるが、人帝である少皞と顓頊との子であるから、やはり元来は人間なのである。しかしながら、これら月令の五帝五神は、「徳に優れ功績を立てた《著徳立功》」ことによって、五精之帝のもとに配され、従祀されるのである。

ところで意外に思われるが、鄭玄は四郊の四時迎気の祭祀には、五精之帝に月令の五帝五神(鄭玄の用語で言えば、五精之君、五官之神)を従祀すると明確に規定したが、明堂の祭祀に関しては、経典注釈に関する限り、配帝の他には従祀の規定はない。もちろん、四郊の祭祀に倣って、明堂でも月令の五帝五神を従祀すると解釈したとするのが自然であろうが、明文はないのである。

ただし、鄭玄の弟子との問答を門人が『論語《ろんご》』にならって編んだ『鄭志《ていし》』には、次のような一条[95]がある。

『礼記』月令篇の春の項目に、「その帝は大皞、その神は句芒」と言うのは、蒼帝霊威仰を祭り、大皞をこれに配食し、句芒を庭に祭ることだ。

五帝を明堂に祭るのには、五徳之帝も配食する。また文王、武王を配食する。『礼記』祭法篇に、「文王を祖し武王を宗する」と言うのは、これは文王、武王を明堂に合祭することを言うのだ。漢王朝は正統な礼典が散佚し、

『大戴礼記』の礼文が残欠したため、周が何月に合祭を行ったか分からなくなったが、『礼記』月令篇では季秋(九月)の行事である。(96)

『(鄭志)雑問志』云、(『禮記』月令)春曰、「其帝大皞、其神句芒。」祭蒼帝靈威仰、大皞食焉、句芒祭之於庭。祭五帝於明堂、五徳之帝亦食焉。又以文武配之。(『禮記』)祭法祖文王而宗武王。此謂合祭於明堂。漢以正禮散亡、『戴禮』文殘缺、不審周以何月也。於(『禮記』)月令以季秋。

この一条は、前半は四郊における春の祭祀に関する、後半は、明堂における祭祀に関する鄭玄の礼規定であると考えられている。四郊の方は右で述べたので贅言せず、明堂について論じれば、明堂では五精之帝を祭り、五徳之帝を配食し、そのうえ文王、武王も配食すると言うことだが、ここで問題なのは、五徳之帝の語である。鄭玄の用語法では、五徳之帝とは五精之帝の同意語であり、太微五帝を指す。ところが、唐の孔穎達は、太昊、炎帝等いわゆる五人帝も五精之帝(感生帝)に感応して誕生したのだから五徳之帝と称することができると力説し(97)、この箇所の五徳之帝こそまさに、五人帝の尊称だと見ているのである。そして、右の『鄭志』の一条を孔穎達の解釈で理解すれば、鄭玄は、明堂で五精之帝を祭り、五精之君を従祀すると規定した、ということになる。

結　語

明堂の起源には諸説あるが、漢代以降、常に「古制」として模範とされたのが周代の明堂制度である。原典である儒教経典には明堂に関して相反する二つの説が存在した。すなわち、『周礼』考工記匠人営国の条に依拠する『周礼』説と『大戴礼記』明堂篇等に詳述される『大戴礼記』説とである。『周礼』説と『大戴礼記』説とで大きく異なるのは明堂の構造の点で、五室説と九室説とを唱えたことである。他にも細かい点で相違が認められるが、五室九室の対立は後世、たびたび大きな論議を惹起する。

明堂に言及する経典には『周礼』『大戴礼記』の他に、『礼記』月令篇・明堂位篇、『毛詩』我将、『孝経』聖治章等があるが、それらの記述を総合すれば、明堂には、諸侯の朝見、月令の実施、神霊の祭祀の三つの主要機能がある。漢代以降、中国の諸王朝は、この明堂の三つの機能のどれか、またはいくつか、あるいはすべてを実施しようとしたのである。

漢では、武帝が当初長安に建てようとしたのは、儒教の教義に従った諸侯の朝見を受ける、王者の殿堂としての明堂であったが、後年泰山の下に建てたのは、天地の神霊(泰一、五帝、后土)と祖霊(高祖)の祭祀を行う、神霊の廟堂としての明堂であった。しかも、この明堂の隠された目的は、神霊との交感を通じて不死を獲得することであった。不死を願望して明堂を建てたことが明らかなのは歴史上武帝だけだが、武帝のように神霊との個人的な交感を可能にする場所と考えて、明堂の建立を望んだ皇帝は少なくないに違いない。武帝の泰山明堂は明堂に新たな機能を付与したのである。

王莽の場合、明堂の設置は、政権簒奪が目的であった。『礼記』明堂位篇を典拠として、周公が幼弱な成王を輔佐して明堂に諸侯を朝見させ、ついには成王に替わって王位に即いた故事に倣い、自らを周の周公に重ね合わせ、はじめは宰相として平帝の忠実な補佐役を演じ、最後は平帝に替わって帝位に即いたことを正当化したのである。王莽は明堂に新たな機能を付与したのではないが、権力の正当化に利用できるという新たな価値を付与したのである。

後漢雒陽明堂は、経典の記述に忠実に営造された。洛陽城南の地に立つこの明堂では、五帝と祖霊とが祀られ、臣下に時令、政令が下賜された。儒教国家の名に恥じない、非の打ち所のない明堂だったと言えよう。問題なのは祭祀対象である。明堂の祭祀対象は武帝の泰山明堂では泰一と五帝だったが、泰山明堂の五帝は天上で泰一の輔佐をする五帝坐の天神であると考えられる。後漢では、雒陽明堂に祀られたのは五帝だった。これは南郊の祭祀に準拠したという。雒陽南郊は、さらに前漢平帝元始五年の故事を再現したものだった。前漢元始五年の故事とは、王莽が長安の東南西北及び東南の五郊に祭壇を設け、東方帝太昊、南方炎帝、西方帝少皞、北方帝顓頊及び中央帝を祀ったことを指す。ならば、後漢雒陽明堂に祀った五帝とは、太昊、炎帝等の五帝となるが、この五帝は伏義、神農等の人帝ではなく、五行の神としての五帝(五行帝)である。とはいえ、時代が降るにつれ、太昊、炎帝等の五行帝は伏羲、神農等の人帝と同一視され、それが後漢儒教の通説となる。一方、後漢時代には緯書に由来する感生帝としての太微五帝の説が流布したが、漢末の大儒学者鄭玄はそれを自己の学問の根幹に据え、明堂に祀る上帝を太微五帝とした。魏晋以降、鄭玄の学問が支持を拡大するにつれ、明堂に太微五帝を祭祀する礼制は定着して行くのである。

注

(1) 〔戦国〕尸佼《しこう》『尸子』巻下(香港、商務印書館、『尸子逐字索引』、二〇〇〇年、一七頁)に、「黄帝曰合宮、有虞曰總章、殷人曰陽館、周人曰明堂。」とある。『尸子』は戦国時代の魯の尸佼の著書。隋唐時代の論著に引用されるが、〔唐〕魏徴・令狐徳棻『隋書』経籍志三(北京、中華書局、一九七三年、一〇〇六頁)に、「『尸子』二十卷、目一巻梁十九卷。秦相衞鞅上客尸佼撰。其九篇亡、魏黄初中續。」とあり、その引用文が真本か疑わしいので、本書では資料に使用しない。

(2) 〔戦国〕孟軻『孟子』巻二、梁恵王篇下(北京、中華書局、『十三経清人注疏』〔清〕焦循『孟子正義』本、一九八七年、一三一~一三二頁)。

(3) 〔戦国〕荀況『荀子』巻十一、彊国篇(北京、中華書局、『新編諸子集成』〔清〕王先謙『荀子集解』本、一九八八年、三〇二頁)、「然則奈何。曰、「節威反文、案用夫端誠信全之君子治天下焉、因與之參國政、正是非、治曲直、聽咸陽、順者錯之、不順者而後誅之。若是、則兵不復出於塞外、而令行於天下矣。若是、則雖爲之築明堂於塞外而朝諸侯、殆可矣。」
（4）『礼記』明堂位篇（北京、中華書局、『十三経注疏』本、一九八〇年、一四八七〜一四八八頁）。
（5）『孔子家語』観周篇には、周の明堂の門壁には聖王の尭舜や暴君の桀紂の肖像が描かれ、周公が成王を抱きかかえて斧の畫かれた屏風の前に南面して立ち、諸侯を朝見させる壁画があった、との記述がある。魏の王粛はこれを根拠に周公が王位に即いたことを否定する。周公が王位に即いたのか摂政にとどまったのかは経学上意見の分かれる問題の一つであるが、本書の主題から逸れるので、これ以上立ち入らない。『孔子家語』は、『四庫全書』文淵閣本に拠った。第二章注（12）参照。
（6）『礼記』明堂位篇に、「武王崩。成王幼弱。周公踐天子之位。以治天下。六年。朝諸侯於明堂。制禮作樂。頒度量。而天下大服。」（一四八八頁）とあるのを参照。
（7）『礼記』月令篇と同種のものに、『呂氏春秋』十二紀篇、『淮南子』時則訓がある。後漢の鄭玄は、『礼記』月令篇は秦の『呂氏春秋』十二紀の冒頭部分を編集して作成したとする。
（8）『毛詩』周頌、清廟之什、我将（北京、中華書局、『十三経注疏』本、一九八〇年、五八八頁）、「我將。祀文王於明堂也。」
（9）『孝経』聖治章（北京、中華書局、『十三経注疏』本、一九八〇年、二五五三頁）、「昔者周公、……宗祀文王於明堂、以配上帝。」
（10）現行本『大戴礼記』では、明堂に関する記述は、盛徳篇と明堂篇とに記載されている。だが、漢代から唐代にかけては、現行本の明堂篇に記載されている条文も、盛徳篇のものとして引用される。これは、原本の『大戴礼記』が両篇を分けず、すべて盛徳篇としていたことの根拠とされるが、本書では、現行本の構成に従う。
（11）〔漢〕戴徳『大戴礼記』（北京、中華書局、『清人十三経注疏』〔清〕王聘珍『大戴礼記解詁』本、一九八三年、一四九〜一五二頁）。
（12）『周礼』考工記、匠人（北京、中華書局、『十三経注疏』本、一九八〇年、九二七〜九二八頁）。現代語訳は、鄭玄の注によった。また、田中淡前掲書『中国建築史の研究』、一〇〜一三頁を参照。
（13）〔前漢〕司馬遷『史記』巻二十八、封禅書（北京、中華書局、一九五九年、一三八四頁）。
（14）『史記』及び『漢書』の武帝紀、儒林伝申公、『資治通鑑』巻十七、漢紀九、世宗孝武皇帝上之上を参照。

(15) 申公学派の学問の系譜については、武内義雄『中国思想史』(岩波書店、一九三六年)一二五～一二九頁を参照。

(16) 『礼記』玉藻篇の鄭玄注に、「明堂は国の陽〈南〉に在る《明堂在國之陽》」とあるが、孔穎達正義に引く許慎の『五経異義』には後漢の淳于登の説として、「明堂は国の陽の丙巳〈東南〉の地に在る。《明堂在國之陽丙巳之地。》」とあり、鄭玄はこの淳于登説の典拠を、『孝経援神契』とする(一四七三頁)。『孝経援神契』は代表的な緯書の一つである。緯書の成立については、安居香山『緯書の成立とその展開』(国書刊行会、一九七九年)を参照。

(17) 『礼記』曲礼下篇、「天子當依而立、諸侯北面而見天子、曰覲。天子當宁而立、諸公東面、諸侯西面、曰朝。」(一二五六頁)。

(18) 『礼記』曲礼下篇、鄭注、「諸侯春見曰朝、受摯於朝、受享於廟、生氣文也。秋見曰覲、一受之於廟、殺氣質也。朝者位於內朝而序進。覲者位於廟門外而序入。王南面立、於依宁而受焉。夏宗依春、冬遇依秋。」(一二五六頁)。

(19) 『儀礼』覲礼篇(北京、中華書局、『十三経注疏』本、一九八〇年、一〇九二頁)、「諸侯覲于天子、爲宮、方三百歩、四門、壇十有二尋、深四尺、加方明于其上。」鄭玄注、「四時朝覲、受之於廟。此謂時會、殷同也。宮謂壝土爲埒、以象墻壁也。爲宮者於國外。春會同則於東方、夏會同則於南方、秋會同則於西方、冬會同則於北方。」『周礼』秋官大司寇、司儀、「將合諸侯、則令爲壇三成、宮旁一門。」鄭玄注、「合諸侯謂有事而會也。爲壇于國外、以命事。……天子春帥諸侯、拜日於東郊、則爲壇於國東。夏禮日於南郊、則爲壇於國南。秋禮山川丘陵於西郊、則爲壇於國西。冬禮月四瀆於北郊、則爲壇於國北。既拜禮而還加方明於壇上而祀焉。所以敎尊尊也。」(八九二頁)。

(20) 『荀子』彊国篇の〔唐〕楊倞注に、「明堂、壇也。謂巡狩至方岳之下、會諸侯、爲宮方三百歩、四門、壇十有二尋、深四尺、加方明於其上。」(三〇二頁)とあるのは、明堂と諸侯朝覲の壇との類似性に着目した早い例である。宋の呉仁傑『両漢刊誤補遺』巻四、方明は、『儀礼』観礼篇は明堂制度を記載したものであると断言するが、〔清〕秦蕙田『五礼通考』巻二十四、明堂は、明堂が常設の建物であり、露天の仮設施設である『儀礼』観礼篇の壇とは異なるとする。いずれにせよ、筆者の見解とは、着眼点がずれている。

(21) 『史記』巻二十八、封禅書、一四〇一頁。ほぼ同文が、〔後漢〕班固『漢書』巻二十五下、郊祀志下(北京、中華書局、一九六二年、一二四三頁)にある。班固著、狩野直禎・西脇常記訳注『漢書郊祀志』(平凡社、東洋文庫、一九八七年)を参照。

(22) 『孟子』巻二、梁恵王篇下、〔後漢〕趙岐注、「謂泰山下明堂。本周天子東巡狩朝諸侯之處也。齊侵地而得有之。」(一三一頁)。

(23)『漢書』巻六、武帝紀、「(元封二年)秋、作明堂于泰山下。」(一九四頁)
(24) 後漢の趙岐は、泰山東北にあった古昔の明堂遺跡は、斉の宣王が孟子にその存廃を尋ねた明堂であり、元来、周の天子が東方巡幸の折、諸侯を朝見させたところだとする(『孟子』梁恵王篇下、趙岐注、一三一頁)。儒家的明堂だったことは確かであるが、武帝の時代にはその制度を知る縁もなくなっていた。
(25)『史記』封禅書、題字、〔唐〕張守節『史記正義』所引『五経通義』、「易姓而王、致太平、必封泰山、禪梁父、何。天命以爲王、使理羣生、告太平於天、報羣神之功。」(一三五五頁)。『五経通義』は、前漢の劉向の撰著とされるが、実際は魏晋時代に成立した。
(26)『史記』封禅書、「少君言上曰、祠竈則致物、致物而丹沙可化爲黃金、黃金成以爲飲食器則益壽、益壽而海中蓬萊僊者乃可見、見之以封禪則不死、黃帝是也。」(一三八五頁)。
(27)『史記』封禅書、「申公曰、漢主亦當上封、上封則能僊登天矣。」(一三九三頁)。
(28) 封禅説及び武帝の泰山封禅については、福永光司「封禅説の形成」(『道教思想史研究』、岩波書店、一九八七年)を参照。
(29)『史記』武帝紀、四五六～四七〇頁、及び『漢書』郊祀志上、一二一八～一二三一頁による。前漢の郊祀及び薄忌泰一壇については、金子修一前掲書『古代中国と皇帝祭祀』、八六～九九頁を参照。
(30)『漢書』武帝紀、「(元封五年)春三月、還至泰山、增封。甲子、祠高祖于明堂、以配上帝、因朝諸侯王列侯、受郡國計。」(一九六頁)。
(31)『漢書』巻五十八、兒寛伝に、最初の泰山封禅から明堂に帰還した武帝を言祝ぐ兒寛のことばとして、「閒者聖統廢絕、陛下發憤、合指天地、祖立明堂辟雍、宗祀泰一、六律五聲、幽贊聖意、神樂四合、各有方象、以丞嘉祀、爲萬世則、天下幸甚。」(二六三二頁)とある。兒寛は有力な儒家官僚として封禅実現に力を尽くした。
(32)『礼記』明堂位篇。注(6)参照。
(33) 束帛加璧は、十反の絹の布の上に璧〈円形の玉〉を載せたもの、最高の贈り物とされる。大国乗車は、大国の王が乗る馬車。安車は座ったまま乗れる馬車。驪馬二駟は、八頭の黒い馬。
(34) 九錫は、通常天子だけの持ち物や特権とされている車馬、衣服、楽器、朱戸、納陛〈天子の階段を使う権利〉、虎賁〈親衛隊〉、鈇鉞〈統帥権〉、弓矢、秬鬯〈香酒〉。これらを諸侯に下賜することは禅譲する意思表示とされた。
(35)『漢書』巻九十九上、王莽伝上、四〇六九～四〇七〇、四〇七七頁。
(36)『漢書』巻九十九上、王莽伝上、「羣臣奏言。……「禮明堂記(『禮記』明堂位篇)曰、「周公朝諸侯於明堂、天子負斧依南面而立。」謂「周公踐天子位、六年朝諸侯、制禮作樂、而天下大服」也。……臣請安漢公居攝踐祚、服天子韍冕、背斧依于戸牖之間、南面朝羣臣、聽政事。車服出入警蹕、民臣稱臣妾、皆如天子之制。郊祀天地、宗祀明堂、共祀宗廟、享祭羣神、贊曰「假皇帝」、民臣謂之「攝皇帝」、自稱曰「予」。」(四〇八〇～四〇八一頁)。
(37)〔後漢〕許慎『説文解字』巻一上、示部(台北、藝文印書館、〔清〕段玉裁『説文解字注』、一九六九年、六頁)、「祫、大合祭先祖親疏遠近也。」
(38)『漢書』巻九十九上、王莽伝上、「(居攝三年(八)春)周公居攝、郊祀后稷、以配天、宗祀文王於明堂、以配上帝。」(四〇八九頁)。
(39)『漢書』巻九十九中、王莽伝中、「(始建國元年(九)正月朔)予伏念皇初祖考黃帝、皇始祖考虞帝、以宗祀于明堂。」(四一〇六頁)。
(40) 周知の通り、秦の始皇帝の焚書によって儒家の経典は『周易』(『易経』)を除いて、地上から消滅した。その後、漢代になって復元された経典は今文(当時〈今の時代〉の文字)で記されたため、これを今文経と呼んだ。一方、古文経(秦代までの〈古い〉文字で記された経)と呼ばれる壁や土の中に埋めて焚書を免れたと称する経典が前漢半ば以降出現し、その支持派の勢力を拡大した。また、五経(易・書・詩・礼・春秋)及び『論語』『孝経』に対し、その補助の役割を果たすと称する書物が、前漢の哀帝・平帝の時代をピークに大量に出現した。これが緯書である。緯書は讖緯とも呼ばれるが、これは予言記である図讖が緯書と同類とされたからであり、実際両者は、ともに従来の知識では不可知であった諸事象を解き明かしてくれる貴重な知識の源泉であり、漢代人には截然と分けられない書物であった。
(41) 発掘報告及び主な復元研究に、唐金裕前掲論文「西安西郊漢代建築遺址発掘報告」、王世仁前掲論文「漢長安城南郊礼制建築(大土門村遺址)原状的推測」、楊鴻勛「従遺址看西漢長安明堂(辟雍)形制」(『建築考古学論文集』、北京、文物出版社、一九八七年)等がある。ここは、姜波前掲書『漢唐都城礼制建築研究』、五七～五八頁に拠った。

（42）『漢書』巻九十九中、王莽伝中（四一〇八頁）、同巻九十九、王莽伝下（四一六一頁）に共に、「且祫祭於明堂太廟。」とある。

（43）『漢書』巻十二、平帝紀、〔唐〕顔師古注所引〔後漢〕応劭注、「明堂所以正四時、出教化。明堂上圜下方、八窗四達、布政之宮、在國之陽。……辟廱（雍）者、象璧圜、雍之以水、象教化流行。」（三五七頁）。

（44）〔宋〕李昉奉勅撰『太平御覧』巻五百三十三、礼儀部十二、明堂（北京、中華書局、一九六〇年、二四一八頁）。

（45）〔唐〕孔穎達『礼記正義』の月令篇、明堂位篇の篇名疏に引用される鄭玄『三礼目録』には、各篇が、劉向『別録』では『明堂陰陽』に属す、と記す。『大戴礼』明堂篇が『明堂陰陽』の遺篇であるのは、陳国慶『漢書藝文志注釈彙編』（北京、中華書局、一九八三年）四六頁参照。

（46）『隋書』巻四十九、牛弘伝に、「『明堂陰陽錄』曰、明堂之制、周圜行水、左旋以象天、內有太室、以象紫宮。」（一三〇四頁）とあり、『後漢書』班固伝「西都賦」、〔唐〕李賢注に、「劉向『七略』曰、明堂之制、內有太室、象紫宮。南出明堂、象太微。」（一三四二頁）とあり、〔梁〕蕭統『文選』巻一、班固「西都賦」、〔唐〕李善注（北京、中華書局、一九七七年、二四頁）に、「『七略』曰、王者師天地、體天而行。是以明堂之制、內有太室、象紫微宮、南出明堂、象太微。」とある。

（47）現行の正史『後漢書』（〔劉宋〕范曄撰）には、最初から「志」の部分が無く、〔梁〕劉昭が〔晋〕司馬彪『続漢書』の八志によって補った。本書では、『後漢書』志は、『続漢書』志と称する。

（48）『続漢書』志八、祭祀志中（〔南朝宋〕范曄『後漢書』、北京、中華書局、一九六五年、三一七七、三一八一頁）。

（49）『後漢書』列伝二十五、張純伝、「（建武二十六年［五〇］）純以聖王之建辟雍、所以崇尊禮義、既富而教者也。乃案七經讖、『明堂圖』、『河閒古辟雍記』、孝武太山明堂制度、及平帝時議、欲具奏之。未及上、會博士桓榮上言宜立辟雍、明堂、章下三公、太常、而純議同榮、帝乃許之。」（一一九六頁）。

（50）以下の緯書の記述は、『太平御覧』巻五百三十三、礼儀部十二、明堂、二四一八～二四一九頁に載る。

（51）『春秋左氏伝』巻十五、僖公五年、「傳五年。春、王正月、辛亥朔、日南至。公既視朔、遂登觀臺以望、而書。」（一七九四頁）。

（52）『続漢書』祭祀志上、「（建武）二年正月、初制郊兆於雒陽城南七里、依鄗。采元始中故事。」（三一五九頁）。

（53）元始五年の王莽による国家祭祀改革については、『漢書』郊祀志下（一二六四～一二六九頁）に詳しい。

(54)『漢書』郊祀志下、「今稱天神曰皇天上帝、泰一兆曰泰畤、而稱地祇曰后土、與中央黄靈同、又兆北郊未有尊稱。宜令地祇稱皇墬后祇、兆曰廣畤。」(一二六八頁)。

(55)顧頡剛は、前掲書『中国上古史研究講義』で、そのように句読する。

(56)王莽が天と上帝とを同一視し、南郊に皇天上帝を祀ったことは、藤川正数前掲書『漢代における礼学の研究』「明堂制について」、二五二～二五九頁を参照。

(57)『史記』巻二十七、天官書、「中宮天極星、其一明者、太一常居也。」(一二八九頁)。

(58)〔唐〕房玄齢等『晋書』巻十一、天文志上(北京、中華書局、一九七四年、二八九頁)、「中宮。北極五星、鉤陳六星、皆在紫宮中。北極、北辰最尊者也。……第二星…、亦太乙之坐、謂最赤明者也。……鉤陳、後宮也、大帝之正妃也、大帝之常居也。……鉤陳口中一星曰天皇大帝、其神曰耀魄寶、主御羣靈、執萬神圖。……大帝上九星曰華蓋、所以覆蔽大帝之坐也。……華蓋下五星曰五帝內坐、設敘順帝所居也。」

(59)『尚書』舜典、孔穎達疏(北京、中華書局、『十三経注疏』本、一九八〇年、一二七頁)、「鄭玄篤信讖緯、以爲昊天上帝謂天皇大帝、北辰之星也。」

(60)太昊は書物によって太皥、太皞とも書かれ、また少皥は少皞とも書かれる。本書では引用の文献通りに表記し、統一しない。

(61)『漢書』郊祀志下、「分羣神以類相從爲五部、兆天墬之別神。中央帝黄靈后土畤及日廟・北辰・北斗・塡星・中宿中宮於長安城之未墬兆。東方帝太昊青靈勾芒畤及雷公・風伯廟・歲星・東宿東宮於東郊兆。南方炎帝赤靈祝融畤及熒惑星・南宿南宮於南郊兆。西方帝少皥白靈蓐收畤及太白星、西宿西宮於西郊兆。北方帝顓頊黑靈玄冥畤及月廟・雨師廟・辰星・北宿北宮於北郊兆。」(一二六八頁)。

(62)劉歆の『世経』によって、少皥が歴史上の帝王と認知されたことは、拙稿「『帝王世紀』の成立とその意義」(『日本中国学会報』第四十四集、一九九二年)を参照。

(63)『孔子家語』五帝篇、「其爲明王者、而死配五行。是以太皥配木、炎帝配火、黄帝配土、少皥配金、顓頊配水。……生爲上公、死爲貴神。」

(64)『春秋左氏伝』昭公二十九年、「有五行之官、是謂五官。實列受氏姓、封爲上公、祀爲貴神。社稷五祀、是尊是奉。木正曰句芒、火正曰祝融、金正曰蓐收、水正曰玄冥、土正曰后土。……少皞氏有四叔。曰重、曰該、曰脩、曰熙。實能金木及水。使重爲句芒、該爲蓐收、脩及熙爲玄冥。……顓頊氏有子曰犂、爲祝融。共工氏有子曰句龍、爲后土。」(二一二二〜二一二四頁)。

(65)『礼記』大伝、鄭玄注等を参照。

(66)『孔子家語』の王肅偽作説については、拙稿「『孔子家語』の流伝と評価との再検討」(『九州中国学会報』第五十一巻、九州中国学会、二〇一三年)を参照。

(67)『礼記』郊特牲篇、孔穎達疏、「賈逵・馬融・王肅之等、以五帝非天、唯用『家語』之文、謂大皞・炎帝・黄帝五人之帝屬。」(一四四四頁)。

(68)『礼記』月令篇の鄭玄注を参照。

(69)『後漢書』巻二、明帝紀、「(永平二年)是歳、始迎氣於五郊。」の注に、『續漢書』曰「……立春之日、迎春於東郊、祭青帝句芒、車服皆青、歌青陽、八佾舞雲翹之舞。立夏之日、迎夏於南郊、祭赤帝祝融、車服皆赤、歌朱明、八佾舞雲翹之舞、先立秋十八日、迎黄靈於中兆、祭黄帝后土、車服皆黄、歌朱明、八佾舞雲翹、育命之舞。立秋之日、迎秋於西郊、祭白帝蓐收、車服皆白、歌白藏、八佾舞育命之舞。立冬之日、迎冬於北郊、祭黒帝玄冥、車服皆黒、歌玄冥、八佾舞育命之舞。」(一〇四〜一〇五頁)とある。

(70)『周礼』天官、掌次、鄭玄注、「鄭司農(鄭衆)云、五帝、五色之帝。」(六七七頁)。『周礼』春官、大宗伯、鄭玄注、「鄭司農云……五祀、五色之帝於王者宮中、曰五祀。」(七五八頁)。

(71)『礼記』玉藻篇、孔穎達疏に、「(許愼『五經異義』)講學大夫淳于登説……上帝、五精之帝。大微之庭中有五帝座星。……(鄭玄『駁五經異義』)淳于登之言、取義於『(孝經)援神契』。」(一四七三頁)とある。

(72)『周礼』春官、大宗伯、賈公彦疏等に見える。

(73)『春秋左氏伝』昭公二十七年では、共工氏の子の句龍が后土となったのに対し、鄭玄は祝融となった顓頊氏の子の黎が后土も兼ねたとする。

(74)〔後漢〕蔡邕『蔡中郎集』巻十、「明堂月令論」(香港、商務印書館、『蔡中郎集逐字索引』、一九九八年、五二頁)、「生者乘其能而至、死者論其功而祭」、班固「典引」「五徳初始」蔡邕注(『文選』巻四十八)、「五徳、五行之德。自伏羲已下、帝王相代、各據其一行、始於木、終於水、則復始也。」(六八二頁)。

(75) 中国社会科学院考古研究所『漢魏洛陽故城南郊礼制建築遺址一九六二～一九九二年考古発掘報告』(北京、文物出版社、二〇一〇年)。

(76) ・桓譚『新論』、『続漢書』祭祀志中、三一七七頁。
・王隆『漢官篇』、『続漢書』祭祀志中、三一七七～三一七八頁。
・張衡「東京賦」、『続漢書』祭祀志中、三一七七頁。
・胡広『漢官篇』注(『漢官解詁』)、『続漢書』祭祀志中、三一七八頁。『後漢書』巻一下、光武帝紀下、八四頁。
・応劭『漢官儀』、『後漢書』光武帝紀下、八四頁。

(77) 桓譚『新論』(『初学記』巻十三、礼部上、明堂、北京、中華書局、一九六二年、三二七頁)、「爲四面堂、各從其色、以倣四方。」

(78) 注(75)前掲書『漢魏洛陽故城南郊礼制建築遺址一九六二～一九九二年考古発掘報告』、三五五～三五七頁を参照。

(79) 『後漢書』列伝五十下、蔡邕伝を参照。

(80) 『続漢書』律暦志下、論を参照。

(81) 蔡邕の律暦思想については、川原秀城「Ⅵ　後漢の四分暦と蔡邕の律暦思想」(『中国の科学思想』、創文社、一九九六年)を参照。

(82) 『蔡中郎集』巻十、「明堂月令論」(五一～五二頁)。

(83) 『蔡中郎集』巻十、「明堂月令論」(五三頁)。

(84) 鄭玄の礼学の特質については、池田秀三「鄭学の特質」(渡邉義浩『両漢における易と三礼』、汲古書院、二〇〇六年)、特に明堂については、二九七～二九八頁を参照。

(85) 鄭玄『駁五経異義』(『魏書』巻七十二、賈思伯伝、一六一四頁)、「周人明堂五室、是帝各有一室也、合於五行之數、周禮依數以爲之室。」『魏書』袁翻伝にもほぼ同文を引用する。

(86)『礼記』玉藻篇、孔穎達疏、「援神契説、宗祀文王於明堂、以配上帝。曰、明堂者、上圓下方、八窻四闥、布政之宮、在國之陽。」(一四七三頁)。
(87)『周礼』考工記、匠人営国、夏后氏世室の条、鄭玄注、「木室於東北、火室於東南、金室於西南、水室於西北。」(九二七頁)。
(88)鄭玄『駁五経異義』(『礼記』玉藻篇、孔穎達疏)、「水木用事交於東北、木火用事交於東南、火土用事交於中央、金土用事交於西南、金水用事交於南北。」(一四七三頁)。
(89)『周礼』考工記・匠人、鄭玄注、「明堂者、明政教之堂。」(九二八頁)。
(90)『鄭志』(〔梁〕蕭子顕《しょうしけん》『南斉書』巻九、礼志上、北京、中華書局、一九七四年、一一九頁)、「趙商問云、説者謂天子廟制如明堂、是爲明堂卽文廟邪。鄭荅曰、明堂主祭上帝、以文王配耳。猶如郊天以后稷配也。」
(91)『礼記』大伝、鄭玄注、一五〇六頁。
(92)『周礼』春官、小宗伯の経文及び鄭玄注、七六六頁。
(93)『周礼』春官、大宗伯の経文及び鄭玄注、七五八頁。
(94)以下は、『礼記』月令篇、孟春・孟夏・中央・孟秋・孟冬の経文及び鄭玄注、一三五三〜一三八〇頁。
(95)『後漢書』列伝二十五、鄭玄伝、「門人相與撰玄荅諸弟子問五經、依『論語』作『鄭志』八篇。」(一二一二頁)。『隋書』巻三十二、経籍志一は、「『鄭志』十一巻。魏侍中鄭小同撰。」(九三八頁)と記し、著者を鄭玄の孫の鄭小同とする。
(96)『礼記』祭法篇、孔穎達疏、一五八七頁。
(97)『毛詩』周頌、閔予小子之什、桓、孔穎達疏に、「五德者、五行之德。此五方之帝、各有本德、故稱五德之帝。太昊・炎帝之等、感五行之德生、亦得謂之五德之帝。」(六〇四頁)とある。

第二章　魏晋時代　絶え間なき論争と変革

序

後漢から曹魏《そうぎ》(1)(二二〇～二六五)への、そして曹魏から西晋(二六五～三一六)への政権交替は、禅譲革命を装って平和裡に行われ、魏晋両王朝の首都は後漢の首都だった洛陽に置かれた。明堂の建物もまた、曹魏時代は後漢時代の雒陽明堂を継承し、西晋時代は漢魏の明堂に改修を施して、明堂儀礼を行った。

しかしながら、漢代と魏晋時代との間には、政治経済、思想文化の面で大きな断絶があり、漢魏の交替期は、古代から中世への変革期と位置づけられている。思想の上では、漢王朝の滅亡は否応なく、儒教に大きな変革を迫ることになった。儒教はこのとき、二つの変革を行った。一つは漢王朝と一体化していた漢代儒教を投げ捨て、儒教の内的変革を行うことであり、もう一つは儒教の限界を認め、他の思想を取り入れて外的改革を行うことである。後者はいわゆる魏晋玄学の出現を招き、前者は鄭玄学を正統の地位に押し上げることと、それに触発された反鄭玄学——すなわち、王粛学の勃興、及び鄭学、王学の間の激しい論争を惹起したのである。

この二つの思想上の変革は明堂にも大きな影響を及ぼした。曹魏王朝における高堂隆《こうどうりゅう》等による鄭玄学の全面的受容は、活発な論議の末、明堂の祭祀制度に大きな改革をもたらした。続く西晋王朝は、初代皇帝の武帝(司馬炎《しばえん》、在位二六五～二九〇)が王肅の外孫という関係もあって王肅学に靡き、建国当初に祭祀制度の革命的な改革を断行した。だが、この改革は広範な論議を巻き起こし、やがて摯虞《しぐ》等の再改革を呼ぶことになる。

西晋ではその後も、鄭玄、王肅の両学派による礼学論争が絶え間なく行われたが、屋上屋を重ねるその論議は、人士の心を儒教から玄学に向かわせる要因の一つとなっていった。この儒教にとっては危機的な状況を見兼ねて、明堂の根本意義に立ち返って提議されたのが、裴頠《はいぎ》の「一屋之論」である。裴頠は玄学批判を行ったにも拘わらず、魏晋玄学史上の重要思想家とされる人物であり、その明堂論はまさに、魏晋思想の状況を如実に反映しているのである。

本章では、魏晋時代に繰り広げられた明堂論議を概観して、その前時代である漢代の明堂制度に対する改革の特質を析出し、当時の思想状況を視野に入れながら、その明堂論議と明堂制度との新傾向を解明する。

第一節　曹魏時代

(一)魏初の明堂と高堂隆の改制

魏の明堂について、『宋書《そうしょ》』礼志三は次のように記載する。

魏の文帝の黄初《こうしょ》二年(二二一)正月、天地の郊祀、明堂の祭祀を行った。この時魏は洛陽を首都とし、神祇、兆域、明堂、霊台はみな、漢の旧制度を踏襲した。……明帝《めいてい》の太和《たいわ》元年(二二七)正月丁未、武帝(曹操《そうそう》)を南郊で天に併せ祀り、文帝(曹丕《そうひ》)を明堂で上帝に併せ祀った。(2)

魏文帝黄初二年正月、郊祀天地、明堂。是時魏都洛京、而神祇、兆域、明堂、靈臺、皆因漢舊事。……明帝太和元年正月丁未、郊祀武皇帝以配天、宗祀文皇帝於明堂以配上帝。

魏は後漢から禅譲革命の形式で平和裡に政権移譲され、当初は他の祭祀と同様に、後漢の礼制建築をそのまま継続利用して明堂祭祀を行ったが、明帝の太和元年に文帝を上帝に併せ祀ったのである。後漢雒陽での明堂祭祀は、前章で述べたように、五帝を祭祀対象とし、光武帝を併せ祀った。この五帝は、青赤黄白黒の五色で表現された五行の帝である。[3] 魏初はこの後漢の制度を継承したのだから、明堂には五行の帝が祭祀されたのである。

太和元年の改制は一見、単に文帝の配食を加増しただけのようだが、実はそれ以上に重大な変更が行われた可能性が高い。すなわち祭祀対象の変更である。明帝(曹叡《そうえい》、在位二二六～二三九)の時代には、洛陽南郊には天皇大帝と五精之帝が祀られた。[4] 五精之帝とは、太微五帝の別名である。魏の明帝期の改制は高堂隆(?～二三七)が主導したとされ、[5] 彼は鄭玄学の信奉者であったから、魏の明堂の祭祀対象も五行の帝から太微五帝に変更された可能性は高いのである。

さて、この明帝期の礼制改革の背後には、魏王朝の儒学者たちの活発な議論があり、それには王粛が加わっていた。意外なことに王粛は五精之帝の祭祀自体は否定しないが、これは王粛が太微五帝の存在を肯定したことを意味しない。王粛の五精之帝の解釈はそれとは異なるのである。そして、この王粛の五精之帝解釈は、王粛の五帝説を正しく理解し、従来の誤解を解く大きな糸口となる。これについて、項を改めて論じよう。

(二)王粛の五帝説

魏晋交代後、武帝は泰始《たいし》二年(二六六)に明堂制度を含む大規模な礼制改革を行った。『宋書』礼志三は、明堂・郊祀改革についての群臣の提議を、次のように記載する。

泰始二年正月、……五帝はすなわち天です。五気〈五行の気〉は季節ごとに異なるので、その称号を変えます。名称は五つありますが、実体は一個の神です。明堂・南郊は、五帝の坐を除かなくてはなりません。五郊は五精の称号を改め、すべて昊天上帝と呼び、明堂・南郊・五郊にそれぞれ一坐だけを設置してください。北郊はまた先后の配祀を除いてください(6)。

泰始二年正月、……五帝卽天也。五氣時異、故殊其號。雖名有五、其實一神。明堂・南郊、宜除五帝之坐。五郊改五精之號、皆同稱昊天上帝、各設一坐而已。北郊又除先后配祀。

群臣の議論の要点は、魏の明堂等で祭祀した五帝は、実は天(昊天上帝)だから、晋では昊天上帝のみを祭祀すべきだ、ということであるが、五帝はすなわち天であり、実体は一個の神である、とは如何なる論理であるのか。泰始二年正月の時点で晋の明堂等で祭祀される五帝は太微五帝だから、それが即ち天であるというのは正しい。しかしながら、鄭玄説では、太微五帝は五柱の独立した天神であって一神ではなく、昊天上帝と同一でもない。当時知られていた礼説の中で、天は唯一であり、それが昊天上帝を指すとするものの最右翼は王肅説である。

王肅は、魏王朝創業の功臣王朗《おうろう》の子として官界入りし、明帝期の晩年からちょうど高堂隆と入れ替わるように礼制の論議を主導するようになった学者官僚である。司馬懿《しばい》(晋の宣帝《せんてい》)と姻戚関係を結び、晋の武帝は外孫である。彼の学問的立場は徹底した反鄭玄学であり、五帝や天に関する所論も鄭玄のそれとは異なり、太微五帝や感生帝説を完全否定する(7)。しかしながら、王肅説では、天は至尊唯一の昊天上帝を指すとはいえ、一般的理解では五帝は大皞以下の五人帝を指すとされ(8)、晋初の群臣が王肅説に従って、五帝即ち天だと考えたと速断することには躊躇せざるを得ない。ただし王肅説を詳細に検討すれば、彼らの理解が全くの的外れではないことが了解されるだろう。

王肅説を検討する前に、鄭玄説を再確認しておこう。鄭玄説の基づく思想はいわゆる感生帝説であり、帝王の始祖はみな天界の太微中の五帝坐星にいる太微五帝の精、すなわち蒼(青)帝霊威仰・赤帝赤熛怒・黄帝含枢紐・白帝白招拒・黒帝汁光紀に感応して生まれる。郊祭では帝王は各自の感生帝を祭祀し、明堂では五柱の感生帝すべてを祭祀する、という説である。

王粛はこの鄭玄説を念頭に置いて、それに対する批判の形で『聖証論《せいしょうろん》』に於いて次のように自説を展開する。

①『周易』(説卦伝《せっかでん》)に言うように、「帝は震〈万物発動の卦〉にはじまり」、「震は東方であり[9]」、万物を生み出す原初である。故に王者の制度のはじまりは、木徳によって天下に王として君臨したということであり、太微五帝の木精が生み出したわけではない。五帝はみな黄帝の子孫であり、各々称号を改めて交代するのは、五行の順次によるのであって、決して太微五帝の精の生み出した結果ではない。

②また、郊祭は、鄭玄は「感生帝を祭る」と言うが、一帝を祭るだけになる。『礼記』郊特牲篇に「郊の祭は大いに天の神神を祭り、太陽を主とする。」と言うのと矛盾する。その上、天は一つだけであり、(昊天上帝と太微五帝とを合わせて)六つの天があるわけがない。

③また、『孔子家語』に、「季康子《きこうし》が五帝について問う。孔子曰く、『天に五行有り、木火金水及び土だ。季節を四分して化育し、万物を完成する。その神を五帝と言う。』」と。この五帝が天を輔佐するのは、三公が王を輔佐するのと同様だ。三公は王輔〈王の輔佐〉と称することはできるが、天王と称することはできない。五帝は天佐〈天の輔佐〉と称し得ても、上天と称することはできない。それなのに鄭玄が、五帝を霊威仰のたぐいだと言うのは、間違っている[10]。

①案『易』「帝出乎震」、「震、東方」、生萬物之初。故王者制之初、以木徳王天下、非謂木精之所生。五帝皆黃帝之子孫、各改號代變、而以五行爲次焉。何大微之精所生乎。

②又郊祭、鄭玄云、「祭感生之帝」、唯祭一帝耳。『郊特牲』、何得云「郊之祭、大報天而主日」。又天唯一而已、何得有六。

③又『家語』云、「季康子問五帝。孔子曰、「天有五行、木火金水及土。四分時化育、以成萬物。其神謂之五帝。」」是五帝之佐也、猶三公輔王。三公可得稱王輔、不得稱天王。五帝可得稱天佐、不得稱上天。而鄭云以五帝爲靈威仰之屬、非也。」[11]

第一段落では『周易』で帝王の最初とされる大皞や、『史記』五帝本紀や『孔子家語』五帝篇に登場する五帝である太皞・炎帝・黄帝・少皞・顓頊が帝王となったのは、五行の徳に適っていたからで、太微五帝の精の直接的関与はなかったとして感生帝説を否定する。第二段落では鄭玄の経注間の矛盾を指摘し、六天説を否定して唯一天説を主張する。第三段落では『孔子家語』五帝篇に依拠しつつ、五帝＝五行神説を展開する。

これらの所説のうち、注目すべきは最後の五帝＝五行神説である。上述の通り、従来一般的には、王肅は五帝＝五人帝説の信奉者であるとされてきた。しかしながら、『孔子家語』五帝篇[12]に「天に五行があり……その神を五帝と言う《天有五行、……其神謂之五帝》」と記され、王肅はこれに「五帝は五行の神である《五帝、五行之神》」と注記して、五帝＝五行神と明確に定義する。王肅はまた、この五行神である五帝を「天五帝」と呼んで、五人帝と区別する。天の定義は『孔子家語』本文にはないが、王肅注では、「天は至尊であり、物（五行神）がその称号を同じくして、天を名乗ることはできないが、物が名乗る上帝の称号を天も名乗ることはできる。上は下を兼ねることができるのだ。《天至尊、物不可以同其號。亦兼稱上帝。上得包下。》」とされる。つまり天は至尊唯一であり、天の称号を独占し、他物は天を別称として用いることはできないのである。

天と五帝〈五行神〉との関係は、『孔子家語』本文には「五行は季節を分けて化育し、万物を完成する。《（五行）分時化育、以成萬物。》」、「五行は上帝を輔佐して完成させるので五帝と称する。《五行佐成上帝而稱五帝。》」と記され、王肅注では、「五行の神は、天を輔佐して物を生み出す者である。《五行之神、佐天生物者。》」、「五行は天の事業を輔佐して完成させるので五帝と言う。《五行佐成天事、謂之五帝。》」と記される。五行は天の事業、すなわち万物の生成を補佐しそれを完成させるのである。また、王肅注の、「地に五行があり、その精神は上にある故に上帝とされる。《以地有五行而其精神在上、故亦爲之上帝。》」との一文及び、「且つ土と火・水とは、ともに五行であり、地の子である。《且土與火水、倶爲五行、是地之子也。》」との一文からは、五行は地に属するが、その精神は天上にあるが故にまた上帝とされる、と認識していたことが分かる。つまり地には五行の本体が属し、天には五行の精神が属するという構造である。

『聖証論』の「木精之所生」「大微之精所生」、『孔子家語』注の「五精之帝」の「精」はこの「其(五行)精神」の「精」であろう。王肅は、五行神である五帝に緯書が霊威仰等の名前を付けたことには「やはり妖怪の妄言である。《亦爲妖怪妄言。》」と非難し、五精之帝が直接王者を生ずるとする感生帝説には「その蒙昧には言うべき言葉もない。《其爲蔽惑、無可言者也。》」と嘆息したが、五精之帝自体を否定したわけではない。ただし、王肅は五精之帝を五行神として理解していたのである。

なお、《天……亦兼稱上帝。上得包下。五行……故亦爲之上帝。》という王肅注からは、天と五行神とはともに上帝と称されるが、高次の天が低次の上帝を包括して上帝を兼称することがあっても、五行神の上帝が天を僭称することはあり得ない、との認識を演繹できる。五行神は天にいる神だから、上帝と呼べるが、天(天帝)とは呼べないのである。

五人帝については、『孔子家語』本文は「往古の王者が、交替し称号を変えるのは、五行の法則による。《古之王者、易代而改號、取法五行。》」、「その明王であったものは、死後五行に配される。そこで太皞は木に配される。《其爲明王者、而死配五行。是以太皞配木。》」、「五行は上帝を輔佐して完成させるから五帝と称する。太皞のたぐいはこれに配され、やはり帝と呼ばれ、五帝の称号に従う。《五行佐成上帝而稱五帝。太皞之屬配焉、亦云帝、從其號。》」と記し、王粛はこれに「黄帝のたぐいであるからやはり五帝と称するのは、おそらく天の五帝の称号に従うからだ。《黄帝之屬故亦稱帝、蓋從天五帝之號。》」と注する。すなわち、地上における五行の法則により大皞・黄帝らの明王が出現したが、彼らは死後には天の五行の精神〈五精之帝・天五帝〉に配され、その五帝の称号を許される。これが五人帝の由来のあらましである。

王粛は五帝=五人帝としたのではなかった。王粛説では五帝とは天上に存在する五行神(五精之帝)なのである。五人帝も五帝と呼ばれ、祭祀を享けるが、それは五行神に従属してのことである。王粛説による明堂祭祀が行われるならば、五行神を祭祀対象とし、五人帝・五人神が配されることになる。したがって、晋初の群臣が、明堂の祭祀対象を昊天上帝のみとしたのは、王粛説の趣意とは異なる。しかしながら、王粛が天を唯一至尊とし、五帝=五行神は天に所属する、と規定したことは事実であるから、唯一不可分の天に属するという意味では五帝は天の一部であり、明堂に上帝を祭祀するなら、至尊の天=昊天上帝をのみ祭祀すべし、と短絡したのであろう。五行神について王粛は具体的には語らなかったが、後漢雒陽明堂に祀られていたのは、五行の神としての五帝であった。後漢の明堂制度を継承した魏初の明堂の祭祀対象もそうだったはずである。高堂隆による改制により、それが太微五帝に置き換えられた二二七年から、晋の明堂の祭祀対象が論議された二六六年に至るまでの四十年の間に、五行神という神神の概念は忘却され、晋初の宮廷においてはもはや、現実の祭祀対象としては極めてイメージし難い神神となっていたのだろう。

清の黄以周《こういしゅう》はその著『礼書通故《れいしょつうこ》』の中で、「王粛は『家語』を改定し、五天帝を五行之神とし、その祭祀に五人帝・五人神を配するとした。これは実に鄭玄説と同じであり、おそらくは学説伝承に由来があり、王粛は全面改定は行わなかったのだ。……王粛学派は、五帝は即ち天であり、実は一神だと言い、或は、五帝は即ち五人帝だと言うが、やはり王粛の本意ではない。(13)」と述べる。王粛の『孔子家語』改定の真偽は措き、王粛説では祭祀対象は五行神であり、五人帝・五人神は配祀であること、そして王粛は後漢時代以来の由来久しい学説を継承したのだということ、王粛学派が五帝を天、あるいは五人帝と解釈するのは王粛の五帝説に対する認識不足であること等は至当の指摘である。ただし、王粛説が鄭玄説と同じ祭祀システムを採用したとの指摘は必ずしも妥当ではない。王粛は五帝を五行を司る神と解釈した点では確かに鄭玄説と同じであるが、感生帝説や六天説と不可分の関係にある霊威仰等の太微五帝を排して、後漢雒陽明堂に祀られた五行神を復活させ、後漢後半から定着する五人帝、五官神の観念と整合的に結びつけ、体系化したのである。しかしながら、後漢後期から魏晋にかけての鄭玄学の盛行や、より人間を重視した風潮のもと、古代的な五行神の概念がもはや理解されなかったが故に、王粛の五帝説は後世に於いて誤解されたのである。

第二節　西晋時代

(一)西晋初の明堂改制と摯虞の再改制

晋の元康《げんこう》元年(二九一)、かねてより荀顗《じゅんぎ》(?〜二七四)等の撰した『新礼《しんれい》』の検討を命じられていた摯虞《しぐ》(二五〇〜三〇〇)は、ようやくその事業を完成し、変更点等を上奏した。(14)その中には次のような明堂の祭祀対象変更の提議が含まれていた。

①漢魏の故事では、明堂は五帝の神を祀ります。『新礼』では、五帝はすなわち上帝であり、上帝はすなわち天

です。[15] 明堂は五帝の位を除き、ただ上帝だけを祭ります。

②考えてみるに孔子は、「后稷を郊に祭祀して天に配食し、文王を明堂に祭祀して上帝に配食する」(『孝経』聖治章)と述べました。『周礼』には「天を祀り上帝を旅祭する」(春官典瑞《てんずい》)、「地を祀り四望〈山川〉を旅祭する。」(春官大宗伯)と言います。望は地ではないので、上帝が天ではないことは、はっきりと識ることができます。

③南郊の祭祀は、地を掃いて祭り、犠牲は繭栗《けんりつ》〈小牛〉を用い、祭器は陶匏《とうほう》〈陶製の酒器〉を用いますが、これは始原に復帰することを象徴します。故に遠祖を配し祀るのです。明堂の祭祀は、祭具を揃えて供え、玉器と犠牲を並べて陳列し、祭器は列をなしますが、この儀礼は人間の霊を祭るのと同じであり、それ故に先帝(父)を配し祀るのです。南郊と明堂との祭域は、確固として形体が異なり、犠牲や祭具祭器は質素か豪華か趣が違います。その上、遠祖と先帝とを両方配し祀るのが、尊厳を尽くすためではなく、三日のうちに二度祀るのが、不敬ではないというのは、南郊に祀る天と明堂に祀る上帝とが同一の神ではないことの明証であります。

④昔上古の時代には、生前明王であったものは、死後五行に配されました。故に太昊は木に配され、神農は火に配され、少昊は金に配され、顓頊は水に配され、黄帝は土に配されました。この五帝は、天に配された神であり、ともに四郊に祀られ、明堂に祀られます。天を祀るには、大裘《たいきゅう》を着て冕《べん》を付けますが、五帝を祀るにも同様にします(『周礼』春官宗伯・司服)。

⑤あるいは、五精之帝は、天を輔佐して万物を化育するもの、と考えられています。魏は漢に因り、五帝を廃止しませんでしたが、晋初は始めて反対意見に従い、庚午(泰始二年)の詔書で、明堂及び南郊は五帝の位牌を除き、天神だけを祭祀させました。『新礼』はこの詔書の通りにしたのです。

⑥前太史令の韓楊《かんよう》は、[16] どうか元の通り五帝を祭祀することに戻して下さい、と上書しましたが、太康《たいこう》十年(二八

て下さい。[18]

九)、詔により施行されました。[17] どうか『新礼』を改定して、元のやり方に戻して明堂及び郊では五帝を祭祀し

①漢魏故事、明堂祀五帝之神。『新禮』、五帝卽上帝、上帝卽天也。明堂除五帝之位、惟祭上帝。

②案仲尼稱「郊祀后稷、以配天、宗祀文王於明堂、以配上帝」。『周禮』、「祀天旅上帝」、「祀地旅四望。」望非地、則上帝非天、斷可識矣。

③郊丘之祀、掃地而祭、牲用繭栗、器用陶匏、事反其始、故配以遠祖。明堂之祭、備物以薦、玉牲竝陳、籩豆成列、禮同人鬼、故配以近考。郊堂兆位、居然異體、牲牢品物、質文殊趣。且祖考同配、非謂尊嚴之美、三日再祀、非謂不黷之義、其非一神、亦足明矣。

④昔在上古、生爲明王、沒則配五行、故太昊配木、神農配火、少昊配金、顓頊配水、黃帝配土。此五帝者、配天之神、同兆之於四郊、報之於明堂。祀天、大裘而冕、祀五帝亦如之。

⑤或以爲五精之帝、佐天育物者也。前代相因、莫之或廢、晉初始從異議。庚午詔書、明堂及南郊除五帝之位、惟祀天神、『新禮』奉而用之。

⑥前太史令韓楊上書、宜如舊祀五帝。太康十年、詔已施用。宜定『新禮』、明堂及郊祀五帝如舊儀。

第一段落では、漢魏の明堂の祭祀対象が等しく五帝であったこと、『新礼』でそれを上帝に変更したことを述べる。なお、前述の通り漢と魏とでは実は五帝の内容が異なり、後漢の五帝は五行の神であり、明帝以降の魏の五帝は太微五帝であったが、その相違は意図的に黙されている。

第二段落は三段論法で天と上帝とが異なることを述べ、第三段落では郊と明堂との祭祀が、祭壇、犠牲、祭具等で様相を全く異にしており、祭祀対象が同一ではないことを述べて、郊の祭祀対象が天であり、明堂のそれは上帝であ

ることを論証する。

第四段落では、前節で見た『孔子家語』五帝篇を引用して、「此の五帝」と「此」で限定され、第一段落の五帝（五行神）と区別された五帝（五人帝）が郊と明堂との両方の祭祀に等しく配されることを述べ、『周礼』を引用して、郊と明堂の祭祀が同等の価値であることを述べる。なお、「天に配された神」の「天」は広義の天で狭義の天と上帝との両方を包含すると考えられる。

第五段落では『孔子家語』五帝篇王粛注の「五帝は、五行の神であり、五行の神は、天を輔佐して物を生み出す者である。《五帝、五行之神、佐天生物者。》」を「五精之帝は、天を輔佐して万物を化育するものである。《五精之帝、佐天育物者。》」と言い換えて、五帝即ち五人帝と主張したと誤解されがちな王粛の所説を明確にする。前項で見た通り、王粛説は五帝とは五行神であり、それは五精之帝と同義で、上帝とも称されると論述しており、摯虞はそれを正確に理解していたことが分かる。魏は鄭玄説に基づき、明堂に太微五帝を祭祀したが、王粛説でも五精之帝を祭祀することになる。摯虞は晋初の改革が鄭玄説のみならず、改革を断行した群臣が信奉して理論的支柱とした筈の王粛説からも逸脱した愚行だと批判するのである。

そして、最後に摯虞は明堂及び郊での五帝祭祀の復活を提議する。ただし、ここまでの論旨から、摯虞の提言する五帝祭祀復活は郊と明堂とでは様相を異にすると思われる。すなわち、明堂では祭祀対象を昊天上帝から五帝に変更するが、郊では祭祀対象は昊天上帝のままで、五帝を配祀するのであろう。

なお、明堂祭祀の変更は、王粛説を正確に反映した五行神（五精之帝）祭祀の創始であった可能性が考えられる。なぜならば、摯虞は礼制改革論議の中では概ね王粛説に賛意を示すからだ。例えば六宗《りくそう》の祭祀を巡って王粛が『易』乾《けん》坤《こん》の六子《りくし》〈水・火・雷・風・山・沢〉としてその祭祀廃絶案を退けたのと同様の考え方を摯虞も示す(19)。また、喪服《そうふく》の問題でも摯虞は王粛説に賛同する。[20] そもそも西晋王朝においては、礼制に関して王粛説に反対し辛いムードが漂っていた。したがって、摯虞が王粛説を忠実に信奉して明堂に五行神の祭壇を設けようとしたことは十分考えられるのだ。

しかしながら、鄭玄説に基づく魏制の太微五帝祭祀の復活を示唆したと解釈する可能性の方がより高い。なぜならば、元の通り五帝を祭祀することに戻せ、とする韓楊の上書の内容が、太康十年に詔によってすでに施行せられ、摯虞の上奏に、『新礼』を改定して、元のやり方に戻して明堂及び郊では五帝を祭祀せよ、と言うからには、明堂祭祀の変更を魏制への回帰と理解する方が自然だからだ。また、摯虞が皇甫謐《こうほひつ》(二一五～二八二)の高弟であった経歴[21]も感生帝である太微五帝の復活の可能性を高める要因になり得る。皇甫謐はその著『帝王世紀《ていおうせいき》』において、歴史理論として五行説による王朝交替理論(五徳終始説)と感生帝説とを全面的に採用したことで知られる。[22] この点で皇甫謐は鄭玄に与みする側であり、故に皇甫謐の薫陶を受けた摯虞が、太微五帝の存在を否定することは困難だ、とする見解に信憑性を与える。摯虞の信奉する五帝説が奈辺にあるかは感生帝説の有無によって判断する他ないが、資料の限界のため残念ながら、現状では未詳とせざるを得ない。

(二)裴頠の「一屋之論」とその南北朝への影響

1　裴頠の「一屋之論」の復元

晋の明堂制度は、理論的には魏の王粛の学説に依拠して漢魏の制度を改めることから始められた。その最も重大な改革は、泰始二年に、祭祀対象を太微五帝から昊天上帝に改めたことである。これは王粛説への誤解に基づく結果であるが、その制度は永制とはならず、修正が繰り返され、元康元年の摯虞の上奏によって、祭祀対象は五帝に戻された。西晋の儒学界では祭祀対象の他にも、明堂の制度を巡る様々な問題点に関する議論が盛んに行われた。[23] その中に、明堂建立のそもそもの意義という根源的問題に立ち返って、これらの議論の解決策を提議した思想家が、裴頠（二六七～三〇〇）である。

裴頠は、博学多識にして、儒教に篤信であり、玄学の流行を批判して『崇有論《すうゆうろん》』を著し、魏晋玄学史上に名をとどめる学者官僚である(24)。積極的に政治的進言を行ったが、明堂に関するものは、『晋書』巻三十五の本伝には見えない(25)。しかしながら、裴頠は明堂に対し独創的な見解を有しており、その論説は南北朝時代の明堂論においてしばしば言及され、大きな影響を及ぼしたことを窺わせる。

この論説が完全な形で残されておらず、断片的に言及されるだけで全体像が捉え切れなかったために、従来の研究では、その重要性が指摘されることはなかった。けれども、その南朝明堂制度への深刻な影響や北朝隋唐時代の明堂論における強烈な反発を見れば、この論説が、明堂(論)の歴史において、両漢魏晋時代と南北朝隋唐時代との間の転換点となる、画期的な論説であったことが理解されよう。そこで、その重要性にもかかわらず、これまで等閑に付されてきた裴頠の論説を復元し、分析を加えて、その意義を解明しよう。

正史の記事の中で、最も早く裴頠の論説に言及するのは、『宋書』礼志に見える劉宋大明《りゅうそうだいめい》五年（四六一）四月孝武帝《こうぶてい》の明堂建立の詔書に対する有司奏上においてである。劉宋政権の有司〈役人〉は、漢から晋にかけて、明堂辟雍の一体説、別所説が対立し、また建立地点やその構造について、諸説紛糾して衆議一致しなかった状況を説明した後、裴頠の論説に言及し、それが妥当である旨奏上した。そしてこの奏上は裁可されて、南朝劉宋の明堂は西晋の裴頠の論説に依拠して、建立されたのである(26)。

裴頠の論説は他に、『魏書《ぎしょ》』袁翻《えんはん》伝(27)及び李謐《りひつ》伝、『隋書《ずいしょ》』牛弘《ぎゅうこう》伝(28)及び宇文愷《うぶんがい》伝(29)にも引用される。『隋書』の二伝所引は『宋書』礼志所引系統であるが、『魏書』袁翻伝所引は別系統であり、『魏書』李謐伝所引は最も長文で首尾が整い、しかも二系統両方を過不足無く含む。したがって、『魏書』李謐伝所引の文章を裴頠の論説の原文に近いと見なして大過なかろう。そこで、『魏書』李謐伝所引の文章を裴頠の論説の定本として論述を進める。引用すれば、以下の通りである。

今(西晋恵帝《けいてい》期)多くの儒学者たちは明堂の制度について紛糾し、互いに批判した。もし勧戒のための図像を描くことが可能であれば、そのような明堂は実際の儀礼を執り行うには不向きで、無用の長物を拵《こしら》えてしまったと言う他ない。それよりひどいのが漢代の明堂である。これは東南・西南・東北・西北の四隅に个〈小部屋〉を設け、そこで儀礼を行ったため、季節ごとの儀礼とそれを行う場所の方角とが合致しなくなった。私が思うに、「尊祖配天」の義〈郊に於いて祖先を祭祀し天に配する儀礼の標準〉は経典に明記されている。それに対し明堂の制度は、理論の根拠が不分明のままである。だから、ただ殿屋[30]〈柱だけで壁のない広壮な方形の建物〉だけを造って先帝を宗祀し上帝に配する儀礼《嚴父之祀》を盛大に行い、それ以外の明堂に附与された一切の余計な属性はすべて排除するのが宜しい[31]。

今羣儒紛糾、互相掎摭、就令其象可得而圖、其所以居用之禮莫能通也、爲設虛器耳。況漢氏所作、四維之个、復不能令各處其辰。愚以爲尊祖配天、其儀明著。廟宇之制、理據未分。直可爲殿屋、以崇嚴父之祀、其餘雜碎、一皆除之。

なお、裴頠の明堂説は、北魏の人士の間では、「一屋之論[32]」「裴逸一屋之論[33]」または「裴頠一室之議[34]」と称された。恐らく裴頠の議の「ただ殿屋だけを造り、……それ以外の諸々の要素はすべて排除する」という最も特徴的な記述を捉えてそう呼称したのであり、これらの題目で呼ばれた論説が『魏書』李謐伝所引の裴頠の明堂説を指すことは間違いない。そこで、本書では『魏書』李謐伝所引の裴頠の明堂説を裴頠の「一屋之論」と呼ぶことにする。

2　裴頠の「一屋之論」の検討

裴頠の「一屋之論」は悪しき明堂を二例挙げて批判した。すなわち、勧戒のための図像を描くことはできるが、実際の儀礼を執り行うには不向きな明堂と、四隅に設けた小部屋で東南西北の方向に正対せず儀礼を行う漢代の明堂とである。この二例は、何故に悪しき明堂なのであろうか。

前者から検討しよう。「勧戒のための図像を描くことが可能であれば《其象可得而圖》」の「勧戒のための図像《象》」とは、『孔子家語』観周《かんしゅう》篇に、「孔子は(周の)明堂を見学したとき、四門の壁に尭舜や桀紂《けっちゅう》の図像があって、それぞれに善悪の行状や王朝の興廃に関する勧誡が書き添えてあった。また周公が成王を輔佐し、成王を抱いて斧の描かれた屏風を背にし、南面して諸侯を朝見させた図が有るのを見た。(35)」とあるような、尭・舜・桀・紂の肖像画、周公が成王を助けて諸侯を朝見させた情景の図画を指すのであろう。

『孔子家語』によれば、周の明堂を実見した孔子は、その四門の牆壁《しょうへき》にそのような図画を確認したが、裴頠の考えでは、図画の存在は実際の儀礼を行う上での障害になるだけである。ただし勧戒のための図画の性質が明堂で行う特定の性質の儀礼にとって邪魔になるのか、それとも明堂の構造上、図画を掲示する構造物が儀礼の実施にとって障害になるのかは不明である。もっとも右の『孔子家語』の記載を除いて、西晋までの歴代の明堂に図画が描かれた事実を伝える記録はない。『孔子家語』に触発されて西晋時代の儒者の間で浮上したアイデアの一つだったのかもしれない。

後者の例は漢代明堂の実例に基づく。「東南・西南・東北・西北の四隅の小部屋《四維之个》」については、『礼記』月令篇とその鄭玄注及び『水経注《すいけいちゅう》』巻十六、穀水《こくすい》の条が参考になる。『礼記』月令篇及びその鄭玄注には、明堂に設置された「个」についての記述がある。月令の規定では、天子は季節ごとに明堂の中の青陽(東堂)・明堂(南堂)・総章(西堂)・玄堂(北堂)の四つの堂に立ち入って儀礼を行うが、この四つの堂はまたそれぞれ左个・大室・右个に三分される。鄭玄の解釈では、それぞれの左右の「个」は大廟の各堂の左右に偏在するとされ、その注には十二の月ごとに日月会合の天空の位置と斗建の辰とをいちいち記入し[36]、十二箇月の十二辰と明堂四堂の四大室八个とを完全に対応させているから、个の位置は青陽左个から順に東北東・東南東・南南東・南南西・西南西・西北西・北北西・北北東だと思われる。

しかしながら、青陽右个と明堂左个とで東南の室を、明堂右个と総章左个とで西南の室を、総章右个と玄堂左个とで北西の室を、玄堂右个と青陽左个は北東の室をそれぞれ共用するとする説も有力であり[37]、実際の漢の明堂についても、北魏の地理学者酈道元《れきどうげん》(四六九?〜五二七)が五二五年頃に著した『水経注』巻十六、穀水の条に、後漢の光武帝が中元元年に建立した雒陽明堂について、「上が円形で下が方形、九室、重隅、十二堂である[38]。」とあり、「重隅」を「二重の四隅」と解釈すれば、後漢雒陽の明堂の八个は実は四室であったことになる[39]。

裴頠は「四維之个」と言っており、个の位置は「四維」すなわち「東南・西南・東北・西北[40]」である。後漢雒陽の明堂の个は「重隅」しており、まさに「四維」の位置にあった。その位置する方角は、明堂月令の「其辰」すなわち月ごとに配当され十二支で表された方角とは、方角の分け方が異なるのだから、当然ながらずれている。漢代の明堂もまた儀礼実施の厳格性という観点からすれば、壮麗ではあるが、儀礼の成果は満足に得られない、「虚器」にも劣る代物なのである。

裴頠は、以上のような悪しき前例を踏まえて、ある一つの明堂プランを提示する。すなわち、明堂の制度は文献の記載がまちまちで論拠が定まらないので、ただ「殿屋」だけを建造し、そこで先帝を天に配祀する儀礼を盛大に行い、それ以外の零細で雑多な要素はすべて排除する、というプランである。「殿屋」とは「柱だけで壁のない広壮な方形の建物」である。五室・九室の争い、室・堂の区別、个の重隅問題等、これら一切の論争の原因は、複雑な内部構造の故に生じた。裴頠は間仕切りを一切設けない明堂を建立することによって不毛な論争に終止符を打とうとしたのである。

そしてその明堂では、「厳父之祀」すなわち『孝経』聖治章に「文王を明堂に祀り、上帝に配享した《宗祀文王於明堂、以配上帝》」と明確に記された儀礼のみを行う。明堂に関わる問題はその構造の問題だけではなく、そこで行う儀礼にもまた種々の問題があった。明堂は祭祀の場であるとともに施政の場であり、養老の場とも教学の場ともされた。裴頠はそれら明堂の諸機能の中から祭祀のみを選択した。それは明堂祭祀が正統的な経典である『孝経』に明記されており、それほど権威を確立された裏付けを持たないその他の儀礼とは異なり、議論の紛糾を免れると考えたからであろう。

裴頠は西晋を代表する経学者であった。それ故に、あるいはそれにも拘わらず、経学者の陥りがちな議論のための議論を回避し、意想外の明堂プランを提出した。この一種諧謔的なプランはやがて、南朝人士の嗜好に合致したと見え、彼らの明堂計画の中に採用されるのである。もっとも、その融通無碍さが災いし北人の間ではきわめて評判が悪く、裴頠の「一屋之論」はその経学的根拠の無さによって恰好の批判の対象とされた。論争の局外中立に身を置こうとしたことが却って批判の原因となったのである。

結語

西晋は三一六年に五胡の乱により滅亡する。曹魏が後漢から政権を禅譲されたのが二二〇年だから、魏と西晋の存続期間はほぼ百年である。その間、明堂制度は曹魏時代に一回(太和元年の改制)、西晋時代に二回(泰始二年[二六六]の改制、太康十年の改制及び元康元年の礼典改訂)、合計三回の大きな改革が行われた。しかも、その改革の前後には絶え間ない論争が行われたのである。

曹魏時代の明堂制度改革は、高堂隆が主導した。高堂隆は前漢の高堂生《こうどうせい》以来続く礼学の名家の出身であり、彼自身は鄭玄の学問を信奉する学者官僚であった。曹魏では鄭玄の学問が盛行し、後に最大の反鄭玄学の頭目となる王粛も、十五歳で学問を志したときには、まず鄭玄の学問を学んだというから(41)、明帝の太和元年の礼制改革が鄭玄学に依拠したのは自然な流れだったと言える。明堂改革も鄭玄の学説に基づき、後漢時代の五行の神としての五帝(五行帝)を太微五帝に変更したのである。高堂隆の死後、曹魏政権における礼学の重鎮となった王粛であるが、明堂制度には発言しなかった。

もっとも、王粛の五帝理論は鄭玄のそれと共通する部分があった。王粛の学問は、徹底した反鄭玄学であるが、鄭玄が明堂に祀る五帝は、鄭玄が五精之君と呼んだ太昊、炎帝等とは異なる、とした点は肯定するのである。王粛は、太昊、炎帝等は、地上における五行の法則により出現した明王であり、死後に天五帝(天の五帝、五行神)に配されたとする。天五帝とは天に上った五行の精神である。この天五帝は、昊天上帝と肩を並べて六天と称するような地位にある太微五帝とは異なり、天帝ではないのである。とはいえ、王粛学に依拠すれば、明堂に祀られるのは、五行神であって昊天上帝ではないはずである。

ところが、二六五年に西晋が成立し、礼制改革が断行されたとき、太微五帝を排除して洛陽の明堂に新たに祀られたのは、昊天上帝唯一柱だった。これは明らかに王粛説の誤解の上に生じた笑えない喜劇である。この喜劇はしかし、誤解を解消する方にではなく、二八九年に詔勅によって明堂に、鄭玄の五帝、つまり太微五帝の位牌の座位を復活するという形で幕を閉じた。さらに、二九一年に摯虞が礼典の改訂を行って、明堂で五帝を祀ることを規定した。摯虞は王粛の五帝理論を正しく理解し、しかも王粛の学説に賛同していたにもかかわらず、明堂に祀る五帝は、王粛説に基づく五行神ではなく、鄭玄説による太微五帝だった可能性が高い。

魏晋時代は礼制に関する議論に厖大な時間と労力とが費やされたが、明堂の議論は同工異曲、堂堂巡りの感を否めなかった。そこで裴頠は、明堂論議に終止符を打つために、明堂建立の原初の意義に立ち返って、「一屋之論」を著した。「一屋之論」は、明堂の目的を「厳父之祀」(父への孝心を表すために明堂に祭祀する)ことだとし、煩瑣な建築様式を廃した単一の殿屋を提唱した。だが、裴頠のこの論は、その意図とは逆に、皮肉にも次の南北朝隋唐時代において明堂論議に新たな論争の種を増やす結果となる。

注

(1) 三国時代の魏は、北朝時代の魏(北魏、元魏とも言う)と区別するため、皇帝家の姓を用いて曹魏と呼ばれることがある。同様に南朝の宋は統一王朝の宋に対し、劉宋と呼ばれることがある。本書では、三国の魏は魏、曹魏の両方の呼称を用い、北朝の魏は北魏と呼び区別を付ける。また、南朝の宋には南朝宋、劉宋の呼称も用いる。

(2) 〔梁〕沈約『宋書』巻十六、礼志三(北京、中華書局、一九七四年、四一九〜四二〇頁)。

(3) 古橋紀宏『魏晋時代における礼学の研究』(東京大学博士論文、二〇〇六年)五一〜五五頁を参照。

(4) 魏明帝期の南郊制度に関する議論については、『通典』巻五十五、告礼を参照。南郊に天皇大帝と五精之帝とを祭祀していること自体は既定の事実として議論が進められている。

(5) 魏の礼制改革と高堂隆との関係については、古橋紀宏前掲論文『魏晋時代における礼学の研究』、三八〜三九頁を参照。

(6)『宋書』巻十六、礼志三、四二三頁。

(7)王粛の感生帝説批判については、拙稿「王粛の政治思想」(『中国思想史研究』第十号、京都大学中国哲学史研究室、一九八七年)を参照。

(8)たとえば、『礼記』郊特牲篇、孔穎達疏、「賈逵・馬融・王肅之等、以五帝非天。唯用『家語』之文、謂大皞・炎帝・黄帝五人之帝屬。」(一四四四頁)や『隋書』巻六、礼儀志一、「唯有昊天、無五精之帝。而一天歲二祭、壇位唯一。圓丘之祭、即是南郊、南郊之祭、即是圓丘。日南至、於其上以祭天、春又一祭、以祈農事、謂之二祭、無別天也。五時迎氣、皆是祭五行之人帝太皞之屬、非祭天也。天稱皇天、亦稱上帝、亦直稱帝。五行人帝亦得稱上帝、但不得稱天。故五時迎氣及文・武配祭明堂、皆祭人帝、非祭天也。此則王學之所宗也。」(一〇七頁)等が挙げられる。

(9)『周易』説卦伝(北京、中華書局、『十三経注疏』本、一九八〇年、九四頁)、「帝出乎震。……萬物出乎震。震、東方也。」

(10)『礼記』祭法篇、孔穎達疏所引〔魏〕王粛『聖証論』、一五八七頁。

(11)「佐」を、〔清〕孫志祖の校勘(校汲古閣本)により補う。

(12)『孔子家語』は『四庫全書』文淵閣本(内府蔵本)第六百九十五冊を底本とし、適宜諸本によって校勘した。校勘に使用した版本は、『四部叢刊』初編影印明覆宋刊本、『四部備要』拠〔明〕毛晋汲古閣排印本、香港大学馮平山図書館蔵〔清〕銭曾影鈔宋本『孔氏家語』(以下、銭本と簡称する)及び〔日本〕寛永本である。銭本については、銭曾『読書敏求記』巻一、経部(『海山仙館叢書』、一八四九年)に、「王肅註家語十卷。此從東坡居士所藏宋槧本繕寫。流俗本註中脱誤弘多、幾不堪讀。予昔藏南宋刻、亦不如此本之佳也。」と記され、『四庫全書』本とは異なる伝承の宋本と考えられる。また寛永本は、「日本博士家所傳王(肅)注全本」(太宰純「『増注孔子家語』序」、『増注孔子家語』(寛保二年〔一七四二〕、嵩山房、巻首第二裏)とされる、元和年間(一六一五~一六二四)に、活字を用いて刊行された所謂元和本(古活字本)を、寛永十五年(一六三八)に京都の風月宗智が訓点を加えて整版による覆刻を行った版本であり、或いは中国では失われた系統の版本の可能性がある。

(13)〔清〕黄以周『礼書通故』第十二、郊礼通故一(北京、中華書局、二〇〇七年、六一一頁)、「王肅改定『家語』、五天帝爲五行之神、其祭配以五人帝・五人神。此實與鄭(玄)同義、蓋師説相傳有自、王肅不敢盡改也。……申王説者、謂五帝即天、實一神、或謂五帝即五人帝、亦非王意。」

(14)『晋書』巻十九、礼志上に、「及晉國建、文帝又命荀顗因魏代前事、撰爲『新禮』、參考今古、更其節文、羊祜・任愷・庾峻・應貞竝共刊定、成百六十五篇、奏之。太康初、尚書僕射朱整奏付尚書郎摯虞討論之。」(五八一頁)及び「虞討論『新禮』訖、以元康元年上之。所陳惟明堂五帝二社六宗及吉凶王公制度、凡十五篇。有詔可其議。後虞與傅咸纘續其事、竟未成功。中原覆沒、虞之『決疑注』、是其遺事也。」(五八二頁)と見える。

(15)原文「『新禮』、五帝卽上帝、卽天帝也」。『通典』巻四十四、大享明堂(北京、中華書局、一九八四年、二五一頁)所引の摯虞議が「『新禮』云、五帝卽上帝、帝卽天也」に作り、下文に「則上帝非天、斷可識矣。」と云うのに拠り、「『新禮』、五帝卽上帝、上帝卽天也」に改めた。

(16)原文「前太醫令韓楊」。『隋書』経籍志、子部天文類に、「『天文要集』四十卷。晉太史令韓楊撰。」(一〇一八頁)とあるのに拠って、「前太醫令」を「前太史令」に改めた。

(17)『宋書』巻十六、礼志三、「太康十年十月、乃更詔曰、『『孝經』、『郊祀后稷以配天、宗祀文王於明堂、以配上帝。』而『周官』云、『祀天旅上帝。』又曰、『祀地旅四望。』四望非地、則明上帝不得爲天也。往者衆議除明堂五帝位、考之禮文正經不通。且『詩』(生民)序曰、『文、武之功、起於后稷。』故推以配天焉。宣帝以神武創業、既已配天、復以先帝配天、於義亦不安。其復明堂及南郊五帝位。』」(四二三～四二四頁)

(18)『晋書』巻十九、礼志上、五八七頁。

(19)『晋書』巻十九、礼志上に、「『尚書』(舜典)、禋于六宗、諸儒互說、往往不同。王莽以『易』六子、遂立六宗祠。魏明帝時疑其事、以問王肅、亦以爲『易』六子、故不廢。及晉受命、司馬彪等表六宗之祀不應特立新禮、於是遂罷其祀。其後摯虞奏之、又以爲、「案舜受終、『類于上帝、禋于六宗、望于山川』(『尚書』舜典)、則六宗非上帝之神、又非山川之靈也。……至景初二年、大議其神、朝士紛紜、各有所執。惟散騎常侍劉邵以爲萬物負陰而抱陽、沖氣以爲和。六宗者、太極沖和之氣、爲六氣之宗者也。虞書謂之六宗、周書謂之天宗。是時考論異同、而從其議。漢魏相仍、著爲貴祀。凡崇祀百神、放而不至、有其興之、則莫敢廢之。宜定新禮、祀六宗如舊。」詔從之。」(五九六頁)と見える。なお、王肅の六宗説には二種類あって、乾坤六子とする説の他、四時・寒暑・日・月・星・水旱とする説があるが、いずれの王説に依拠するにせよ、摯虞が王肅同様六宗祭祀の復活に寄与したことは事実である。

（20）『晋書』礼志上に、「太康初、尙書僕射朱整奏付尙書郎摯虞討論之。虞表所宜損增曰、……三年之喪、鄭云二十七月、王云二十五月。改葬之服、鄭云服緦三月、王云葬訖而除。繼母出嫁、鄭云皆服、王云從乎繼寄育乃爲之服。無服之殤、鄭云子生一月哭之一日、王云以哭之日易服之月。如此者甚衆。……臣以爲今宜參采『禮記』、略取傳說、補其未備、一其殊義。可依準王景侯所撰『喪服變除』、使類統明正、以斷疑爭、然後制無二門、咸同所由。」（五八一～五八二頁）と見える。

（21）『晋書』巻五十一、摯虞伝に、「摯虞、字仲洽、京兆長安人也。父模、魏太僕卿。虞少事皇甫謐、才學通博、著述不倦。」（一四一九頁）と見える。

（22）皇甫謐の『帝王世紀』の歴史理論については、拙稿「『帝王世紀』の成立とその意義」（『日本中国学会報』第四十四集、一九九二年）を参照。

（23）西晋時代の明堂論議については、張一兵前掲書『明堂制度源流考』、一四二～一五〇頁を参照。

（24）裴頠及びその『崇有論』については、詹雅能「裴頠崇有論研究」（『国立台湾師範大学国文研究所集刊』、国立台湾師範大学、一九六八年）を参照。

（25）裴頠の政治思想は、詹雅能前掲論文「裴頠崇有論研究」（二二～二五頁）及び許抗生等『魏晋玄学史』（西安、陝西師範大学出版社、一九八九年、二七一～二七九頁）を参照。

（26）『宋書』巻十六、礼志三に、「有司奏、「伏尋明堂辟雍、制無定文、經記參差、傳說乖舛。名儒通哲、各事所見、或以爲名異實同、或以爲名實皆異。自漢暨晉、莫之能辨。『周書』云、淸廟明堂路寢同制。鄭玄注禮、義生於斯。諸儒又云明堂在國之陽、丙巳之地、三里之內。至於室宇堂个、戶牖達向、世代湮緬、難得該詳。晉侍中裴頠、西都碩學、考詳前載、未能制定。以爲尊祖配天、其義明著、廟宇之制、理據未分、直可爲殿、以崇嚴祀、其餘雜碎、一皆除之。參詳鄭玄之注、差有準據、裴頠之奏、竊謂可安。國學之南、地實丙巳、爽塏平暢、足以營建。其墻宇規範、宜擬則太廟、唯十有二間、以應朞數。……」乃依頠議、但作大殿屋雕畫而已、無古三十六戶七十二牖之制。」（四三四頁）とある。

（27）〔北斉〕魏収『魏書』巻六十九、袁翻伝（北京、中華書局、一九七四年、一五三七頁）、「裴頠又云、「漢氏作四維之个、不能令各處其辰、就使其像可圖、莫能通其居用之禮、此爲設虛器也。」」

（28）『隋書』巻四十九、牛弘伝、「晉則侍中裴頠議曰、「尊祖配天、其義明著、而廟宇之制、理據未分。宜可直爲一殿、以崇嚴父之祀、其餘雜碎、一皆除之。」」(一三〇三頁)。
(29)『隋書』巻六十八、宇文愷伝「『晉起居注』裴頠議曰、「尊祖配天、其義明著、廟宇之制、理據未分。直可爲一殿、以崇嚴祀、其餘雜碎、一皆除之。」」(一五九二頁)。
(30) 殿屋について張一兵前掲書『明堂制度研究』は、「殿屋在南北朝、是一種剛剛定型的礼制建築形制、其特徴是平面長方形、屋頂用正脊一条、短于面寛(一般約為五分之三或二分之一)、与長辺平行、正脊両端向下延伸到四角、形成四条垂脊、宋代以後称作〝廡殿頂〞、近代以来称作〝四面坡水〞。」(三九一頁)と述べる。後述のように、南朝の明堂はいずれも裴頠の明堂プランの影響下にあるので、証明の順序は逆だが、「但作大殿屋雕畫而已、無古三十六戸七十二牖之制」(『宋書』巻十六、礼志三、四三四頁)、「四柱方屋、都無五九之室」(『魏書』李業興伝、一八六三頁)という南朝の明堂の構造的特徴を帰納して裴頠の「殿屋」を「柱だけで壁のない広壮な方形の建物」と定義する。
(31)『魏書』巻九十、李謐伝、一九三二頁。
(32)『魏書』巻六十九、袁翻伝、一五三八頁。
(33)『魏書』巻七十二、賈思伯伝、一六一五頁。裴逸は裴頠の字が逸民であることによる。
(34)『魏書』巻八十五、邢臧伝、一八七一頁。
(35)『孔子家語』巻三、観周篇、「孔子觀乎明堂、覩四門墉有堯舜與桀紂之象、而各有善惡之狀・興廢之誡焉、又有周公相成王、抱之負斧扆、南面以朝諸侯之圖焉。」
(36)『礼記』月令篇、孟春、一三五二頁の「孟春之月、日在營室、昏參中旦尾中」に「日月之行、一歳十二會、聖王因其會而分之、以爲大數焉。觀斗所建命其四時。此云孟春者、日月會於娵訾、而斗建寅之辰也。」と注され、仲春、一三六一頁の「仲春之月、日在奎、昏弧中旦建星中」に「仲春者日月會於降婁、而斗建卯之辰也。」と注され、「季春」以下も同様に月ごとに日月の会合と斗建の位置とが明記される。
(37) この問題については、池田秀三前掲論文「黄侃〈礼学略説〉詳注稿(一)」、二八八～二九一頁を参照。
(38)『水経注』巻十六、穀水(楊守敬・熊会貞『水経注疏』、江蘇古籍出版社、一九八九年、一四二五頁)、「穀水又東逕平昌門南、故平門也。又逕明堂北。漢光武中元元年(五六)立。尋其基構、上圓下方、九室重隅十二堂。蔡邕「月令章句」同之。故引水於其下爲辟雍也。」

(39)　後漢雒陽の明堂の考古学的研究は、王世仁前掲書『中国古建探微』「明堂形制初探」、三九〜五七頁を参照。また詳細な報告書に、中国社会科学院考古研究所前掲書『漢魏洛陽故城南郊礼制建築遺址一九六二〜一九九二年考古発掘報告』がある。

(40)　「四維」を「東南・西南・東北・西北」とするのは、『淮南子』巻三、天文訓(北京、中華書局、『新編諸子集成』劉文典『淮南鴻烈集解』本、一九八九年、一一〇、一二九頁)に、「帝張四維、運之以斗、月徙一辰、復反其所。……日冬至、日出東南維、入西南維、……夏至日出東北維、入西北維。」とあるに依る。

(41)　〔曹魏〕王粛「孔子家語序」(『孔子家語』巻首)、「鄭氏學行五十載矣。自粛成童始志于學、而學鄭氏學矣。」

第三章　南朝宋時代　伝統と新天地での革新

序

南朝宋《なんちょうそう》時代(四二〇～四七九)は、礼制面では漢代以来の中原的伝統を曳きずる東晋王朝と比較的自由で独自の文化を開花させた斉梁《せいりょう》両朝との狭間にあって、試行錯誤を繰り返す過渡期の時代であった。中原恢復を至上命題として建康《けんこう》(今の南京《なんきん》)を臨時首都以上に見ない東晋王朝は、その地における宇宙論的中心を象徴する礼制建築の建設に熱心ではなかった。とりわけ経学上の問題から漢代以来紛糾を極めた明堂は、東晋時代造営されることはなかった。[1]

建康に明堂が創建されたのは、実に劉宋も第四代皇帝世祖《せいそ》孝武《こうぶ》帝《てい》(劉駿《りゅうしゅん》、在位四五三～四六四)の時代になってからである。この劉宋明堂(図9)で奏でられる祭祀歌(明堂歌)の創作は、陳郡陽夏の謝氏の一員である謝荘《しゃそう》(四二一～四六六)に委ねられた。魏晋南北朝時代きっての名家である謝氏一族の中でも謝荘は、抜群の才能を文学や音楽の藝術分野に有しており、彼の作製した「明堂歌」は技巧の限りを尽した傑作となる。[2]

本章では、南朝宋時代における明堂創建に関する論議と謝荘の作製した「明堂歌」とを検討し、当時の明堂とその祭祀対象との概要について解明する。

第一節　明堂の創建

南朝宋時代において明堂が建てられたのは、『南史《なんし》』に「(宋の大明《たいめい》五年)五月、明堂を国学の南丙巳(南東)の地に起工した。」(3)と記されるように、孝武帝の大明五年(四六一)五月のことであり、それは同年四月庚子(十四日)に発せられた詔勅による。『宋書』礼志三は次のように記す。

孝武大明五年四月庚子、詔に曰く、「昔文王の徳が周にあった頃、明堂は尊崇されて祀られた。高祖が明堂に配された漢代には、明堂の置かれた汶邑は尊重された。明堂で神霊が間違いなく祀られ、月令が正しく行われたのは、高名の者が第一とされ、世人を救う名声が高かったからである。朕の皇考〈父〉である太祖文皇帝《ぶんこうてい》(劉義隆《りゅうぎりゅう》、在位四二四〜四五三)は、功徳は洞元〈天界〉に輝き、聖霊は世俗をよく治め、国内は国都の四門に恭しく諸侯を迎え、仁徳は万民を救い、八方の地の果てにまで国境を拡大し、威厳は異民族を静め、南越、西戎をも支配した。礼を制定して農業の根本を興し、音楽を奏でて四季のめぐりを協調した。功績は書き尽くせないほどであり、すばらしい臣下を表彰して盛徳の模範を尽くした。帝訓は深く農を勧め、帝政は高く刑罰を止めたので、万物が通達して百神が祝福した。動作が上は天の法則に調和し、下は地の徳に沿った。故に天の神神は、感動して祥瑞を増やし、諸侯は道を守って、河も海も波立たなかった。朕は仰いでは先帝の大業に依り従い、帝位に即いては万民を子とした。皇天は神助を降し、まもなく一紀〈十二年〉になろうとしている。先帝の善徳を捧げ揚げ、永遠に伝えてゆくために、周代の経典を詳しく研究し、明堂を営もうと考えた。先帝の神霊を宗祀し、上帝に配享すれば、誠敬を展開することができ、神霊の世界と人間の世界をともに秩序あらしめ、永遠を心に懐き、先帝の崩御

に沈む心を感動させ先帝の神霊を思慕するようになるであろう。」(4)

宋孝武大明五年四月庚子、詔曰、「昔文徳在周、明堂崇祀、高烈惟漢、汶邑斯尊。所以職祭罔奮、氣令斯正、鴻名稱首、濟世飛聲。朕皇考太祖文皇帝功耀洞元、聖靈昭俗、內穆四門、仁濟羣品、外薄八荒、威憺殊俗、南腦勁越、西髓剛戎。裁禮興稼穡之根、張樂協四氣之紀。匡飾墳序、引無題之外、旌延寶臣、盡盛德之範。訓深劭農、政高刑厝。萬物棣通、百神薦祉。動協天度、下沿地德。故精緯上靈、動殖下瑞、諸侯軌道、河溓海夷。朕仰憑洪烈、入子萬姓、皇天降祐、迄將一紀。思奉揚休德、永播無窮、便可詳考姬典、經始明堂。宗祀先靈、式配上帝、誠敬克展、幽顯咸秩、惟懷永遠、感慕崩心。」

孝武帝の詔勅は明堂創建の理念を述べたものである。すなわち、自己の父である太祖文帝が高い功徳を有し、天地の意思に沿った政治を行って調和ある社会を実現したことを称揚し、その偉業を継承して無窮に伝えてゆく為に、明堂を創建して、先帝の神霊を宗祀して上帝に配し、誠敬を示して神神や神霊の世界と現実の世界両方を秩序づけると宣言する。

この詔書を受けて有司は、歴代、明堂の制度には絶対的に依拠できる原則はなく、文献も学者たちの意見もまちまちであると弁解した上で、鄭玄の経典注と裴頠の「一屋之論」とを準則としたプランを提示する。すなわち、明堂は国学の南東の方角に建設する。建物の大きさは太廟に準拠して十二間として一年十二箇月の数に対応させる。漢の泰山汶上の明堂の見取図に依拠して「五帝」の座位を設置して太祖文皇帝を対饗させる。昊天上帝の祭祀よりはランクは下がるけれども、三載恭祀(三年に一度明堂の祭祀と南郊の祭祀を同日に行うこと)に至っては配帝のランクに違いがあってよい道理は無い。南郊から明堂に行き、同じ日に祭祀を行うべし。『礼記』郊特牲篇に依れば郊祭には特牲を用い、『毛詩』我将は明堂では羊や牛が祭祀に用いられると謡う。郊には火を使う燔柴《はんさい》の儀式があるが、明堂にはかがり火を焚いて煙をあげる儀式は無く、鼎俎彝簋《ていそいき》といった祭器はすべて太廟の儀礼と同様にする。

以上のプランを発表した有司は、役人を総動員し、用材を集め工人を選抜し、臨時に起部尚書を置き、将作大匠は、資材調達工程計画を担当し、今秋中に完成させる、と約束して上奏文を終える。

こうして建立された、南朝最初の明堂は、鄭玄の経典注に依拠したのは、明堂と太廟とが同一の制度であることと、明堂の位置が国の南だということくらいで(5)、他はほぼ裴頠の「一屋之論」に依拠したのである。その結果、劉宋の明堂は巨大な殿屋だけとなり、漢代の明堂のような象徴数を備えた部品を纏うことはなかった(6)。

南朝劉宋建康明堂は構造的には、中原の長安、洛陽の伝統とは完全に決別したのである。『宋書』礼志は、この明堂が備えない伝統的制度として、三十六戸・七十二牖だけを記すが、上円下方の観念も放棄されたのである。このことは、特記して記憶に留めておかねばならない。

第二節　明堂の祭祀

大明五年の秋九月には次のような上奏が為され、曖昧なままであった明堂儀礼の細部が検討される。

大明五年九月甲子(十一日)、有司の奏上、「南郊の祭祀は三頭の牛を用います。太廟の四時の祭祀は六室で二頭の牛を用います。明堂が創建され、五帝を祭祀し、太祖文皇帝を配しますが、祭祀には何頭の牛を用いるのでしょうか。」

太学博士司馬興之《たいがくはくししばこうし》の議、「鄭玄は『礼記』大伝篇に注して、『『孝経』に『后稷を郊祀して天に配する』と言うのは、霊威仰に配することだ。『文王を明堂に宗祀して上帝に配する』と言うのは、五帝に配することだ。」と述べます。そもそも五帝は方位を司り、位置は異なりますが功徳は同じですから、犠牲の数に差降〈等級により逓減すること〉がある道理はありません。太祖文皇帝はその身は天地となられたので、道は天地を兼ね、万物を支配されたので、化育は四季に広く及んでいます。祖宗《そそう》の称号は、無窮の美を顕彰するのに十分ではなく、金石の楽器で奏でる音楽は、勲功の盛んなる様を宣揚するには至りません。故に明堂の創建は、聖心が天頂を明るく照らした証であり、宗廟全体で二頭の牛が用いられたのは、前代の儒学者が礼の実情を理解した証です。愚考しますに、六頭の牛を用いるのが宜しかろうと存じます。」

博士虞龢《ぐわ》の議、「祭祀される帝の名称は五帝ですが、生み出される実体は常に一つです。五徳之帝は、順番に停止期と活動期があり、それぞれに管轄があるので、明堂には五室あるのです。宗祀で主とするものは、必ずその活動期に合わせて配饗します。主神に一頭、配帝に一頭、合せて二頭の牛を用いて下さい。」

祠部郎《しぶろう》顔奐《がんかん》の議、「明堂の祭祀の定義は、五帝を一つの単語としています。帝は五と言っても、犠牲の数は、郊祭・廟祀を上回ってはなりません。どうか二頭の牛を用いて下さい。[7]」

大明五年九月甲子、有司奏、南郊祭用三牛。廟四時祠六室用二牛。明堂肇建、祠五帝、太祖文皇帝配、未詳祭用幾牛。

太學博士司馬興之議、案鄭玄注『禮記』大傳稱、「『孝經』「郊祀后稷以配天」、配靈威仰也。「宗祀文王於明堂」、以配上帝、配五帝也。」夫五帝司方、位殊功一、牲牢之用、理無差降。太祖文皇帝躬成天地、則道兼覆載、左右羣生、則化洽四氣。祖宗之稱、不足彰無窮之美、金石之音、未能播動烈之盛。故明堂聿修、聖心所以昭玄極、汎配宗廟、先儒所以得禮情。愚管所見、謂宜用六牛。

博士虞龢議、祀帝之名雖五、而所生之實常一。五德之帝、迭有休王、各有所司、故有五室。宗祀所主、要隨其

図 9　南朝(劉宋)の明堂遺跡出土の銘文磚　左「大明五年明堂壁」　右「大明五年六月二十日」(賀雲翺・路侃「南京発現南朝“明堂”磚及其学術意義初探『東南文化』2006 年第 4 期)

王而饗焉。主一配一、合用二牛。

祠部郎顔奐議、祀之爲義、竝五帝以爲言。帝雖云五、牲牢之用、謂不應過郊祭廟祀。宜用二牛。

大明五年四月の有司上奏で、明堂には五帝を祀り、太祖文皇帝を配祀すること、犠牲には羊牛を用いることは決定していた。ここでは犠牲の牛の数が問われる。南郊の祭祀には三頭の牛を用い、太廟の四時の祭祀には六室で二頭の牛を用いる。それでは明堂の祭祀には何頭の牛を用いるべきなのか。

太学博士司馬興之の回答は六頭の牛を用いるべしという驚くべきものであった。『礼記』大伝篇の鄭玄注に依拠して「五帝」を霊威仰等の太微五帝と解釈し、配享される文帝と併せて各個に牛一頭ずつ合計六頭の牛を用いよと言うのだ。文帝は「万物が通達して百神が祝福した。動作は天の法則に調和し、下は地の徳に沿った。」(大明五年四月詔勅)、「その身は天地となられたので、道は天地を兼ね、万物を支配されたので、化育は四季に広く及んでいます。」(大明五年九月司馬興之議)と称される卓越した帝王であり、その文帝の偉大さを誇示するためにも、郊祭に供される犠牲の牛の数を倍する六頭の牛なる数が望まれたのであろう。

博士虞龢の回答は二頭の牛であった。五帝といっても五帝が同時に活動しているわけではない。五帝が順番に活動期に入り、一帝が活動している間は他の四帝は休止期なのである。したがって、祭祀に当っては、その中の活動期に入っている帝に対して文帝を配し、各牛一頭計二頭の牛を捧げるのである。

祠部郎顔奐の意見も二頭の牛である。五帝と総称して呼んでいるのだから、五帝で一組である。郊祭の三頭の牛、廟祀の二頭の牛を越えるほど明堂における五帝祭祀を過大評価せずともよく、二頭の牛で十分だと判断したのである。

第三節　明堂の五帝

大明六年(四六二)正月辛卯(十日)、いよいよ南朝宋王朝の明堂は運用に供される。『宋書』『南史』は次のように記す。

六年春正月……辛卯、皇帝は自ら南郊の祭祀を行った。この日にまた、明堂の祭祀を行い、天下に大赦を行った。(8)

六年春正月……辛卯、車駕親祠南郊。是日、又宗祀明堂、大赦天下。

六年正月、南郊から帰ると、世祖(孝武帝)は自ら明堂を奉じて、五時之帝を祭祀し、文皇帝を配した。これは鄭玄の学説を採用したのである。官にその注が有る。(9)

六年正月、南郊還、世祖親奉明堂、祠祭五時之帝、以文皇帝配。是用鄭玄議也。官有其注。

六年春正月辛卯、南郊の祭祀を行った。この日にまた、文皇帝を明堂に祭祀し、上帝に配した。大赦を行った。(10)

六年春正月辛卯、祀南郊。是日、又宗祀文皇帝于明堂、以配上帝。大赦。

右の三条に共通する史実は、大明六年正月・孝武帝が・南郊祭祀の後・(ひきつづいて)明堂を宗祀したことである。注意すべきは、祭祀対象が『宋書』礼志では「五時之帝」、『南史』宋本紀では「上帝」となっていることと『宋書』礼志の「これは鄭玄の学説を採用したのである。官にその注が有る。」という箇所である。

「上帝」が「五帝」なのは大明五年四月有司奏で了解済みであるが、「五帝」即ち「五時之帝」とするのは、なるほど鄭玄の学説を採用して始めて言えることである。「官にその注が有る《官有其注》」とは「学官に鄭玄注がある」の意でなく、「公文書館にそのときの注〈儀注、マニュアルのこと〉が残っている」と解釈すべきであろう。とすれば宋王朝は明堂祭祀儀礼については鄭玄説を受容したのだ。

ここで鄭玄の説を再確認しておこう[11]。前節で見た司馬興之の議にも見える『礼記』大伝篇の経文及び鄭玄注は正確には、次の通りである。

経文「礼。王でなければ禘の祭祀はしない。王者はその祖先の出自するものを禘祭し、その祖先を配する。」

鄭玄注、「一般に大祭を禘と言う。……王朝の先祖の大本を大いに祭るとは、天を郊祀するという意味である。王者の先祖は、みな太微五帝の精に感応して誕生する。蒼帝は霊威仰、赤帝は赤熛怒、黄帝は含枢紐、白帝は白招拒、黒帝は汁光紀である。みな夏暦の正月にその王朝の感生帝を郊祭する。蓋し特に尊重するからだ。『孝経』(聖治章)に「后稷を郊祀し天に配食する」と言うのは、霊威仰に配食するのだ。「文王を明堂に宗祀し上帝に配食する」と言うのは、五帝に汎く配食するのだ[12]。」

禮。不王不禘。王者禘其祖之所自出、以其祖配之。

鄭玄注、「凡大祭曰禘。……大祭其先祖所由生、謂郊祀天也。王者之先祖、皆感大微五帝之精以生。蒼則靈威仰、赤則赤熛怒、黄則含樞紐、白則白招拒、黑則汁光紀。皆用正歳之正月郊祭之。蓋特尊焉。『孝經』曰、「郊祀后稷、以配天」、配靈威仰也。「宗祀文王於明堂、以配上帝」、汎配五帝也。」

ここで太微五帝について検討しよう。そもそも太微とは星座の名である。『史記』天官書では南宮朱鳥星座の中にあり、「三光〈日・月・五惑星〉の廷」だとされる。また同書では南宮朱鳥には別に六星からなる諸侯星座があり、その中の五星を五帝坐だとする。(13)

太微を「五帝の廷」とするのは後漢の張衡である。その著の『霊憲《れいけん》』には

地には山嶽があって、その気を宣布し、その地気の精種が星となる。星なるものは地上で体を生じ、天で精を成長させ、天空で列をなし交叉して、集団を形成する。紫宮は皇極の居所であり、太微は五帝の朝廷だ。明堂は房の星座がそれであるが、五帝は大角の星座に席があり、天市の星座に坐がある。(14)

地有山嶽、以宣其氣、精種爲星。星也者、體生於地、精成於天、列居錯跱、各有逌屬。紫宮爲皇極之居、太微爲五帝之廷。明堂之房、大角有席、天市有坐。

とある。太微、五帝、明堂が登場し、太微は五帝の朝廷とされ、五帝の席や坐の星座もある。皇極はおそらく天皇大帝であり、房の星座にある明堂も五帝の活動拠点として書き込まれているのであろうが、霊威仰等の名は見えない。しかし、『史記』天官書に較べて、かなり五帝に対する関心が高まってきた様子が窺える。

鄭玄に先立って霊威仰等の名が見えるのは緯書である。一例を挙げれば、『春秋緯文耀鉤《ぶんようこう》』には、「太微宮に五帝坐星がある。蒼帝はその名を霊威仰と言い、赤帝は赤熛怒と言い、黄帝は含枢紐と言い、白帝は白招拒と言い、黒帝は汁光紀と言う。(15)」と記される。

また、『晋書』天文志上は、西晋の武帝の頃に太史令陳卓《ちんたく》の整理した記録に基づいて次の様に記す。(16)

①中宮。北極五星と鉤陳六星とはみな、紫宮の中にある。北極は、北辰の最も尊い星である。その結び目の星は、天の枢軸である。天の運行は窮まりなく、三光は交替で輝くが、極星は移動しない。それ故に「その場所に居て衆星がその周りを廻る」(『論語』為政篇)と言うのだ。第一星は月を司る。太子である。第二星は日を司る。帝王であり、また太乙神の坐でもある。最も赤く明るい星を言うのである。……鉤陳は、後宮である。天皇大帝の正妃であり、天皇大帝の常居である。……鉤陳の口の中の一つの星を天皇大帝と言い、その神を耀魄寶と言う。万《よろず》の神霊を統御し、万の神の図を取り扱うことを司る。……大帝の上の九星を華蓋と言う。天皇大帝の坐を覆い隠すためのものである。……華蓋の下の五星を五帝内坐と言う。序列を為して天皇大帝の居所に伺候するのである。……

②紫宮の垣〈城壁〉の十五の星は、その西蕃が七つ、東蕃が八つであり、北斗の北に在る。紫微とも言い、天皇大帝の坐であり、天子の常居である。……

③太微は、天子の庭であり、五帝の坐である。……

④太微の西南の角の外れにある三つの星を明堂と言い、天子が政治を行う宮殿である。明堂の西にある三つの星を霊台と言う。観象台であり、雲気を観察し、瑞祥を察知し、災変を占うのである。……

⑤黄帝の坐は太微の中に在る。含枢紐の神である。天子は動作すれば天の法則に適い、止まれば地の意思に適い、落ち着き払って道に適中すれば、太微五帝の坐は明るく光輝く。……四帝の星は黄帝の坐を取り囲む。東方の蒼帝は、霊威仰の神である。南方の赤帝は、赤熛怒の神である。西方の白帝は、白招矩(拒)の神である。北方の黒帝は、叶(汁)光紀の神である。[17]

①北極五星、鉤陳六星、皆在紫宮中。北極、北辰最尊者也、其紐星、天之樞也。天運無窮、三光迭耀、而極星

不移、故曰「居其所而衆星共之」。第一星主月、太子也。第二星主日、帝王也、亦太乙之坐、謂最赤明者也。……鉤陳、後宮也、大帝之正妃也、大帝之常居也。……鉤陳口中一星曰天皇大帝、其神曰耀魄寶、主御羣靈、執萬神圖。……大帝上九星曰華蓋、所以覆蔽大帝之坐也。……華蓋下五星曰五帝內坐、設敍順帝所居也。……

②紫宮垣十五星、其西蕃七、東蕃八、在北斗北。一曰紫微、大帝之坐也、天子之常居也。……

③太微、天子庭也、五帝之坐也。……

④其西南角外三星曰明堂、天子布政之宮。明堂西三星曰靈臺。觀臺也、主觀雲物、察符瑞、候災變也。……

⑤黃帝坐在太微中、含樞紐之神也。天子動得天度、止得地意、從容中道、則太微五帝坐明以光。……四帝星俠黃帝坐、東方蒼帝、靈威仰之神也、南方赤帝、赤熛怒之神也、西方白帝、白招矩之神也、北方黑帝、叶光紀之神也。

陳卓は「甘(徳)・石(申夫)・巫咸《ふかん》三家が著作した『星図』を総合して、合計二百八十三官、一千四百六十四星を、陳定準とした。[18]」と言う。甘徳《かんとく》は戦国時代の斉の人、石申夫《せきしんぷ》は戦国時代の魏の人、巫咸は殷の天文官と言われるが、陳卓の『星図』において緯書の影響が濃厚であるのに疑問の余地はない。緯書の描き出す具体的なイメージは、それを深く信奉した鄭玄の権威もあって、魏晋時代の中国人の宇宙観に定着したと思われる。南朝宋時代孝武帝期に明堂を創建するに当たり、前提とされたのは、このような世界観や宇宙イメージであったのだ。大明五年九月甲子の太学博士司馬興之たちの議論は、この事実を踏まえて検討されなくてはならない。

なお、右の『晋書』天文志の第五段落の「動作すれば天の法則に適い、止まれば地の意思に適い《動得天度、止得地意》」の二句が大明五年四月詔書中の二句「動作が上は天の法則に調和し、下は地の徳に沿う《動協天度、下沿地徳》」に酷似していることを指摘しておきたい。「天子は動作すれば天の法則に適い、止まれば地の意思に適い、落ち着き払って道に適中すれば、太微五帝の坐は明るく光輝く。」、晋の太史令陳卓の『星図』にあるこの一節を踏まえているからには、やはり宋の明堂は創建時から霊威仰等の太微五帝を祭祀する場として想定されていたと見なしてよかろう。

第四節　「明堂歌」の構成

孝武帝は明堂創建時に、謝荘に命じて、明堂祭祀に使用する祭祀の歌である「明堂歌」を作製させた。その歌詞の全文は、『宋書』楽《がく》志二に収載される。引用すれば次の通りである。

「宋明堂歌」　謝荘作詞

大地を天とをつなぐ紐である八紘は静謐のままだが、天の門の軸は回転した。華蓋の星星が動き、紫微垣の星座がその門を開いた。降り来たる天帝の神の車列は、旌指物が太陽を覆い隠すほどであり、車は雲のようである。天神の車列は六気〈陰陽風雨晦明〉に駕し、絪縕たる気に乗る。天神の降臨を承けて皇帝の京城はかがやき、天子の首都はかがやく。その地へと王朝の聖祖の神明が降り、五帝の神霊が集い来たる。瑶玉の戺《い》〈閾《しきい》〉を構え、珠の簾が聳える。天漢が車の幌に触れ、月が軒先に当たる。地上では舞がいつまでも続き、鍾石の音楽が行き渡る。天神の降臨の車列は、流れ星をも駐留させ、吹きすさぶ風をも塞ぐ。地上では、供物を捧げる粢盛《しせい》の儀式を盛大にし、純色全身の犠牲をきれいに清める。天下の諸侯は粛然と礼を献じ、役人達も敬虔とする。聖祖の皇徳は永遠で、子孫たちの大孝は昌盛を極める。それらは地下の死者の世界である九幽をも貫き、天上の日月五星の三光さえも貫きさす。神霊たちは安らぎ、玉の鑾駕《らんが》を止める。地上に大福至り、万戸の住民が歓喜する。

右は迎神歌の詩。漢の「郊祀歌」迎神〈練時日〉の体に依る。三言、四句一転韻(19)。

辟雍霊台は朔日を明らかにし、明堂は吉日を選ぶ。斎戒の火は夕べに照り、明堂辟雍は朝日に並び輝く。六種の珊瑚は室を飾り、八佾の舞楽は庭を華かにする。昭かに先帝聖主に事え、天に上った神霊を思って涙する。古楽の『肆夏』にて敬しみ、升歌にて徳音を発す。偉大なる基業を永久のものとし、万国を平和にしよう。

右は登歌の詞。　　旧体の四言詩。

偉大なる天に、聖祖は則る。万民に君臨し、天下を支配した。国内は八輔〈九州の周辺八州〉を慈しみ、国外は四海まで教化した。明堂の茅葺き屋根を仰ぎ、霊台に旗を希う。明堂の二重の殿は日光を留め、二重のひさしは風を結ぶ。刮楹《かつえい》〈磨いた柱〉は緯〈惑星〉に接し、達嚮〈正しい方角に向いた窓〉は虹を承ける。鐘鼓を懸掛する木架を、王庭に設ける。祭天の儀式を始めて、先帝の神霊を配することができた。私が奉じ享祭を行うのは、孟春のこの時である。先帝に孝敬を尽くして、我が烝民に安穏をもたらそう。

右は太祖文皇を歌う帝詞。　　『詩経』周頌の文体に依る。

参星《しんせい》は夕べに映え、四頭立ての馬車は朝日に照らされる。青帝の霊は震《しん》の卦に乗り、青と春とを司る。雁は将に向かおうとし、桐は始めて花を付ける。柔風は舞うも、暄光は遅いが、萌動の時となり、万物が一新される。際限なく潤沢となろう。

右は青帝を歌う詞。　　三言、木数に依る。

龍精が初めて大火中に見えると、太陽が北至して圭と影とが同じになる。赤帝は離《り》の卦の位置にあって実に衡《こう》を司り、雨水が降り始めて木槿が繁茂する。万物が成長してみな繁栄し、恩沢は四海に及び九州を覆う。

右は赤帝を歌う辞。　　七言、火数に依る。

履《り》の卦は宅を中央に建て、縄を司って四方を統御する。寒暖を巧みに制御し、寒暑を上手に管理する。景麗の条を結ぶことができ、霜明の氷を折ることができる。南風は赤い星を扇ぎ、白雲は中秋節の頃に流れる。分至〈春分秋分夏至冬至〉は結晷《き》〈日時計〉に乗じ、啓閉〈立春立夏立秋立冬〉は恒度〈物差し〉に集まる。黄帝が万物を把握し、我が皇祖の神霊は国運を澄み渡らせる。

右は黄帝を歌う辞。　五言、土数に依る。

百川鏡の如く穏やかで、天地は清爽にして澄明である。雲の沖気が挙がり、白帝の徳が盛んである。木木は落葉し始め、洞庭湖に波が立ち始める。月光は地に届き、翻霜は懸河を照らす。人民が収穫期を迎え、一年の収穫を行って安寧でありたいと願う。辟雍が水を湛え、明堂の屋宇が秋の神霊を待ち受ける。

右は白帝を歌う辞。　九言、金数に依る。

歳すでにおそく、太陽は駆け足で暮れゆく。黒帝の神霊は坎《かん》の卦に乗じ、徳は規《き》を司る。玄雲合し、空の鳥の通い路を暗くする。白雲繁り、天の涯まで広がる。雷が雷鳴が地上に轟くも、時はいまだ光らず。国の典章制度を整え、水陸の要所を閉鎖する。四季が順調に推移すると、万物は落ち着く。九州を福にし、八方の神を幸いにする。朝は日時計の動きを促進し、夕方は水時計の動きを延長する。太陰極まり、微陽は延びる。鵲が巣作り始める時には、氷はもう解けている。気は水を濡し、風は泉を動かす。

右は黒帝を歌う辞。　六言、水数に依る。

礼儀を積み重ね、音楽法度が後に残る。五帝の神霊は名残を惜しむも、日は暮れようとする。九重の天を開き、五達〈四方と中央〉を粛正する。五帝の車を牽く鳳は隊列を組みだし、龍は秣を食べ終わった。雲はすでに動き、天の河は橋が架かった。天への万里の道は照らし出され、東南西北の四方の空は香る。五帝の神の車は、天の都に帰るのだ。北斗七星の琁星の庭は寂寞とし、玉衡の宮殿は空虚だろう。先帝の教化が凝集し、孝心の風が盛んになる。五帝の神霊の心を顧みて、我が皇祖の意思を結ぼう。

右は送神歌の辞。漢の『郊祀』送神の文体に倣い、やはり三言。

地紐謐、乾樞回。華蓋動、紫微開。旌蔽日、車若雲。駕六氣、乘絪縕。曄帝京、煇天邑。聖祖降、五靈集。構瑤戺、聳珠簾。漢拂幌、月棲檐。舞綴暢、鍾石融。駐飛景、鬱行風。懋粢盛、潔牲牷。百禮肅、羣司虔。皇德遠、大孝昌。貫九幽、洞三光。神之安、解玉鑾。景福至、萬宇歡。右迎神歌詩。依漢郊祀迎神、三言、四句一轉韻。

雍臺辨朔、澤宮練辰。潔火夕照、明水朝陳。六瑚賁室、八羽華庭。昭事先聖、懷濡上靈。肆夏式敬、升歌發德。永固鴻基、以綏萬國。右登歌詞。舊四言。

維天爲大、維聖祖是則。辰居萬宇、綴旒下國。內靈八輔、外光四瀛。蒿宮仰蓋、日館希旌。複殿留景、重檐結風。刮楹接緯、達嚮承虹。設業設虡、在王庭。肇禋祀、克配乎靈。我將我享、維孟之春。以孝以敬、以立我烝民。右歌太祖文皇帝詞。依周頌體。

參映夕、駟照晨。靈乘震、司青春。雁將向、桐始蕤。柔風舞、暄光遲。萌動達、萬品新。潤無際、澤無垠。右歌青帝詞。三言、依木數。

龍精初見大火中。朱光北至圭景同。帝位在離實司衡。水雨方降木槿榮。庶物盛長咸殷阜。恩覃四溟被九有。右歌赤帝辭。七言、依火數。

履建宅中宇。司繩御四方。裁化遍寒燠。布政周炎涼。景麗條可結。霜明冰可折。凱風扇朱辰。白雲流素節。分至乘結晷。啟閉集恆度。帝運緝萬有。皇靈澄國步。右歌黃帝辭。五言、依土數。

百川如鏡、天地爽且明。雲沖氣舉、德盛在素精。木葉初下、洞庭始揚波。夜光徹地、翻霜照懸河。庶類收成、歲功行欲寧。浹地奉渥、罄宇承秋靈。右歌白帝辭。九言、依金數。

歳既晏、日方馳。靈乘坎、德司規。玄雲合、晦鳥路。白雲繁、亘天涯。雷在地、時未光。飭國典、閉關梁。四節遍、萬物殿。福九域、祚八鄉。晨晷促、夕漏延。太陰極、微陽宣。鵲將巣、冰已解。氣濡水、風動泉。右歌黑帝辭。六言、依水數。

蘊禮容、餘樂度。靈方留、景欲暮。開九重、肅五達。鳳參差、龍已秣。雲既動、河既梁。萬里照、四空香。神之車、歸淸都。琁庭寂、玉殿虛。睿化凝、孝風熾。顧靈心、結皇思。右送神歌辭。漢郊祀送神、亦三言。

『宋書』楽志は右の通りに歌詞の本文を収載するだけで、それ以上の説明はない。しかしながら、「迎神歌詩―(皇帝)登歌詞―歌太祖文皇帝詞―歌青帝詞―歌赤帝辞―歌黄帝辞―歌白帝辞―歌黒帝辞―送神歌辞」という配列は、「明堂に神を迎え、皇帝が出迎えに(明堂に)登り、配祀する皇祖を紹介し、お迎えした神神(五帝)を歓待し、そしてお見送りする」というきわめてスムーズな一連の流れを構成している。実際の明堂の祭祀儀式がこの順序で行われたと見て大過無いだろう。

この「明堂歌」は、宋代のみならず南朝を代表する詩人である謝荘の製作に係る極めてユニークな作品である。歌詞の内容の検討に入る前に、その独創的な形式に言及しておこう。意味を重んじて試みた現代語訳では分からないが、原文を一見すれば分かるように、謝荘の「明堂歌」は歌ごとに句数や一句あたりの字数が異なる。字数の根拠は題名に添えられた「三言、木数」「七言、火数」等の詞書きから推測できる通り、基本的には五行説にある。しかしながら、五行説だけでは説明できない規則性があり、謎解きは容易ではない。『南斉書《なんせいしょ》』楽志で試みられた解釈は次の通りである。

謝荘は「明堂歌」の歌辞を造るに当り、木は三、火は七、土は五、金は九、水は六の数を、五行の基本数として採用した。だが、ここで困惑するのは、『尚書』鴻範篇では、五行の数ということで言えば、木は三、火は二、土は五、金は四、水は一、である。『礼記』月令篇では、四時各自に「其数某」として与えられる数は、木は八、火は七、土は五、金は九、水は六、である。蔡邕は、「東方には木三土五があるから、数は八、南方には火二土五があるから、数は七、西方には金四土五があるから、数は九、北方には水一土五があるから、数は六である。」と言う。納音〈音による占いの一種〉の数は、木は九、火は三、土は一、金は七、水は五、である。謝荘の歌では木は三だから、鴻範の木三に依っているとすれば、あとの三行は水一火二金四でなければならないのに、実際は水六火七金九で一致しない。月令の金九水六に依るのだとすれば、あとの二行は、木八火七であるべきなのに、実際は火七だが木は三なのである。

鴻範の一、二ではそれで歌辞を造った場合、一句あたりの言葉が短すぎて文に十分な意味を込められない。だから、取捨選択したのだろうが、鴻範・月令いずれの論理ともずれてしまっている。謝荘の、五行の数を一句当たりの言葉の数とする、という発想が何に基づいているのか、よく分からない(20)。

荘依五行數、木數用三、火數用七、土數用五、金數用九、水數用六。案鴻範五行、「一曰水、二曰火、三曰木、四曰金、五曰土。」月令「木數八、火數七、土數五、金數九、水數六。」蔡邕云、「東方有木三土五、故數八、南方有火二土五、故數七、西方有金四土五、故數九、北方有水一土五、故數六。」又納音數、「一言得土、三言得火、五言得水、七言得金、九言得木。」若依鴻範木數用三、則應水一火二金四也。若依月令金九水六、則應木八火七也。當以鴻範一二之數、言不成文、故有取捨、而使兩義竝違。未詳以數立言爲何依據也。

『南斉書』楽志の撰者である梁の蕭子顕《しょうしけん》(四八九〜五三七)は頭を抱えてしまったようだが、解決のヒントは『礼記』月令篇の「其数八」の鄭玄注「数とは五行の輔佐であり、天地が物を生み、物を成す次序である。『周易』説卦伝に曰く、「天一地二天三地四天五地六天七地八天九地十」と。そして五行は水から始まる。火がそれに次ぎ、木がそれに次ぎ、金がそれに次ぎ、土が最後である。木は生数が三で、成数が八である。孟春の数を挙げて八を言うのは、其の成数を挙げたのだ。[21]」である。

すなわち、五行の数には「生数」と「成数」との二つがあるのだ。月令各項の鄭注をまとめれば、木は生数三成数八、火は生数二成数七、土は生数五成数十、金は生数四成数九、水は生数一成数六、である。[22]鴻範の「木は三、火は二、土は五、金は四、水は一」と言うのは、五行の生数を挙げたものであり、月令の「木は八、火は七、土は五、金は九、水は六」と言うのは、成数を挙げたものなのである。ただし、月令では例外に土がある。成数十でなく、生数五を挙げるのだ。その理由を鄭玄は「土は生数五成数十である。ここで五と言うのは、土は生を本領とするからだ。」と説明する。[23]

謝荘は基本的に成数の数を五行の数とする月令に依拠していると思われる。それでは、なぜ木をも生数に改変したのだろうか。おそらく、土の数に関して月令が生数の五を挙げたことを鄭玄が、土は生成を本領とするが故に生数を挙げた、と解釈するのと同様の見識があったのだろう。木は五行相生説では五行の始まりの行である。また、「木は春であり、春は生をつかさどる。」(『春秋繁露《しゅんじゅうはんろ》』五行対[24])とあるように、木は四季の始まりの春も象徴しており、春は生成を主宰するのだから、その五行の数は成数八ではなく、生数三を挙げる方がむしろ適切である。そのように謝荘は考えたのであろう。

第五節　「明堂歌」の神神

「明堂歌」の歌詞内容の検討に入ろう。『宋書』楽志の構成通り見てゆくと、明堂で歌われるのは、まず「迎神歌」

である。この歌に描出された、天界の紫微垣の開門、天帝の車列の出座、天界から地上に降臨するその様など、一見して『晋書』天文志の記述と符合する箇所の多いことに気づくであろう。華蓋の下五星は「五帝内座(五帝のくつろぎの場所、太微の五帝座は別物で執務の場所である。)」であり、紫微は天皇大帝の坐である。五帝の車は、五車と呼ばれる車庫に停められている。この星座は「天子が霊台の礼を得れば則ち明るく平常を保つ[25]」のである。霊台は明堂と一体の関係にある礼制建築物である。歌はまた、地上における歓迎の様子、天帝の神霊と宋王朝の聖祖の神明とが無事に地上へ到着した様子を活写する。

「迎神歌」の次に歌われるのは、皇帝が明堂に昇る際に使われる「登歌」と呼ばれる歌である。明堂での祭祀儀礼の荘厳さを高める歌詞である[26]。

次は配享する太祖文皇帝を歌う。専ら文帝の業績の偉大さを宇宙論的スケールで象徴的に表現している。

ついで青帝を始めとする五帝を歌う詞が列挙される。それらの形式が独創的なのは前節で見た。五行説に基づいて、成数・生数を一句あたりの文字数とするのだ。だから青帝以下の五帝は当然五行の帝(神)なのである。また、「迎神歌」の世界観・宇宙イメージは『晋書』天文志を髣髴とさせるものであった。ならば、謝荘の「明堂歌」に歌われる五帝は『晋書』天文志に見える太微の五帝すなわち、東方蒼帝霊威仰・南方赤帝赤熛怒・中央黄帝含枢紐・西方白帝白招矩・北方黒帝叶光紀[27]なのであろうか。

謝荘の「明堂歌」の中の歌青帝詞・歌赤帝辞・歌黄帝辞・歌白帝辞・歌黒帝辞に、霊威仰・赤熛怒・含枢紐・白招拒・汁光紀の名は見えない。では、謝荘の五帝は霊威仰たちではないのであろうか。「歌青帝詞」以下の歌詞を検討して、謝荘が青帝以下の五帝を如何なるものと想定しているのかを確認しておこう。

「歌青帝詞」の第三、四句「青帝の霊は震の卦に乗り、青と春とを司る。《靈乘震、司青春。》」、「歌赤帝辞」の第三句「赤帝は離の卦の位置にあって実に衡を司る。《帝位在離實司衡。》」、「歌黒帝辞」の第三、四句[28]の「黒帝の神霊は坎の卦に乗じ、徳は規を司る。《靈乗坎、徳司規。》」にはいずれも『易』の卦「震」「離」「坎」が使われており、五行説ではそれぞれの五行の徳に合致する。[29] もっとも、五帝が五行の神であることは、その歌詞の一句あたり語数がすでに象徴する自明のことである。

注目すべきは、「帝位在離実司衡」の「衡」である。「衡」は星である。北斗七星の第五星、玉衡だというのだ。『史記』天官書「北斗七星、所謂旋・璣・玉衡以斉七政。」の『索隠』に引く緯書『春秋運斗《うんと》枢《すう》』に、「斗は、第一天枢、第二旋、第三璣、第四権、第五衡、第六開陽、第七揺光である[30]」とある。帝(赤帝)は座位が離(南方)にあって衡を司るというのだ。

この句の前の二句「龍精が初めて大火中に見えると、太陽が北至して圭と影とが同じになる。《龍精初見大火中。朱光北至圭景同。》」も、天界の事柄である。「大火」は、『晋書』天文志上「十二次度数」に「氐五度から尾九度に至るまでを大火とする。方位においては卯にある。[31]」とあるように、卯(東)の方角の星(の領域)である。「龍精」が初めて東の空に現れた時、朱光が北至して圭と景とが同じになる。すなわち、真っ赤な太陽が天の最も高い地点に到達して日時計とその影との長さが同じになるというのだ。

「歌黄帝辞」の第九、十句「分至は結晷に乗じ、啓閉は恒度に集まる。《分至乗結晷。啟閉集恆度。》」も、天界の事柄である。分〈春分秋分〉至〈夏至冬至〉が正確な時計で計算され、啓〈立春立夏〉閉〈立秋立冬〉は恒久不変の物差しで測定される。原文に忠実に解釈すれば、日時計が正確であれば分至の方から接近してき、度が恒常であれば啓閉の方から集ってくるのだ。晷や度を使うのは黄帝である。イニシアチブは黄帝の側にあるのである。中央に座位を占め四方を統御するから、四時を支配できるのだ。

謝荘の歌詞に見える五帝は、四時の安定した運行を極めて重視する、五行の神であった。四時の正確な順行が精密な天文観測機器に依拠しているとするのが、謝荘の観念の最大の特徴である。

天文観測機器と言えば、宋代には画期的な盛事があった。渾天儀《こんてんぎ》の建造である。『隋書』天文志は次のように記す。

宋の文帝は元嘉《げんか》十三年(四三六)に、太史に勅命して渾天儀を造らせた。太史令の銭楽之《せんらくし》は、旧説に依拠し、前時代の渾天儀・渾天象《こんてんしょう》を手本にして、銅を鋳造して造った。五分を一度とし、直径六尺八分少、周回一丈八尺二寸六分少である。地は天の内部にあり、不動である。黄赤二道の規、南北二極の規を立て、二十八宿の星座と北斗極星とをぐるりと分布させた。日月五星を黄道上に置いた。これらを棒軸にして天の運動を再現した。昏・明・中の星は、天とぴったり符合した[32]。

> 宋文帝以元嘉十三年、詔太史更造渾儀。太史令銭樂之、依案舊説、采效儀象、鑄銅爲之。五分爲一度、徑六尺八分少、周一丈八尺二寸六分少。地在天内、不動。立黄赤二道之規、南北二極之規、布列二十八宿・北斗極星。置日月五星於黄道上。爲之杠軸、以象天運。昏明中星、與天相符。

銭楽之が鋳造した機器は観測機器である渾天儀でなく、演示用の渾天象である。説明によれば、それは黄赤二道の規と南北二極の規を備えていたが、内部は衡管を欠いていた。研究者の理解では、規とは目盛りの付いた円環、衡は覗いて(実際の)天象を観測する望筒、もしくは渾天象の回転を支えるパイプである。鄭玄は玉衡を玉製の渾天儀だと認識している[33]。右の機器は観測に不可欠な衡を欠いていたために渾天儀ではなく、渾天象だと断定されたのである[34]。元嘉十三年は謝荘十六歳の年である。当時の科学技術の粋を集めて建造されたこの機器が、謝荘の世界観・宇宙イメージに深甚な影響を及ぼしたことは想像に難くない。規や衡はここでは人工の機器の部品であるが、渾天象が宇宙モデルであることを考慮に入れれば、宇宙そのものにも規や衡はあり、規とは黄赤二道と南北二極そのものであり、衡とは鄭玄の説に依拠すれば宇宙そのものである。右の歌詞の中の「司衡」「司規」はあるいはその様な意味で捉えるべきかも知れない。

実は、謝荘の「五帝歌」には典拠がある。五帝五神(五佐)が計測の道具を使って季節を分担統治する観念は、『淮南子』天文訓に始まるが(35)、謝荘の「五帝歌」の直接の典拠と言えるのは、前漢時代の魏相《ぎしょう》(?～前五九)が宣帝に奉った上奏文中に見える、次の文であろう。

東方の神太昊は、震に乗り規を執り春を司る。南方の神炎帝は、離に乗り衡を執り夏を司る。西方の神少昊は、兌に乗り矩を執り秋を司る。北方の神顓頊は、坎に乗り権を執り冬を司る。中央の神黄帝は、坤艮に乗り縄を執り下土を司る。この五帝の司るものは、各々季節があるのだ(36)。

東方之神太昊、乗震執規司春。南方之神炎帝、乗離執衡司夏。西方之神少昊、乗兌執矩司秋。北方之神顓頊、乗坎執權司冬。中央之神黄帝、乗坤艮執縄司下土。茲五帝所司、各有時也。

魏相は王莽・劉歆の前の時代の人物であり、この上奏文に見える五帝は、太微五帝の観念が成立するより以前の五帝であるが、易の卦と規〈コンパス〉・衡〈はかり竿〉・矩〈さしがね〉・権〈おもり〉・縄〈縄墨〉、四季と下土を司るとされている。謝荘はこの魏相の上奏文を典拠としながらも、近代化を図った。その結果、方位の卦は、当然のことながら一致しているが、規を用いるのは、太昊ではなく、黒帝となり、そして、規や衡も、昔ながらのコンパスやはかり竿ではなく、渾天儀の部品を意味することになったのである。

謝荘の「明堂歌」は「送神歌辞」を以て終わる。奥深い式典が続き、音楽がまだ奏でられる夕暮れ時、名残を惜しむ神神の頭上で、九重の天は再び開き、鳳凰や龍が牽引する神の車は星界の清都への帰還の途につくのである。歌詞通りの厳粛な雰囲気の中、祭祀は終焉を迎える。

結局、謝荘の「明堂歌」には霊威仰等の名は見えなかった。ただし、以上の分析によって、謝荘の観念では、五帝とはアルカイックな神神ではまったくなく、最先端の機器を駆使して組織的に季節の循環プログラムを遂行する、黄帝を中心とする主宰集団であり、それにも拘わらず、あるいはそれ故に、念入りな技巧を凝らした詩歌を作製して懇ろに称賛するに価する畏敬の対象であることが判明した。

結　語

南朝宋時代の明堂は、鄭玄のプランに依拠して祭祀の対象を始めとする儀礼の詳細を決定した。祭祀の対象は上帝であり、鄭玄の言う上帝とは五帝、すなわち東方青帝霊威仰・南方赤帝赤熛怒・中央黄帝含枢紐・西方白帝白招拒・北方黒帝汁光紀の太微五帝に他ならない。明堂創建を命じる皇帝もその詔書を受ける有司たちも、そのことを前提に明堂のディテールについて論議を行った。

謝荘も「明堂歌」を作製するに当たりその認識は共有していた。実名こそ出さないまでも、天上の星界からお迎えするのは霊威仰等の太微五帝なのである。そのことは歌詞から如実に窺える。謝荘は巧妙に措辞を工夫して、生々しい実名を隠したまま、霊威仰等であるところの五帝の姿形と振る舞いとをヴィヴィッドに描写することに成功した。五行説の思想的側面や典拠など歌詞の語彙自体の表現するイメージの他、五行説に基づく文字数などを含む言葉遊び、謝荘の通暁していた音韻や声律上の知識[(37)]を駆使して、謝荘の「明堂歌」は稀に見る傑作に仕上がった。

この「明堂歌」に歌われた五帝は茫洋とした太古の神神ではなく、完璧な機器を駆使し、それをもって宇宙の運行をも完璧にさせる力を発揮する能吏然とした神神なのである。そしてこの五帝の特性は、西晋の陳卓の著した『星図』に明確に記述されているものであり、後漢の緯書とそれに基づく鄭玄の説を思想的ベースにしたうえで、それらを包摂して極めて体系的且つ実際の観測に裏打ちされた最先端の科学的知見の所産なのである。

注

(1) 魏晋南北朝時代の礼制については、金子修一前掲書『中国古代皇帝祭祀の研究』、第一章、第五章、第六章を参照。
(2) 謝荘については、佐藤正光「元嘉時代の謝荘」(『松浦友久博士追悼記念中国古典文学論集』、研文出版、二〇〇六年)を参照。
(3) 〔唐〕李延寿『南史』巻二、宋本紀中、孝武帝(北京、中華書局、一九七五年、六四頁)、「五月、起明堂於國學南丙巳之地。」
(4) 『宋書』巻十六、礼志三、四三三〜四三四頁。
(5) 『礼記』玉藻篇、鄭玄注に、「天子廟及路寢、皆如明堂制。明堂在國之陽。」(一四七三頁)とある。
(6) 『宋書』巻十六、礼志三に、「有司奏、「……國學之南、地實丙巳、爽塏平暢、足以營建。其墻宇規範、宜擬則太廟、唯十有二間、以應朞數。依漢『汶上圖儀』、設五帝位、太祖文皇帝對饗。祭皇天上帝、雖爲差降、至於三載恭祀、理不容異。自郊徂宮、亦宜共日。『禮記』郊以特牲、『詩』稱明堂羊牛、吉蠲雖同、質文殊典。且郊有燔柴、堂無禋燎、則鼎俎彝簋、一依廟禮、班行百司、搜材簡工、權置起部尚書、將作大匠、量物商程、剋今秋繕立。」乃依頌議、但作大殿屋雕畫而已、無古三十六戶七十二牖之制。」(四三四頁)とある。
(7) 『宋書』巻十六、礼志三、四三四〜四三五頁。
(8) 『宋書』巻六、孝武帝紀、一二九頁。
(9) 『宋書』巻十六、礼志三、四三四頁。
(10) 『南史』巻二、宋本紀中、孝武帝、六四頁。
(11) 鄭玄の五帝説については、本書第一章第三節を参照。

(12)『礼記』大伝篇、一五〇六頁。
(13)『史記』巻二十七、天官書、「南宮朱鳥、權・衡。衡、太微、三光之廷。(〔唐〕司馬貞『史記索隠』、宋均曰、「太微、天帝南宮也。三光、日・月・五星也。」)匡衞十二星、藩臣。」(一二九九頁)。
(14)『続漢書』天文志上、劉昭注、三二一六頁。
(15)『春秋左氏伝』巻六、桓公、伝五年、孔穎達疏、「『春秋緯文耀鉤』云、大微宮有五帝坐星。蒼帝其名曰靈威仰、赤帝曰赤標怒、黃帝曰含樞紐、白帝曰白招拒、黑帝曰汁光紀。」(一七四九頁)。
(16)『晋書』天文志は、藪内清編著『中国の科学』(世界の名著12、中央公論社、一九七九年)所収の山田慶児訳注『晋書天文志』上を参照。
(17)『晋書』巻十一、天文志上、中宮、二八九〜二九二頁。番号は筆者による。
(18)『晋書』巻十一、天文志上、「後武帝時、太史令陳卓總甘、石、巫咸三家所著星圖、大凡二百八十三官、一千四百六十四星、以爲定紀。」(二八九頁)。
(19)『宋書』巻二十、楽志二、五六九頁〜五七一頁。
(20)『南斉書』巻十一、楽志、一七二頁。
(21)『礼記』月令篇、鄭玄注、「數者五行佐、天地生物成物之次也。『易』曰、天一地二天三地四天五地六天七地八天九地十、而五行自水始、火次之、木次之、金次之、土爲後。木生數三成數八、但言八者擧其成數。」(一三五四頁)。
(22)順に『礼記』月令篇、孟春、孟夏、中央土、孟秋、孟冬の「其數」の鄭玄注に見える。
(23)『礼記』月令篇、鄭玄注、「土生數五成數十。但言五者、土以生爲本。」(一三七二頁)。
(24)〔前漢〕董仲舒『春秋繁露』五行対第三十八(北京、中華書局、『新編諸子集成』〔清〕蘇輿『春秋繁露義証』本、一九九二年、三一五頁)、「木爲春、春主生。」
(25)『晋書』巻十一、天文志上、「五車者、五帝車舍也、五帝坐也。……天子得靈臺之禮、則五車、三柱均明有常。」(二九七頁)。
(26)この歌の措辞は、『宋書』楽志一(五四一〜五四五頁)に記録される、宋王朝前期における二郊宗廟の祭祀に使用される楽舞の議論を踏まえている。

(27) 『晋書』巻十一、天文志上、二九二頁は「白招矩」「叶光紀」とするが、緯書は「白招拒」「汁光紀」とする。以下は『晋書』からの引用以外では「白招拒」「汁光紀」と表記する。

(28) 「歌黒帝辞」は水数に依って六言というのだから、第二句とすべきかもしれない。

(29) 五方の帝を『易』の方位を示す卦と結びつけることの典拠として、前漢の魏相の奏上が挙げられる。注(36)を参照。

(30) 『史記』巻二十七、天官書、「北斗七星」、『索隠』「案、『春秋運斗樞』云、「斗、第一天樞、第二旋、第三璣、第四權、第五衡、第六開陽、第七揺光。」」(一二九一頁)。

(31) 『晋書』巻十一、天文志上、十二次度数、「自氐五度至尾九度爲大火、於辰在卯。」(三〇八頁)。

(32) 『隋書』巻十九、天文志上、渾天象、五一九頁。

(33) 『隋書』巻十九、天文志上、「馬季長(馬融)創謂璣衡爲渾天儀。鄭玄亦云、「其轉運者爲璣、其持正者爲衡、皆以玉爲之。七政者、日月五星也。以璣衡視其行度、以觀天意也。」」(五一六頁)。

(34) 魏晋南北朝時代の渾天儀と渾天象とについては、杜石然・范楚玉・陳美東・金秋鵬・周世徳・曹婉如編著、川原秀城・日原伝・長谷部英一・藤井隆・近藤浩之訳『中国科学技術史』(東京大学出版会、一九九七年)、第五章(金秋鵬分担執筆)を参照。

(35) 島邦男『五行思想と礼記月令の研究』(汲古書院、一九七一年)二一〇～二一二頁を参照。

(36) 『漢書』巻七十四、魏相伝、三一三九頁。

(37) 謝荘が音韻や声律に通暁していたことは、『宋書』巻六十九、范曄伝および〔梁〕鍾嶸《しょうこう》『詩品』序を参照。

第四章　南朝斉梁陳時代　中華意識と柔軟性

序

前章では、南朝宋時代における明堂創建に関する議論を検討し、当時の明堂とその祭祀対象との概要を解明した。すなわち、南朝宋王朝は、鄭玄の学説に依拠し、明堂制度の細目を規定した。その祭祀対象は五帝であり、鄭玄の言う五帝とは、緯書説由来の東方青帝霊威仰・南方赤帝赤熛怒・中央黄帝含枢紐・西方白帝白招拒・北方黒帝汁光紀の太微五帝に他ならない。明堂の建物自体は裴頠の「一屋之論」に依拠し、大きさは太廟に擬え、五帝を祭祀する内部構造は漢代の『(黄帝時)明堂図』に基づく。

この劉宋明堂は江南建康の地に建てられた南朝最初の明堂であり、創建されたのが西暦四六一年、最初の祭祀が行われたのは翌四六二年の正月である。しかしながら、劉宋王朝はその僅か十七年後の四七九年に滅亡し、代わって蕭《しょう》道成《どうせい》(太祖、在位四七九～四八二)が南斉《なんせい》(四七九～五〇二)を建国する。南朝の明堂制度はいったん白紙に戻ることになり、南斉王朝では明堂祭祀の存廃という根本問題から議論が始められた。続く梁《りょう》王朝(五〇二～五五七)では明堂は武帝(蕭衍《しょうえん》、在位五〇二～五四九)の世界観の下に組み込まれ、独特な建築構造と多様な概念属性とを付与されることになる。

本章では南朝斉梁時代における明堂とその祭祀とについての議論を検討し、南朝士人の明堂観の特質を解明する。

第一節　南斉時代

(一)南斉の祭祀礼制

南斉の建元《けんげん》元年(四七九)七月、有司は奏上して、郊・殷の礼(南郊で天を祭る儀礼と太廟で先祖を合祭する禘祫の儀礼)について次のように問うた。

(a)郊祭はどの年に行うのか。
(b)またどの祖を郊祭の祭に天に配享するのか。
(c)殷祭はまた、いつ行うのか。
(d)郊祭は殷祭より先に行って良いのか。
(e)明堂祭祀もやはり郊祭と同じ年に行うべきなのか。
(f)もし明堂を郊祭と同年に祭るべきなら、また配帝は有るのか無いのか。
(g)同年に祭らないいなら、建物の配置、人員の増減はどうなのか。(1)

建元元年七月、有司奏、郊殷之禮、
(a) 未詳郊在何年。
(b) 復以何祖配郊。

(c) 殷復在何時。
(d) 未郊得先殷與不。
(e) 明堂亦應與郊同年而祭不。
(f) 若應祭者、復有配與無配。
(g) 不祀者、堂殿職僚毀置云何。

建国当初、国家祭祀について、南斉の朝廷はいかなる細目も決めておらず、祭祀時期や祭祀対象さえ曖昧なままであった。新たなる制度をその手で打ち立てない新国家は無く、それ故に、郊殷の礼に関し南斉の有司たちはこの七つの問いを発したのである。南斉の政治家と学者とは互いに議論を行い、結論を得ようとした。儀郎中《ぎろうちゅう》の裴昭明《はいしょうめい》と儀曹《ぎそう》郎中《ろうちゅう》の孔逷《こうてき》とは、「今年七月に殷祭を行い、来年正月に南郊・明堂の祭祀を配帝無しで行うのが宜しい。」と述べ、それに反論して殿中郎司馬憲《でんちゅうろうしばけん》は、「南郊に配帝が無くとも、祭祀は元の通りである。明堂に配帝がなければ、祭祀を廃止するのが宜しい。郊祭と殷祭はともに今年十月に行うべきである。」と主張した。[2] 南斉は創建したばかりなのに、その明堂祭祀は廃止の危機に直面したのである。このとき右僕射《うぼくや》の王倹《おうけん》(四五二～四八九)は明堂祭祀の継続を含め、国家祭祀の在り方を建議した。

王倹は琅邪《ろうや》の王氏という名望家出身の傑出した政治家であり、また優れた才能と該博な学識の持ち主であった。[3] 宋の孝武帝の時代、文学が好まれ、儒教は振るわなかったが、王倹は三礼に留意し、『春秋』を好み、発言は慌ただしいときにも必ず儒教に基づき、そのため高官の好尚がかわり、儒教が振興したという。何承天《かしょうてん》の『礼論《れいろん》』三百巻に基づいた条目十三巻(『礼論要鈔《れいろんようしょう》』十巻及び『礼答問《れいとうもん》』三巻)を作り、朝廷の儀式・旧法典、晋、宋以来施行された過去の事例を、諳んじていたため、南斉での行政業務は流れるように決済し、常に博引旁証、先儒にも稀で、八坐(五尚書、二僕射、一令)の部下でも異を唱えられるものはいなかった(4)。

郊祭や明堂についても、王倹は典籍や先儒の説を豊富に引用して、その要点を説明し、上述の有司の発した七つの問いに答えんとした。以下、王倹の奏議をパラフレーズし、あわせて有司のどの問いに答えたのかをアルファベット記号で示そう。

①『礼記』王制篇、『春秋』、『礼緯稽命徴《れいいけいめいちょう》』によれば、天子は祫祭を四時の祭りに優先させ、諸侯は四時の祭りを祫祭に優先させる。三年に一度祫祭を行い、五年に一度禘祭を行う。祫禘はいずれも殷祭であるから、五年のうちに二つの殷祭を行うことになるのだ。経典には多くの典拠があり、したがって本来、先に殷祭を行い、後に郊祭を行うことを禁じる如何なる理由もないのである。((c)(d)に対する回答)

②郊配(郊祭での配帝)を選定するにはその帝王の功業を重視する。この選定基準に基づき、漢王朝は尭ではなく、創業の功績によって高祖劉邦を郊配に選んだ。曹魏は舜ではなく、武帝曹操を郊配に選定した。そして晋宋も漢魏を手本として郊配を選定したのである。((b)に対する回答)

③経書、緯書および碩儒《せきじゅ》はそれぞれ、「明堂には五室有り、天子は毎月その室において聴朔布教(月令の発布)の儀式を行う。五帝の神を祭祀する時は、功徳を有する先君を配祀する。」(『礼』及び『孝経援神契』)、「明堂とは、諸侯の尊卑を明示する所以である。」(『大戴礼記』)、「施政の宮殿である」(許慎『五経異義』)、「周の明堂は五室で、帝ごとに一室である。」(『周礼』鄭玄注)と言っている。天子の宗廟制度と明堂制度とは酷似するが、明堂は決して周の文王を宗祀する宗廟ではない。鄭玄は明確に、「明堂は上帝を祭るのが主であり、文王を配するだけだ。」と指摘している。三国時代の袁準《えんじゅん》は、「明堂は天に法る宮殿であり、天帝を祭るのが本務であり、文王を配享するのである。明堂の中で、周公はその父である文王を天帝の位牌に配享するのであれば、十分に明堂祭祀を理解

しているといえよう。しかし、もし文王を明堂祭祀の主役とし、天帝を引きずり下ろして文王の神霊に従属させようとするのであれば、本末転倒と言う他ない。」と説明する。東晋太元《たいげん》十三年（三八八）に孫耆之《そんきし》は、「郊は天を祀るが故に后稷を配享した。明堂は上帝を祀るが故に文王を配享した。そうすれば、郊が皇天の位牌であれば、明堂はすなわち上帝の廟だ。」と奏議した。徐邈《じょばく》は、「「配」と言うからには、必ず配享される神主が有るはずだ。郊が天の壇であれば、明堂は（上帝の廟であって）文王の宗廟ではないのである」と謂った。（明堂祭祀対象を説明、対応する特定の問題無し）

④漢代の明堂は、必ずしも配帝が必要ではなかった。往古は南郊と明堂とは異なる日に祭祀を行った。魏晋以後、省倹を理由に、明堂と南郊とが同じ日に祭祀を行うことがあった。同じ日に祭祀を行うとしても、冒瀆とされることはなかった。両者の祭祀は祭祀という行為自体は同じでも、祭祀の動機もしくは目的が異なるからである。魏晋時代の孔晁《こうちょう》は、「五帝は天を助けて化育する。だから郊に五帝従祀の礼が有るのだ。」と言った。四郊と明堂とについて言えば、これらの施設は天と五帝との本祀の場所である。五帝が明堂とは別に南郊において、旅祭〈祭品を陳列して祭ること〉を受ける。あたかも功臣がその本祀以外に君主の祭祀に従祀されるのと同様である。功臣が従祀されたことを理由にその家廟を廃止することは道理に合わないことである。同じように、五帝が南郊で従祀されたことを理由に明堂祭祀を廃止することは全く道理に合わない。しかも明堂で五帝に配帝が有るときは、南郊でもやはり上帝を旅祭しているのである。したがって、南郊と明堂とを同じ日に祭祀しても問題ないのは確かなのだ。経典に基づけば、四方や山川といった下級の神々でさえ祭祀を受けるのであるから、五帝ほどの大神ならその祭祀を省略するなどあり得ないことなのである。曹魏の故事を先例にすれば、明堂祭祀は配帝が無くとも行うことは可能なのだ。（ｆ）に対する回答）

⑤また、日取りと犠牲の色の問題は、異議紛然だが、南斉は、夏正建寅を正月とする暦を制定し、郊廟の犠牲は、一に晋、宋の制度による。宜しく今年十月を以て宗廟に殷祭すべし。これより以後、五年に二回殷祭を行うこと。来年正月上辛、南郊に有事すること。宜しく同じ日に明堂に還って祭祀すべし。また次の辛の日に北郊の祭祀を行うこと。明堂・北郊の祭祀にはいずれも配帝を置かないこと。犠牲の色はおおむね従来の規則に由ること。

（七つの問題すべてに対する回答）

⑥これらの王倹の建議を、南斉の高帝《こうてい》（太祖蕭道成）は聞き入れた。しかしながら、明堂に関してはさらなる詳細な検討を命じた。皇帝の命令は重大であるが、有司は王倹の建議を十分妥当であると認識し、朝廷の内外で異説を唱えるものはもはや無かった。有司は、配帝を置くか置かないかの判断を高帝に委ね、高帝は、「旧来通りにせよ」との詔書を発したのである。[5]

ここで、王倹の建議の内、明堂に関する条だけを挙げれば、来年、つまり建元二年（四八〇）正月上辛の日に明堂の祭祀を行うことと、配帝を置かないことの二条である。ただし、『通典』に、「斉の高帝の建元元年（四七九）七月、五帝の神を明堂に祀り、功徳の有る君を配する。明堂は五室を制作する。（〈原註〉この時は王倹の説に従った。[6]）」とあるのによれば、王倹が建議の③で言及した明堂五室の制が採用され、また配帝が置かれないのは窮余の策で、有徳の君が配帝とされるのが原則であったようである。

『南斉書』高帝本紀下は、「（建元二年春正月、辛丑［四日］）、皇帝陛下が南郊に親祠された。[7]」と述べるだけで、その日明堂に祭祀したか否かについての記述はない。しかしながら、『南斉書』には、隆昌《りゅうしょう》元年（四九四）に、皇帝（鬱《うつ》林《りん》王）が明堂に祭祀した記事があるから、[8]南斉において、明堂と明堂の祭祀とは王朝を通じて維持されたことが窺える。

（二）南斉明堂の祭祀対象

王倹の建議を見ると、基本的に鄭玄の学説を尊重するが、『大戴礼記』や王粛学派の孔晁、蔡邕、盧植等の説も引用しており、必ずしも鄭玄学派一辺倒とは言えない。しかしながら、『南斉書』礼志に、「南斉は世祖（武帝）を明堂の祭祀で五精之帝に配した。(9)」とあるから、南斉の明堂で祭られた五帝が太微五帝を指すことは間違いない。ただし、『南斉書』礼志の記事でいささか気になる事柄がある。右の一文は、建武二年に、雨乞いの祭りである雩祭《うさい》を明堂の祭祀に準じて行うよう求めた、祠部《しぶ》郎《ろう》何《か》佟之《とうし》の奏議中に見える。同じ奏議中には

雩《う》祭の祭祀対象は、ただ五精之帝だけにすべきである。勾芒等の五神は、五帝（五精之帝）の輔佐であるから、鄭玄の説によれば、庭に配食するのが宜しい。(10)

大雩所祭、唯應祭五精之帝而已。勾芒等五神、既是五帝之佐、依鄭玄説、宜配食於庭也。

との言説があり、また、建武《けんむ》二年の何佟之の別の奏議には、次のような文章が見える。

晋より以来、円丘を南郊に併合した。そこで郊壇に五帝、勾芒等を列置した。今明堂に五精之帝を祀り、更に五神の位牌を欠き、北郊に地祇を祭り、重、黎の坐位を設ければ、二三が食い違い、盛大に祭るという原則が損なわれることを恐れます。(11)

自晉以來、幷圜丘於南郊、是以郊壇列五帝勾芒等。今明堂祀五精、更闕五神之位、北郊祭地祇、而設重黎之坐、二三乖舛、懼虧盛則。

第二章で見たように、西晋では武帝即位直後、王粛学派の説により、円丘と南郊は同一視され、昊天上帝だけを祭ることとなったが、その後、五帝が復活した。この五帝は、鄭玄説の太微五帝の可能性が高く、王粛説の五行神の可

能性もあるが、五人帝である可能性は極めて低い。しかしながら、劉宋の明堂には太微五帝が祭られたから、右の何佟之奏議中の五精之帝が太微五帝を指す可能性は極めて高い。

　問題は、従来の通説では、鄭玄の明堂祭祀は太微五帝（五精之帝）を主神とし、所謂五人帝五人神（鄭玄の用語では、五精之君、五官之神）を配享する、とされたことである。南斉では、南郊には、五帝、勾芒等が祭られたという。五帝は五精之帝であり、勾芒等は五神、所謂五人神である。五人帝は祀られないのだ。また、南郊の傍らに設けられた雩壇には五精之帝だけが祀られ、勾芒等の五神は庭で祭られた。そして、今や明堂では五人神も祭られない事態が危惧されたが、五人帝の不在は問題にもなっていないのである。鄭玄の明堂祭祀対象に関する従来の通説は、やはり再検討の余地があろう。

第二節　梁　時　代

（一）梁の武帝の明堂改制１（第一のプラン）

　梁の武帝蕭衍は早くから、独自の明堂プランを胸に抱いていた。そこで制旨〈詔勅〉を降し、群臣にその案を検討させた。『隋書』礼儀志一に次のように言う。

　武帝の制旨、「明堂建築の概要に関し、『大戴礼記』明堂篇は、「九室八牖〈窓〉、三十六戸。茅葺き屋根、上が円形で下が方形である」と規定し、鄭玄は緯書『孝経援神契』に基づき、やはり「上が円形で下が方形」、「八窓四門」と解釈する。(12)明堂の意義からすれば、本来五帝を祭祀する建物である。九という数からすれば、『大戴礼記』は明堂を「九室」とするが、九室でどのように五帝を祭祀するのか、九と五との対応関係を説明する如何なる数の原理があるのか分からない。五室とすれば明堂の五帝の数に対応しているが、祭祀の時に、南を向けば北帝叶光紀に背を向けることになるし、北を向けば南帝赤熛怒に背を向けることになる。東を向こうが西を向こうが、必ず何れかの神に背を向けることになり、どのみち五室の中で五帝を祭祀すれば非礼を免れず心穏やかではいられないのである。明堂で五帝を祭祀するのは五帝祭祀の本義であり、郊で五帝を祭祀するのは五帝祭祀の第二義である。宗祀して配享するからには室が有るのが望ましいが、もしただ一帝の室の中にだけ配享するならば、「五帝に配する」とは言えない。もし五帝それぞれに配したならば、配帝の位牌は五つ必要になる。理屈から言えば、明堂には本来室は無いのだ(13)。

制曰、明堂準『大戴禮』、九室八牖、三十六戸。以茅蓋屋、上圓下方。鄭玄據『援神契』、亦云上圓下方、又云八窗四達。明堂之義、本是祭五帝神。九室之數、未見其理。若五堂而言、雖當五帝之數、向南則背叶光紀、向北則背赤熛怒。東向西向、又亦如此、於事殊未可安。且明堂之祭五帝、則是總義、在郊之祭五帝、則是別義。宗祀所配、復應有室、若專配一室、則是義非配五。若皆配五、則便成五位。以理而言、明堂本無有室。

梁は当初、宋、斉の明堂を襲用した(14)。南斉の明堂の構造については、前節に見たように、鄭玄の学説に依拠し、五室としたが、建物自体には裴頠の「一屋之論」、及び前漢武帝期の『(黄帝時)明堂図』(五帝の位牌と配帝の位牌が正対するかたち)に依拠した宋の明堂、つまり太廟様式の箱物を選択した。

この明堂五室の制を、武帝は明堂に固有の制度ではないと断言した。明堂五室の制は鄭玄の明堂説の中枢であって、これを否定されては鄭玄の明堂理論は根幹から揺るがざるを得ない。この武帝の構想に異を唱えたのは梁きっての礼学者であった朱异《しゅい》(四八三〜五四九)である。

朱异の反論、「『礼記』月令篇に、天子は明堂の左个や右个に居る、とあります。聴朔の礼は明堂で行われるのですから、もし今の明堂に室がなければ、明堂の礼制に欠失があることになります。[15]」

朱异以爲、『月令』天子居明堂左个・右个。聴朔之禮、既在明堂、今若無室、則於義成闕。

聴朔は、告朔とも言う。告朔については、『周礼』春官大史《しゅんかんたいし》に「朔を邦国に頒告する」とあり、鄭玄の注及び唐の賈《か》公彦《こうげん》の疏に基づいて解釈すれば、天子が、十二箇月ごとの暦及び政令である朔を、諸侯に頒布することである。諸侯は朔を祖廟に蔵し、朔日《ついたち》の朝に先祖に告げてこれを受けて行う。[16]また、『礼記』玉藻篇とその鄭玄注によれば、この朔を天子は首都の南門外にある明堂で、月ごとにその季節の堂において上帝から拝聴するから、聴朔とも言うのである。[17]前節の王倹の建議にも見え、後漢の明帝が実際に行った先例のある明堂の重要な機能である。この機能が損なわれる事態は絶対に避けなければならない。

(二)梁の武帝の明堂改制2(第二のプラン)

この反論を受けて、武帝とても五室をなくす(間仕切りを取り払う)という改造は断念せざるを得なかった。そこで武帝は第二の制旨を発し、重ねて、明堂区域内、五帝堂の外に室を建て、聴朔の場所とすることを提唱した。詳しい主張は次の通りである。

鄭玄の解釈に従えば、聴朔は必ず明堂の中で行われることになり、「人間と神とが混淆《こんこう》し、荘敬の道が興廃することになる」の情況を引き起こすことになる。『春秋左氏伝』の「二大国の間に挟まれる[18]」と云う一句は、「明堂左右之个」のような情況を意味している。明堂区域内で、五帝を祭祀する堂の南側にまた別に小室を設け、これも「明堂」と呼ぶことにする。この小室は三部分からなり、聴朔の場とする。三分割されているのだから、左右という言い方が可能になる。小室は明堂の区域内、五帝堂の外に在るから、「个」の名称が有り、「明堂左右之个」と言うことができるのである。以上のことから言えば、聴朔を行う場所は自ら五帝を祭祀する堂の外部に在ることになり、人神は分離され、お互い干渉し合うことはなくなるのである。(19)

制曰、若如鄭玄之義、聽朔必在明堂、於此則人神混淆、莊敬之道有廢。『春秋』云、介居二大國之間、此言明堂左右个者。謂所祀五帝、堂之南又有小室、亦號明堂。分爲三處聽朔。既三處、則有左右之義。在營域之內、明堂之外、則有个名、故曰明堂左右个也。以此而言、聽朔之處、自在五帝堂之外、人神有別、差無相干。

武帝はきわめて人神関係を重視した。人神の混淆が荘敬の道を荒廃に導くと認識しており、「人神は分離され、お互い干渉し合うことはなくなる。」なる状態こそが望ましいと考えていたのである。このような観念はきわめて古くに起源を発する。『国語』楚語《そごげ》下に次のようにある。

太古には人神は区別があり、人の精神は純粋で、また十分に恭謹中正だった。……人神はそれぞれ使命があり、互いに尊敬し合い、冒瀆しなかった。それ故、神は人に祥瑞を降し、人は神に祭祀を捧げた。災禍は到らず、祭祀は途絶えることはなかった。少昊氏が衰亡した後、人神は雑糅し、弁別しがたくなった。……人神は地位を同じくし、人は神との誓約を冒瀆し、神に対する畏敬の念を喪失した。神は人の則に狎れ、その行為を明示せず、祥瑞を降すことはなくなった。人は神に供物を捧げることをしなくなり、災禍はしばしば到り、気を使い果たすことはなくなった。(20)

古者民神不雜、民之精爽不攜貳者、而又能齊肅衷正。……民神異業、敬而不瀆、故神降之嘉生、民以物享。禍災不至、求用不匱。及少皞之衰也、九黎亂德、民神雜糅、不可方物。……民神同位、民瀆齊盟、無有嚴威。神狎民則、不蠲其爲、嘉生不降。無物以享、禍災薦臻、莫盡其氣。

この故事は歴代の帝王が胸に刻むべき教訓であり、武帝もまた、「人神雑糅」の状態に対し警戒を怠ることなく、とりわけ礼制における人神の位置関係に重大な関心を払ったのである。人神雑糅を回避するために、武帝は明堂を改築することを提議した。しかしながら、当時の梁王朝はその建議の当否を議論して結論を得ず、このときには明堂改築の件は実行に移されなかったのである。

(三)梁の武帝の明堂改制3(実現したプラン)

天監《てんかん》十二年(五一三)、武帝は首都建康に、陸続と大型建築物を新造した。『梁書《りょうしょ》』武帝紀中の記述を抜書きしよう。

(二月)辛巳(二十六日)、新たに太極殿《たいきょくでん》を作り、十三間に改め、閏数《じゅんすう》に合わせた。

(二月)辛巳、新作太極殿、改爲十三間、以從閏數。

六月癸巳(十日)、新たに太廟を作り、台基を九尺に拡張した。庚子(十七日)、太極殿が完成した。

六月癸巳、新作太廟、增基九尺。庚子、太極殿成。

冬十月丁亥(六日)、詔勅に曰く、明堂の地勢は低湿地であり、我が意に添わない。別の場所により大きく作り、誠敬を尽くすようにせよ。(21)

冬十月丁亥、詔曰、明堂地勢卑濕、未稱乃心、外可量就埤起、以盡誠敬。

すなわち、僅か一年のうちに、武帝は首都を代表する太極殿・太廟・明堂の三大巨大建築物を、そのイメージする理想像に基づき、建造したのである。明堂に関して言えば、従来の明堂の配置は武帝の理想像と全く相反しており、しかも地形は劣悪であった。そこで武帝は詔勅を発して、必ず誠敬の道を尽くすために、明堂を移転し、その規模を拡張することを命じた。この詔を承けて、太常丞《たいじょうじょう》の虞皭《ぐしゃく》は『周礼』考工記匠人及びその鄭玄注に依拠し、明堂の階段は高さ九尺とすることを提議し、武帝は制旨を発しそれを許可した。(22)かくして梁の新たな明堂が建立されることになったのである。その詳細は次の通りである。

ここにおいて劉宋時代の太極殿を解体し、その資材を利用して、太廟を基準とし、十二間のサイズの明堂を建造した。新しい明堂は中央の六間の空間に六個の坐位を安置し、すべて南向きとした。東方から、第一に青帝(東)、第二に赤帝(南)、第三に黄帝(中央)、第四に白帝(西)、第五に黒帝(北)の順序で配列したのである。配帝は総合的に五帝に配享し、東の階段に置き、東を上として西を向くようにした。大殿の後方にまた五間の小殿を建て、五佐の部屋とした[23]。

於是毀宋太極殿、以其材構明堂十二間、基準太廟。以中央六間安六座、悉南向。東來第一青帝、第二赤帝、第三黃帝、第四白帝、五黑帝。配帝總配享五帝、在阼階、東上西向。大殿後爲小殿五間、以爲五佐室焉。

この新しい明堂はおおむね、武帝の主張した理想像に合致している。五帝は五行相生の順序に従って配列されており、すべて南面して祭祀を受け、配帝は最も東に居て、西向して総合的に五帝に配享しており、いずれかの帝に背を向ける格好になって非礼を犯し、「心穏やかではいられない」という事態を招くことはもはや無い。大殿の後方の五間の小殿は恐らく制旨に言うところの「小室」に相当するのであろう。この中で聴朔の礼を執り行い、「人神は分離され、お互い干渉し合うことはなくなる。」という情況を実現したのである。

ところで、この五間の小殿は「五佐室」と見なされているが、「五佐」とはそもそも何者であるのか。神なのかそれとも人なのか。五佐については二種類の説がある。一つは五佐を天空の五顆の星とする説である。『史記』天官書に、「水・火・金・木・塡星、この五つの星は、天の五佐である。」とあり、唐の張守節《ちょうしゅせつ》は、「水・火・金・木・土の五星は天を輔佐して五行の徳を運行するのである。」と解釈する[24]。これら五柱の神はもとから天神であり、五帝と較べてその地位はほとんど変わらないから、小殿を宛がわれることを甘受するとは到底思われない。もう一つの説は、五佐を五官の神とするものである。

梁の明堂が五官の神を祭祀したという明文は史書にはない。しかしながら、『隋書』礼儀志一に、「梁の南郊は、円壇であり、国都の南に在った。……天皇上帝之神を壇上に祀った。……五方上帝、五官之神を、……皆従祀した。[25]」という記述があり、梁が五方上帝、五官之神を祭祀したことが分かる。五官之神とはすなわち、『礼記』月令篇の句芒・祝融・蓐収・玄冥・后土の五神のことである。本書で何度か論じたように、これら五神は五帝を輔佐して、五行の運行を担う五行の官職(五官)の名称であり、少皞や顓頊の子がこの官職に就く。彼らは、生前は人であったものが死後祀られて神となったのであり、天と人との中間に位置する彼らの特性は明堂と聴朔の礼ときわめて相応しいと言えよう。そもそも梁が依拠した南斉の明堂制度は、五精之帝の輔佐である勾芒等の五神を祭祀しており、梁の明堂が五神を祭祀した可能性はやはり極めて高いのだ。なお、梁においても、五人帝の祭祀が見られないことは記憶にとどめよう。[26]

第三節　陳時代

陳《ちん》(五五七～五八九)の明堂に関しては、『隋書』礼儀志一は、次のように記す。

陳の制度は、明堂の殿屋は十二間。中央の六間に、南斉の制度に依り、六つの座を安置する。四方の帝は各々その方位に依り、黄帝は坤維に置かれ、配帝の配置は梁の方式に依った。武帝の時は、徳帝を配帝とした。文帝の時は、武帝を配帝とした。廃帝以後は、文帝を配帝とした。犠牲は太牢を用い、六種の穀物を焚いてお供えし、酒スープ果物野菜、すべて進め献げた。[27]

陳制、明堂殿屋十二間。中央六間、依齊制、安六座。四方帝各依其方、黄帝居坤維、而配饗坐依梁法。武帝時、以徳帝配。文帝時、以武帝配。廢帝已後、以文帝配。牲以太牢、粢盛六飯、鉶羹果蔬備薦焉。

注目すべきは、黄帝と配帝との位置である。前者から検討しよう。黄帝は坤維に居ると言うが、坤維とは如何なる方位なのか。劉宋の裴駰《はいいん》『史記集解』所引の曹魏の孟康《もうこう》の説[28]及び『文選』李善《りぜん》注所引の『淮南子』[29]はみな、坤維は西南だとする。右の引用文の通り、陳の制度は南斉に依拠していた。梁初の明堂制度も南斉に依拠していた。黄帝が南西に位置するのは、前漢の薄忌泰一壇にはじまる古制であり[30]、南斉も例外ではなかった。梁の武帝による明堂内部の五帝神位の配置は、それ以前の建築内部が西を上位とし、尊者の位置は室内西側にあって、東を向いていたのに対し、尊者が北におり、南面している。これは、中国古代建築の内部空間観念における一大変化であると指摘される[31]。ただし、この梁朝明堂五帝神位配置は、次の陳朝になると復古し、元の配置に戻される。

配帝の坐位の位置に関しては、陳は梁制を踏襲した。配帝は東の階段の上に位置し、西向して五帝に配享するという梁の武帝のアイデアが合理的であると認識したからに他ならないのである。

結　語

上古の明堂は帝王が諸侯を朝見させる堂であった。前漢の武帝の泰山明堂は昇仙を目的とする堂であった。後漢の明堂は五帝を祭祀し、月令を実行する堂であった[32]。劉宋の孝武帝は大明五年四月の明堂創建を命じる詔書の中で、「先帝の神霊を宗祀して上帝に配享すれば、誠敬を展開することができ、神霊の世界と人間の世界をともに秩序あらしめる。《宗祀先靈、式配上帝、誠敬克展、幽顯咸秩。》」と述べた[33]。南斉の初め、王倹は明堂祭祀廃止論に反論して、

「五帝ほどの大神は、その祭祀を省略するなどあり得ない。《五帝大神、義不可略。》」と主張した。梁の武帝は、明堂営域内に大殿を建てて五帝を祭り、小殿を建てて五官の神を祭った。これらを総合して言えば、後漢以後、西晋の武帝が王粛の説を信奉して明堂の祭祀対象を昊天上帝ただ一神としたことを例外として、明堂は一貫して五帝を祭ったのである。五帝はそれぞれ五行五方位を司り、四時の運行に責任を有する。歴代の皇帝は四時の運行をスムーズにし、天下に秩序有らしめんが為に、明堂に於いて五帝を祭祀したのである。

南朝劉宋王朝は、それが鄭玄説に依拠することを明言して、明堂の祭祀対象である五帝を霊威仰等の太微五帝だと規定している。南斉は明確ではないが、梁の明堂の大殿に祭祀する五帝が霊威仰等であるのは、武帝の制書に叶光紀や赤熛怒の名が見えることから知ることができる。南朝の明堂の祭祀対象は一貫して霊威仰等の太微五帝なのである。とはいえ、南朝時代の明堂制度は、一貫していたのは祭祀対象くらいのもので、祭祀の時期や祭祀施設の構造さえ定論を見ないほど、未確定の要素が多かったのである。また、南斉建国当初に明堂祭祀不要論が興ったように、南朝の人士のすべてが明堂に関心を払い、その祭祀を尊重したわけでなかった。しかしながら、明堂祭祀不要論に王倹が即座に反論したように、優れた学者官僚にとって明堂は皇帝政治を支える礼制上もはや欠くべからざる構成要素となっており、梁の武帝の建造した新明堂が同じく新造した太極殿及び太廟と並んで帝都に威容を誇ったように、その規模の広壮と意匠の細部にまで施された象徴性とによって皇帝政治の理想的世界観を顕示する壮麗なる装置と化したのである。

注

（1）『南斉書』巻九、礼志上、一一八頁。

(2)『南斉書』巻九、礼志上、「曹郎中裴昭明、儀曹郎中孔逷議、今年七月宜殷祠、來年正月宜南郊明堂、竝祭而無配。殿中郎司馬憲議、南郊無配、饗祠如舊。明堂無配、宜應廢祀。其殷祠同用今年十月。」(一一八頁)。

(3) 琅邪の王氏と王倹の学問については、陳寅恪《ちんいんかく》『隋唐制度淵源略論稿』(北京、中華書局、一九六三年)一〇~一五頁、焦桂美『南北朝経学史』(上海、上海古籍出版社、二〇〇九年)二〇四~二一二頁、姚暁菲『両晋南朝琅邪王氏家族文化研究』(済南、山東大学出版社、二〇一〇年)七一~八三頁を参照。

(4)『南史』巻二十二、王倹伝、「先是宋孝武好文章、天下悉以文采相尚、莫以專經爲業。儉弱年便留意三禮、尤善春秋、發言吐論、造次必於儒教、由是衣冠翕然、竝尚經學、儒教於此大興。何承天『禮論』三百卷、儉抄爲八帙、又別抄條目爲十三卷。朝儀舊典、晉、宋來施行故事、撰次諳憶、無遺漏者。所以當朝理事、斷決如流。每博議引證、先儒罕有其例、八坐丞郎、無能異者。」(五九五頁)。

(5) 王倹の奏議の原文は以下の通りである。『南斉書』巻九、礼志上、「右僕射王儉議、①案『禮記』王制、天子先祫後時祭、諸侯先時祭後祫。『春秋』魯僖二年祫、明年春禘、自此以後、五年再殷。『禮緯稽命徵』曰、「三年一祫、五年一禘。」經、記所論禘祫與時祭、其言詳矣、初不以先殷後郊爲嫌。②至於郊配之重、事由王迹、是故杜林議云、「漢業特起、不因緣堯、宜以高帝配天」。魏高堂隆議以舜配天。蔣濟云「漢時奏議、謂堯已禪舜、不得爲漢祖、舜亦已禪禹、不得爲魏之祖。今宜以武皇帝配天」。晉、宋因循、卽爲前式。③又案禮及『孝經援神契』竝云、「明堂有五室、天子每月於其室聽朔布教、祭五帝之神、配以有功德之君」。『大戴禮記』曰、「明堂者、所以明諸侯尊卑也」。許愼『五經異義』曰、「布政之宮、故稱明堂。明堂、盛貌也」。『周官』匠人職稱明堂有五室。鄭玄云「周人明堂五室、帝一室也」。初不聞有文王之寢。『鄭志』趙商問云、「說者謂天子廟制如明堂、是爲明堂卽文廟邪」。鄭荅曰、「明堂主祭上帝、以文王配耳、猶如郊天以后稷配也」。袁孝尼云、「明堂法天之宮、本祭天帝、而以文王配、配其父於天位則可、牽天帝而就人鬼、則非義也」。太元十三年、孫耆之議稱「郊以祀天、故配之以后稷。明堂以祀帝、故配之以文王。由斯言之、郊爲皇天之位、明堂卽上帝之廟」。徐邈謂、「配之爲言、必有神主。郊爲天壇、則堂非文廟」。④·『史記』云、「趙綰、王臧欲立明堂、于時亦未有郊配。」漢又祀汾陰五時、卽是五帝之祭、亦未有郊配。議者或謂南郊之日、已旅上帝、若又以無配而特祀明堂、則一日再祭、於義爲黷。案古者郊本不共日。蔡邕『獨斷』曰、「祠南郊、祀畢、次北郊、又次明堂、高廟、世祖廟、謂之五供。」馬融云、「郊天之祀、咸以夏正、五氣用事、有休有王、各以其時、兆於方郊、四時合歲、功作相成、亦以此月總旅明堂。」是則南郊、明堂各日之證也。近代從省、故與郊同日、猶無煩黷之疑。何者、其爲祭雖同、所以致祭則異。孔晁云、「言五帝佐天化育、故有從祀之禮」、旅上帝是也。至於四郊明堂、則是本祀之所、譬猶功臣從饗、豈復廢其私廟。且明堂有配之時、南郊亦旅上帝、此則不疑於共日、今何故致嫌於同辰。又『禮記』、「天子祭天地、四方、山川、五祀、歲徧。」『尚書』堯典「咸秩無文。」『詩』云、「昭事上帝、聿懷多福。」據此諸義、則四方、山川、猶必享祀、五帝大神、義不可略。魏文帝黃初二年正月、郊天地明堂、明帝太和元年正月、以武皇帝配天、文皇帝配上帝、然則黃初中南郊明堂、皆無配也。⑤又郊日及牲色、異議紛然。郊特牲云、「郊之用辛、周之始郊也。」盧植云、「辛之爲言自新絜也。」鄭玄云、「用辛日者、爲人當齋戒自新絜也。」漢魏以來、或丁或己、而用辛常多。考之典據、辛日爲允。郊特牲又云、「郊牲幣宜以正色。」繆襲據祭法云、「天地騂犢、周家所尚、魏以建丑爲正、牲宜尚白。」『白虎通』云、「三王祭天、一用夏正」、所以然者、夏正得天之數也。魏用異朔、故牲色不同。今大齊受命、建寅創曆、郊廟用牲、一依晉、宋。謂宜以今年十月殷祀宗廟。自此以後、五年再殷。來年正月上辛、有事南郊。宜以共日、還祭明堂。又用次辛、饗祀北郊。而竝無配。犧牲之色、率由舊章。⑥詔「可。」明堂可更詳。」有司又奏、「明堂尋禮無明文、唯以孝經爲正。竊尋設祀之意、蓋爲文王。有配則祭、無配則止。愚謂既配上帝、則以帝爲主。今雖無配、不應闕祀。徐邈近代碩儒、每所折衷、其云郊爲天壇、則堂非文廟、此實明據。內外百司立議已定、如更詢訪、終無異說。傍儒依史、竭其管見。既聖旨惟疑、羣下所未敢詳、廢置之宜、仰由天鑒。」詔「依舊。」」(一一八〜一二一頁)。

(6)『通典』卷四十四、「齊高帝建元元年七月、祭五帝之神於明堂、有功德之君配。明堂制五室(〈原註〉時從王儉議。)」(二五二頁)。

(7)『南斉書』巻二、高帝本紀下、「辛丑、車駕親祠南郊。」(三六頁)。

(8)『南斉書』巻四、鬱林王紀に、「(隆昌元年[四九四])二月辛卯、車駕祠明堂。」(七一頁)とある。

(9)『南斉書』巻九、礼志上、「皇齊以世祖配五精於明堂。」(一二八頁)。

(10)『南斉書』巻九、礼志上、一二七頁。

(11)『南斉書』巻九、礼志上、一三九頁。

(12)『孝経』巻五、聖治章、〔宋〕邢昺疏、「鄭玄據『援神契』云、明堂上圓下方、八牖四闥。」(二五五三頁)。

(13)『隋書』巻六、礼儀志一、一二〇〜一二二頁。

(14)『隋書』巻六、礼儀志一、「明堂在國之陽。梁初、依宋、齊、其祀之法、猶依齊制。」(一一九頁)。

(15)『隋書』巻六、礼儀志一、一二一頁。

(16)『周礼』春官、大史「頒告朔于邦國」鄭玄注、「天子頒朔于諸侯、諸侯藏之祖廟、至朔朝、于廟告而受行之。」〔唐〕賈公彦疏、「言『朔』者、以十二月暦及政令、若月令之書、但以受行、號之爲朔。」(八一七頁)。

(17)『礼記』玉藻篇、「聽朔於南門之外。」鄭玄注、「明堂在國之陽、毎月就其時之堂而聽朔焉。」(一四七三頁)。

(18)『春秋左氏伝』巻三十、襄公九年、「天禍鄭國、使介居二大國之閒、大國不加德音、而亂以要之、使其鬼神不獲歆其禋祀、其民人不獲享其土利。」(一九四三頁)。

(19)『隋書』巻六、礼儀志一、一二一頁。

(20)『国語』巻十八、楚語下(上海、上海古籍出版社、一九七八年、五五九～五六二頁)。

(21)〔唐〕姚思《ようし》廉《れん》『梁書』巻二、武帝紀中(北京、中華書局、一九七三年、五三頁)。「(二月)辛巳」の「以從閏數」の四字は『南史』巻六、梁武帝紀上によって補った。

(22)『隋書』巻六、礼儀志一、「(天監)十二年(五一三)、太常丞虞皭復引『周禮』(匠人)明堂九尺之筵、以爲高下修廣之數、堂崇一筵、故階高九尺。漢家制度、猶遵此禮、故張衡(『東京賦』)云、度堂以筵者也。鄭玄(『周禮』考工記匠人注)以廟寢三制既同、俱應以九尺爲度。制曰、可。」(一二一頁)。

(23)『隋書』巻六、礼儀志一、一二一頁。

(24)『史記』巻二十七、天官書、「水・火・金・木・塡星、此五星者、天之五佐。」、〔唐〕張守節『正義』、「言水・火・金・木・土五星佐天行德也。」(一三五〇頁)。

(25)『隋書』巻六、礼儀志一、「梁南郊……正月上辛行事、用一特牛、祀天皇上帝之神於其上、以皇考太祖文帝配。……五方上帝、五官之神、……皆從祀。」(一〇八頁)。

(26)『通典』巻四十四、大享明堂の梁の項目に、「五人帝配饗、在阼階、東上北向。」(一二五二頁)とあり、五人帝の配饗を言うが、孤例であり、『隋書』巻六、礼儀志一の、「配帝總配享五帝、在阼階、東上西向。」(一二一頁)の文字を見間違った可能性が考えられる。ただ、『通典』の記述内容を『隋書』礼儀志のそれと見較べれば、他にも梁の項目で、「以中央六閒安六天座悉南向」

(一五二二頁)の「六座」を「以中央六開安六天座悉南向」と「六天座」に作り、陳の項目で、陳が昊天上帝と五帝とを明堂に祀ったと明記する等、独特の記述が多い。『隋書』が七世紀中頃成立であるのに対し、『通典』は九世紀初頭の成立だから、杜佑の時代になって南朝時代の資料が新発見されたとは考え難い。むしろ、明堂には昊天上帝を祀り五帝(五天帝)を従祀する、と規定した『開元礼』(七三二年成立)の影響を窺うことができる。筆者は『通典』のこの項目の記述は杜佑独特の説で、史実通りではないと考え、その説を取らない。

(27)『隋書』巻六、礼儀志一、一二一頁。

(28)『史記』巻二十七、天官書、集解、「孟康曰、陰、西南、象坤維。」(一三〇六頁)。

(29)『文選』巻二十九、張協雑詩十首之二、「大火流坤維、白日馳西陸。」の李善注に、「『淮南子』曰、坤維在西南。」(四二〇頁)とある。現行の『淮南子』にはこの文はない。

(30)本書第一章第二節を参照。

(31)姜波前掲書『漢唐都城礼制建築研究』、一三六頁。

(32)上古より両漢時代に到る明堂についての詳細は、本書第一章を参照。

(33)劉宋時代の明堂についての詳細は、本書第三章を参照。

第五章　北朝北魏時代　正統王朝となるために

序

西晋滅亡以後、華北は北方異民族の支配下に置かれ、洛陽は首都の地位を失い、一地方都市に没落した。洛陽城南にあった明堂は打ち棄てられ、非漢族の周辺少数民族の建てた国家がその首都に明堂を建立し、祭祀を行うようになった。

後趙《こうちょう》(三一九〜三五一)の石勒《せきろく》(在位三一九〜三三三)は、三三一年夏、明堂、辟雍、霊台を襄国城《じょうこくじょう》(今の河北省邢《けい》台《だい》市)の西に起工した。(1) 前秦《ぜんしん》(三五一〜三九四)の苻堅《ふけん》(在位三五七〜三八五)は、永興《えいこう》年間(三五七〜三五九)中、長安に明堂を起工し、南郊・北郊を営繕し、南郊に天を祀って祖父の苻洪《ふこう》を配享し、明堂で上帝を祀って伯父の苻健《ふけん》を配享した。(2) 大夏《たいか》(四〇七〜四三一)の赫連勃勃《かくれんぼつぼつ》(在位四〇七〜四二五)は、四一九年に統万城《とうまんじょう》(今の陝西省靖辺県)を首都と定めると、明堂を営繕した。(3)

彼らは少数民族出身ながら、華北に覇権を確立するや時を措かず明堂を建立した。これに対し、東晋南朝は漢族の政権であるものの、劉宋孝武帝の大明五年(四六一)になってようやく明堂を建立した。東晋の車胤《しゃいん》が、「国内外共に平和になった後、初めて明堂、辟雍は大いに建てることが出来るのだ。[4]」と述べる通り、明堂とは本来、太平を実現した受命の帝王のみが建立し得る光栄なる殿堂なのである。それ故に華北の新興国家は積極的に明堂を建立し、自らの王権の正統性をアピールしたのであり、他方江南の漢人政権は中原恢復の宿願を抛棄しておらず、江南に安住して建康に明堂を建立することに躊躇したのである。[5]

北魏《ほくぎ》(三八六～五三四)の太祖《たいそ》道武帝《どうぶてい》(拓跋珪《たくばつけい》、在位三八六～四〇九)は、華北を統一すると、天興《てんこう》元年(三九八)秋七月、平城《へいじょう》(今の山西省大同市)に遷都し、始めて宮殿を営み、宗廟を建て、社稷の祭祀施設を立てた。[6]しかしながら、平城に明堂が建立されるのは高祖《こうそ》孝文帝《こうぶんてい》(拓跋宏《たくばつこう》、在位四七一～四九九)の登場を待たねばならず、後に遷都した洛陽でも明堂はなかなか建立されなかった。また北魏分裂後の西魏《せいぎ》・北周《ほくしゅう》の系統を継承して建国した隋は、中国統一を果たした後も、その滅亡に至るまで、ついに明堂を建立することはなかった。

北魏にせよ隋にせよ王朝の正統性を真に自覚するようになって、かえって安易に明堂を建立することができなくなったのである。中国の歴代王朝にとって明堂はきわめて重大な意義を有する建築であることが理解されよう。

本章と次章とでは、中国の正統王朝たらんとした孝文帝以降の北魏と北朝の側から南北朝を統一し、確固たる正統王朝の地位を確立した隋とが、正統王朝たる証しである明堂に対し如何なる観念を有していたかを考究する。

第一節　平城明堂の建立

太和《たいわ》十年(四八六)九月、孝文帝は明堂辟雍建立の詔書を下した。[7]太和十五年(四九一)四月己卯(十七日)になってようやく、明堂の建立、太廟の改築は着手され、半年後の十月にはそれら二つの建築は完成する。[8]

明堂及び太廟の設計施工を任せられたのは尚書の李沖《りちゅう》(四五〇～四九八)である。李沖の事績については、『魏書《ぎしょ》』巻五十三、李沖伝は次のように記載する。

> 李沖、字は思順、隴西《ろうせい》の人、敦煌公李宝《りほう》の少子である。年少の頃に父を失い、長兄の滎陽太守李承《りしょう》のもとで教育された。……孝文帝は初めて周の礼制度にならった後宮制度を置き、李沖の娘を夫人(后妃位階の最上位)とした。……沖は機敏で巧思があり、北京(平城)の明堂・円丘・太廟、及び洛陽の都市計画、郊兆(南郊北郊の祭祀施設)の整備、宮殿の新築は、全て李沖の手に係る。(9)

> 李沖、字思順、隴西人、敦煌公寶少子也。少孤、爲長兄滎陽太守承所攜訓。……高祖初依周禮、置夫嬪之列、以沖女爲夫人。……沖機敏有巧思、北京明堂・圓丘・太廟、及洛都初基、安處郊兆、新起堂寢、皆資於沖。

李沖は漢族名門の隴西《ろうせい》(今の甘粛省)李氏の出身で、父の李宝、兄の李承はいずれも『魏書』巻三十九に立伝され、その娘は漢化政策の一環で孝文帝の夫人となった(10)孝文帝の最も信任厚い側近である。李沖は文武両道に秀でた名臣であるばかりでなく、その巧思《こうし》(工学技術の顕著な才能)によって北魏の平城・洛陽両首都の建設・整備に多大な貢献を行った。ただし、これらの事業は李沖独りの手柄ではなく、李沖をリーダーとする天才建築家集団の共同作業である。(11)

孝文帝は、太和十五年の明堂、太廟修築に際し、李沖グループの一員である蔣少游《しょうしょうゆう》(?～五〇一)を洛陽に派遣し、魏晋時代の遺跡を実地調査させた。(12)また、蔣少游は南斉の首都建康にも派遣され、その宮殿の様式を秘密裏に観察した。史書の記事には蔣少游の調査対象は、太廟、太極殿、宮殿と記され、明堂は入っていないが、明堂は太廟、太極殿に勝るとも劣らない重要国家施設であるから、これだけを調査に及ばないとは考えられない。明堂に関しては、南斉のそれは漢魏までの伝統とは隔絶したものであったから、どの程度その情報が役に立ったか分からないが、魏晋時代の洛陽明堂遺跡の調査報告は有益であった。これらの蔣少游の持ち帰った調査報告を加味して、李沖は明堂の模型

《様》を造り孝文帝に献上する。視覚に訴える立体模型の効果は絶大であった。

　太和十五年四月己卯、(13) 孝文帝は李沖に詔書を下し、献上された明堂の模型を賞賛して次のように述べる。

先帝の遺旨を奉じて、命じて明堂の様を造らせた。そなたの制作物は六合〈天地四方〉の象徴を全て具備し、中古時代に当たる殷周の明堂建築を凌駕しており、理論は完璧で、千年先まで模範となる出来映えである。まことに時代に合い、不朽の作品である。本年は宮城造営を中止し、この模型を見て、だれもが早急な建造を求め、朕も明堂の盛大な儀礼に思いをはせるばかりだ。明堂建設を行え。(14)

　思遵先旨、敕造明堂之様。卿所制體含六合、事越中古、理圓義備、可軌之千載。信是應世之材、先固之器也。羣臣瞻見模様、莫不僉然欲速造。朕以寡昧、亦思造盛禮。卿可即於今歲停宮城之作、營建此構。

かくして、半年の工期で、明堂は竣工し、翌太和十六年(四九二)新春早々、孝文帝は明堂を正式に施用に供することになる。

第二節　平城明堂の構造

(一)平城明堂の独自性――漢魏洛陽明堂との比較

北魏平城明堂の構造については、酈道元《れきどうげん》(四六九?～五二七)の『水経注《すいけいちゅう》』巻十三、漯水《るいすい》の条に、次のようにその概況が述べられている。

　北魏の平城の明堂は、上が円形で下が方形、四周には全部で十二戸九室あり、重隅〈二重になった四隅の部屋〉はない。室外の柱の内部と藻井《そうせい》〈豪華な格天井《ごうてんじょう》〉との間には縹碧《ひょうへき》の色〈ライトブルー〉に塗った機輪《きりん》〈機械式の回転輪〉

を設けており、天体の回転運動を象る。回転輪には北極星と二十八宿(の星座)を描いて蓋天〈ドーム状の全天〉を象る。毎月北斗七星の指し示す方位に輪を動かし天道に対応させる。このような装置は古来よりの明堂には無かった。明堂の上層には霊台を加増し、明堂の下には水を引き入れて辟雍とし、水流の両岸は石を敷き詰めて堤とする。このような設計は古制(周代の制度)に準拠するものだ。以上が、太和年間に建立された明堂の概況である。(15)

明堂上圓下方、四周十二戸九室、而不爲重隅也。室外柱内綺井之下、施機輪飾縹碧、仰象天狀、畫北辰列宿象蓋天也。毎月隨斗所建之辰轉應天道。此之異古也。加靈臺于其上、下則引水爲辟雍、水側結石爲塘。事準古制。是太和中之所經建也。

酈道元は、北魏の地理学者であり、孝文帝に仕えた経歴を持ち、五二五年頃に『水経注』を著したから、右の記載は十分信頼できる。

また、隋の牛弘《ぎゅうこう》(五四五〜六一〇)と宇文愷《うぶんがい》(五五五〜六〇二)との二人は、隋時代の高官で、明堂建立を真剣に建議した人物であるが、かれらの明堂論議の文章の中にも、平城明堂に言及した箇所がある。牛弘は、「北魏の代都(平城)の明堂は、李沖の作であり、三に三を重ねて、合計九室としている。簷《ひさし》が土台を覆っておらず、部屋と部屋との間に通路があり、穿鑿が多く、まるで参考にならない。(16)」と言い、宇文愷は、「北魏は北台(平城のこと)城南に、円牆〈丸く取り囲むフェンス〉を璧水〈辟雍〉の外に造り、門は辟雍の内側に遠い間隔で立っており、円牆とは連接していない。明堂は九室で、三に三を重ねており、古制に基づいていない。部屋と部屋との間に通路があり、食い違いが多い。部屋はみな墼《けき》〈日干しレンガ〉を積み重ねて出来ており、極めて狭苦しい。(17)」と述べる。牛弘、宇文愷共に実際に明堂を建立する建議をした隋の高官であり、北魏平城明堂には批判的であるが、記述内容は正確であろう。

平城明堂の遺跡は一九九五年に発掘調査された(図10)。報告書によれば、中央部分に方形の版築台、それを取り巻く環状の水路及び水路の内側の東西南北四箇所に版築の遺跡が確認された。それらの規模は、中央方形版築台が一辺四二メートル、高さ二メートル余。環状の水路は、外周が二八九〜二九四メートル、内周が二五五〜二五九メートル。水路内側の四つの版築台は長さ二九メートル、幅一六・二メートルである。これらは、それぞれ『水経注』の言う明堂、辟雍、それに宇文愷の言う門に比定できる。ただし、霊台や円牆の遺跡は確認されず、明堂の間取りが分かる遺構の存在を示す発見もなかった。(18)

(二)北魏平城明堂と蔡邕「明堂月令論」——上円下方と九室

この明堂が参考にした魏晋洛陽明堂は、後漢明堂を襲用したものである。文献と考古学研究とから判明した後漢魏晋洛陽明堂(以下、漢魏洛陽明堂と略称)の顕著な特徴は、上円下方、九室重隅であること、明堂、霊台、辟雍はそれぞれ独立の建物であることである。(19)平城明堂は漢魏洛陽明堂と上円下方である点は一致する。ただし、明堂の上に霊台を載せ、周囲に環状の水流をめぐらし、これを辟雍として明堂と一体化したことは、この明堂最大の独創である。また、明快に九室であることもこの明堂固有の特徴であると言ってよい。

実は、漢魏洛陽明堂の中央は一階・二階に相当する部分は版築によって造成された文字通りの土台だった。一階の方形土台の四周に東南西北の順で青陽・明堂・総章・玄堂と呼ぶ大室が張り付く。大室は、中央の太廟と呼ぶ主室とその左右の个と呼ぶ小室から構成される。太廟と左右両个を合わせて太廟と呼ぶこともある。この組合せが四組あるので、全部で十二室ある。二階の方形土台の四維〈正方形の四隅、東北・東南・西南・西北の方角〉に五行の四方位を表す木火金水の四つの个を設け、さらにその上に三階部分に相当する太室〈五行の中央を表す土の室とされる〉と呼ぶ室を載せてその上を円蓋で覆う構造である。この明堂は後世の議論では九室であると指摘されるが、それは一階部分の青陽・明堂・総章・玄堂の四太廟に、二階部分の四維の四个、及び最上階の太室を合わせた数であり、実際には立体構造であるから、三層の平面図を重ね合わせれば一目瞭然とはいえ、些か分かり難い嫌いがある。[20]

これに対して、北魏平城明堂は、上記三種の記述を総合すれば、明堂部分は十二戸九室の構造であるが、この九室は日干しレンガを積み重ねて組み立てられ、室と室との間は通路で繋がっているのが特徴である。この九室が三に三を重ねた九室であるのは、隋の高官二人の共に注目する的となった。三に三を重ねるとの表現は修辞ではなく、いわゆる井字状の構造であることを意味する。また、重隅がないことは北魏の地理学者の目を引いた。漢魏洛陽明堂のように四隅に二階建ての構造物(二階部分が四維の室である。)がないのである。これらの記述から、九室が一層の井字型に平面的に配置されていたことが推測される。中央の土台はこの明堂にはない。同一平面上にレンガで組まれ、通路で行き来できる九つの室が配置されたのであり、きわめて明快である。[21] 九つの室は、中心を太室が、東南西北四面中央をそれぞれ青陽・明堂・総章・玄堂の太廟が占め、四隅の部屋を相接する各太廟の左个と右个とが共有

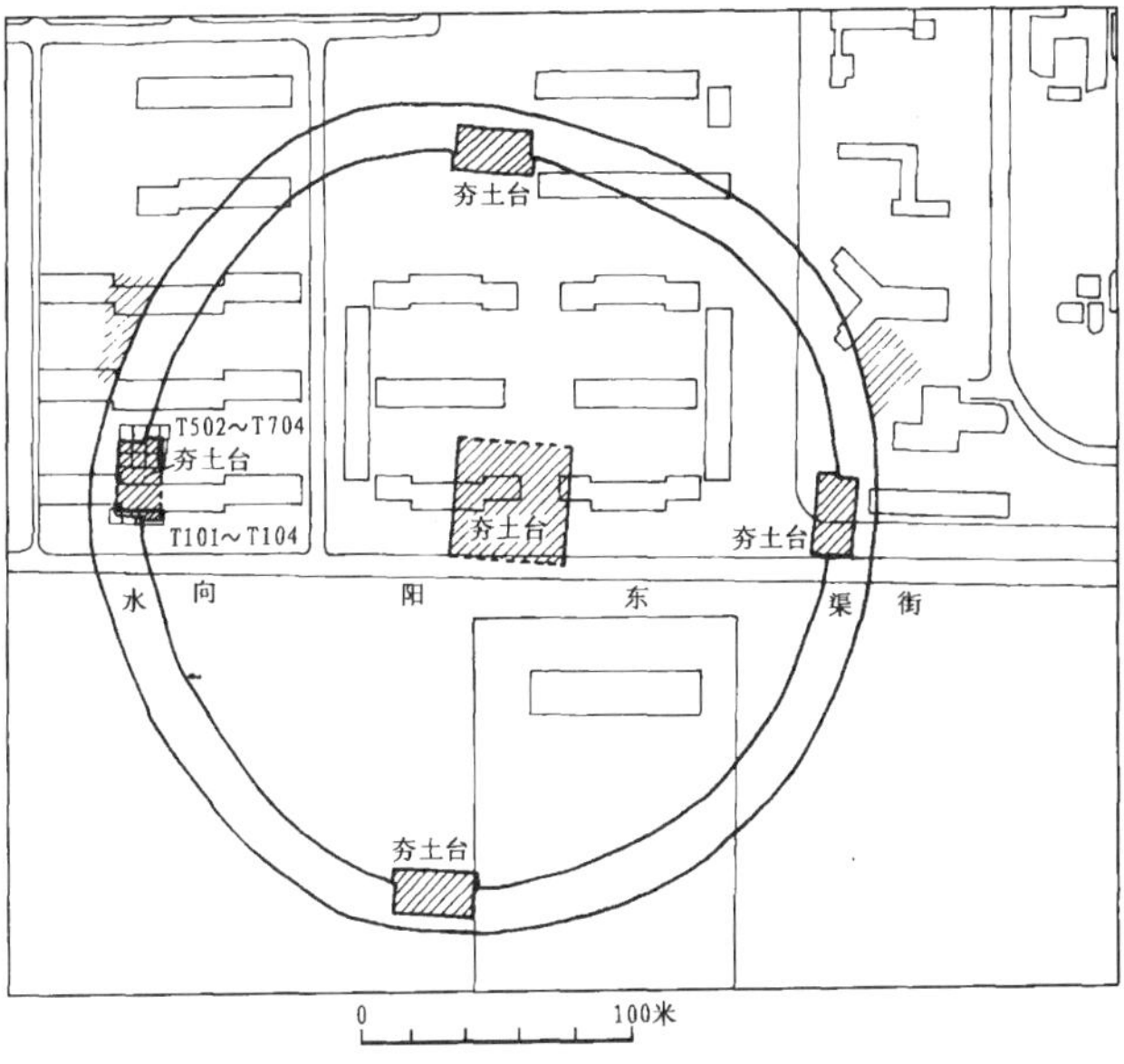

図 10 北魏の明堂跡(「山西大同市北魏平城明堂遺跡 1995 年的発掘」『考古』2001 年第 3 期)

(もしくは斜め半分に分割)する。十二戸は、四太廟及び八个の合計である。

さて、この平城明堂は建築工学的には、従来の台榭工法を脱した画期的な工法によって実現したが、理念的には、その形象にきわめて近い明堂のイメージを抱かせる文献がある。後漢の蔡邕「明堂月令論」である。「明堂月令論」は、明堂が天子の太廟(祖廟)であり、祖先を宗祀して上帝に配享する施設であること、東西南北と中央とに九室十二宮を有すること、建物に注目すれば明堂と呼ばれ、水流が璧のように丸く周囲を取り巻いているのに注目すれば辟雍と呼ばれるが、実体は一体化された複合礼制建築であること、円形の屋根が方形の屋に載る上円下方の構造であること等を、豊富な文献を典拠に滔々と述べる[22]。北魏平城明堂の大きな構造的特徴は、上円下方の二層構造、霊台・辟雍との一体化であったから、それは蔡邕の「明堂月令論」に示された複合礼制建築としての明堂の理想像を実現したものであると言ってよかろう。明堂・辟雍に加え、霊台までもが一体であるとは蔡邕は明言しておらず、また漢代最大の儒学者である鄭玄は見解を異にするものの、盧植《ろしょく》・潁容《えいよう》・賈逵・服虔《ふっけん》等の有力な漢代儒学者は、霊台と明堂(及び辟雍)とが一体であることを唱えていた[23]。明堂・霊台・辟雍を一体とする考え方は、経書には根拠となる明文が存在しないとはいえ、蔡邕をはじめ、大方の漢代の儒学者たちの賛同を得ており、それ故に北魏の酈道元は、明堂・霊台・辟雍一体式の平城の明堂を「古制に準じる」と認定したのだ。

(三)機輪と蓋図

平城の明堂は「古制」に基づいて建立された一方で、一つの全く独創的な装置を備える。すなわち「機輪」である。この装置は現代のプラネタリウムに相当すると見られるが、前近代中国において現代のプラネタリウムにほぼ相当するのは渾天象である。機輪は平面の円板に過ぎず、その円板には北極星と二十八宿が描かれるとはいえ、半球体の渾天象とは趣が異なる。機輪と最も似ている装置は、強いて探せば、蓋図であろう。蓋図については『隋書』天文志が次のように記載する。

蓋図。晋の侍中の劉智《りゅうち》は、「顓頊は渾天儀を造り、黄帝は蓋図を造った」と云う。そうならば、この渾天儀と蓋図二つの装置は、みな古代に制作されたものであるが、蓋図は、その原理は伝承されたが、用途が失われたのである。往古の時代に聖王は暦法を改正し正しい政治を行うに当たり、円蓋を作成して列宿〈中国の星座、二十八宿〉を画いた。北極星が中心にあり、円蓋を回転させて天体現象を観測するのである。(24)

蓋圖。晉侍中劉智云、「顓頊造渾儀、黄帝爲蓋天。」然此二器、皆古之所制、但傳説義者、失其用耳。昔者聖王正曆明時、作圓蓋以圖列宿。極在其中、廻之以觀天象。

要するに、蓋図とは本来蓋天説に基づいて制作された天文観測装置なのである。伝説では、黄帝が創作したと言う。円蓋上に星座を描き、北極星を中心として、回転して天体現象を観測するのだ。周知のように古代中国には科学的宇宙構造論として蓋天説と渾天説との二説があった。日常感覚に近い蓋天説とその観測装置である蓋図は、今日の球面天文学に近似する渾天説とその観測装置である渾天儀との出現以後、天文理論と天文観測の主役の地位を失ったが、星座の位置の観察程度には有効性を保持した。(25)右の『隋書』の記述を見れば、蓋図と機輪との構造が酷似していることが分かる。両方の装置とも列宿を描いており、回転して実際の天体現象と符合させることができる。ただし蓋図は天象を観察する実用装置であるが、機輪は天象を再現する演示装置である。(26)機輪は藻井の下に設置されており、仰いで天空を観察することはできないのだ。とはいえ、平城の明堂は藻井上に霊台が設営され、天文学の専門家がそこに常駐するのだから、明堂の機輪は常に正確に実際の天象をシミュレートし、明堂中にいる人人に「戸〈ドア〉を出でずして天下を知り、牖《まど》を窺わずして天道を見る」(『老子《ろうし》』四十七章)ような感を抱かせたに違いない。

平城の明堂は李沖が造った。彼の学識の詳細は不明であるが、北魏における学術については、道武帝の時代から太学を立て、五経博士を設置しており(27)、その水準の高さが窺い知られ、李沖がその儒学知識の恩恵を蒙ったことは容易に想像がつく。また、漢人である馮太后《ふうたいこう》の影響下、孝文帝は孔子の子孫を取り立てるなど(28)儒学に親しみ、学校制度の整備に勤しんだ。孝文帝治下の北魏は儒学が盛行しており、後漢の鄭玄、服虔、何休《かきゅう》の学問が大いに華北に行われていたのである(29)。このような北魏の学術状況の下において、李沖は鄭玄の学説と漢代儒学者の明堂・辟雍・霊台一体説に依拠して平城の明堂を制作した。もっとも、機輪という装置は全く李沖独自の巧思にかかり、儒学の中にはその伝統を見出すことはできない。李沖の平城洛陽両都の建築に李沖故地である河西《かせい》の文化の影響があるとする見解もあるが、未詳としておく(30)。

第三節　平城明堂の機能

(一)上帝祭祀

北魏平城明堂の主要な機能として、上帝の祭祀、聴朔、祖霊の祭祀、養老等が挙げられる。まず、上帝祭祀から見ておこう。

太和十六年正月己未(二日)、孝文帝は明堂に上帝を祀ってその父献文帝《けんぶんてい》の神霊を配享し、続いて霊台〈天文台〉に登って、雲気を観察し、さらに「青陽左个」に降りて政令を頒布した。その後毎月第一日目(朔)に明堂で政令を頒布することは慣例となるのだが(31)、この一連の振舞いの前半は後漢の故事の模倣である。『後漢書』明帝本紀に、「(永平)二年(五九)春正月辛未(十九日)、光武皇帝を明堂に宗祀し、……礼畢り、霊台に登る(32)」と記載する。光武帝は明帝の先帝である。その神霊を明堂に宗祀するのは、最高の孝心を捧げるため上帝に相応の相手として、併せ祀るのである。明堂において先帝を宗祀し上帝に配享するのは『孝経』に基づく。[33] また、霊台に登り雲気を観測する（雲物を観望する）のは『春秋左氏伝』に基づくが、[34] 必ずしも明堂上帝祭祀に連続して行われるわけでない。

(二)聴　朔

次に孝文帝は聴朔の儀礼を行った。聴朔については、前章で述べたので、贅言しないが、天子は、十二箇月ごとの暦及び政令である朔を、月ごとにその季節の堂において上帝から拝聴するから、聴朔と言う。また、天子はその朔を諸侯に告知するから、告朔とも言うのである。「青陽左个」は明堂を構成する堂室の一つだから、[35] 孝文帝が霊台から降りてここに居て政令を頒布した行為は、臣下に向けては告朔であるが、明堂において行われたからには上帝に対しては聴朔だったことになる。

この最初の聴朔は正月己未の日の出来事であったが、その後は朔(月初め)ごとに行われるようになったという。この儀礼は、『礼記』月令篇に規定された王者の明堂儀礼であり、正月・青陽左个→二月・青陽太廟→三月・青陽右个→四月・明堂左个→五月・明堂太廟→六月・明堂右个→七月・総章左个→八月・総章太廟→九月・総章右个→十月・玄堂左个→十一月・玄堂太廟→十二月・玄堂右个のサイクルを繰り返す。平城明堂には、青陽左个や明堂左个の名称が付いた室が存在し、[36] 明堂を構成する堂室の名称とそこで行われる儀礼とは、『礼記』月令篇とその鄭玄注の記述を忠実に実践に移したものに他ならない。

(三)享　祭

太和十六年九月一日、孝文帝は再び明堂を訪れ、大いに昭穆を明堂に序した(37)。これは明堂で先祖の祭祀を行ったことを述べている。昭穆を序すとは、先祖の神主〈神霊の憑《よ》り代《しろ》となる位牌〉を並べて祭祀すること、本来は宗廟で行われる儀礼である。蔡邕の「明堂月令論」には「明堂とは、天子の太廟である。それは、先祖を祭祀して、上帝に併せ祀るからである。」とあり、盧植、穎容、賈逵、服虔も明堂と太廟とを同一としていた。北魏は基本的に漢代の儒学者の学説に依拠したから、孝文帝が明堂において皇帝の宗廟である太廟の祭祀を行ったことは決して不合理ではない。ただし、上述の通り、北魏は明堂と同時期に太廟を改築したから、北魏には明堂とは別個に太廟がすでに存在する。したがって明堂がまた太廟でもあるなら、北魏には同時に二つの太廟が存在することになり、いささか奇異の念を禁じ得ない。しかしながら、使用目的が異なれば、二つの太廟が同時に存在することは不合理ではないのである。

『魏書』は、「(太和十六年、春正月)己未、顕祖《けんそ》献文皇帝を明堂に宗祀して上帝に配した。」(高祖紀下(38))、「九月甲寅朔、大いに昭穆を明堂に序した。」(同右)、「九月甲寅朔、大いに明堂に享した。」(礼志一(39))と記載する。「享」とは、有功の父帝を上帝に配享する祭祀である。北魏の孝文帝は明堂を太廟と認識し、昭穆の神主を並べて祭祀するが、明堂の祭祀は上帝が主賓であり、祖先神は主人(饗応役)である。これに対し、北魏は歴代王朝と同様に太廟の祭祀は祖先神を主賓とする。明堂の太廟は上帝を祭祀するのが目的で、太廟は祖先神を祭祀するのが目的であり、二つの太廟は目的を異にする。それ故併存可能なのである。

(四)養　老

孝文帝の平城の明堂は、その構造の他に、養老を重視することが重要な特徴の一つである。『魏書』には、「(太和十六年八月己酉[二十五日])、ここにおいて三老五更を明堂に、国老庶老を階下に養う。[40]」とある。三老五更とは、徳を備え礼節を守る長老のことであり、国老庶老とは、引退した官吏のことである。[41] 蔡邕の「明堂月令論」には明堂は「老人を養い年長者に敬意を払う意義を立てる。[42]」とあり、養老によって孝悌の徳を示す場所でもあると認識していたのだから、北魏の孝文帝が明堂を、三老五更を養う場所としたことは、漢代の儒学者の理想とした明堂イメージを実現したものに他ならない。

(五)運　籌

最後に、北魏平城明堂に独特な明堂の機能を記しておこう。時は洛陽遷都の直前、太和十七年(四九三)の夏である。[43] 後に高祖孝文帝は表面的には南斉の討伐を表明しながら、内心では洛陽遷都を目論んだ。明堂左个で斎戒すると、太常卿の王諶《おうしん》に詔を下し、自ら南斉討伐を占わせたところ、結果は「革」の卦と出た。[44]

後高祖外示南討、意在謀遷。齋於明堂左个、詔太常卿王諶、親令龜卜易筮南伐之事、其兆遇革。

革卦は命を革め天に順い、人に応じる卦(『周易』革卦の彖伝《たんでん》)である。これを吉と解釈して孝文帝は南斉討伐を宣言するが、任城王元澄《げんちょう》の反対に遭い、色をなす。しかしこれは孝文帝の意中を察し、衆議を洛陽遷都に誘導する元澄の機略だったのである。この話自体はよく知られた逸話であるが、問題は一場の芝居が演じられた舞台に明堂が選ばれたことである。廟堂の上で運命を占うことは、『淮南子』兵略訓を出典として、[45] 歴代の英雄が行ってきた。孝文帝が明堂で乾坤一擲《けんこんいってき》の賭に出たのは、明堂を廟堂(太廟)と心得ていたが故であろう。

なお、『資治通鑑』はこの事件を六月のこととするが、[46] 明堂左个が使用されるのは通常、四月の聴朔の時である。

聴朔には群臣がこぞって参列するので、実行するには都合がよいと思われるが、六月が間違っていないとすれば、明堂左个は明堂右个の間違いであろう。明堂右个は六月の儀礼の場であるからだ。

第四節　北魏の明堂論と洛陽明堂の建立

(一)袁翻の「明堂議」

平城に明堂を建立してからわずか二年後の太和十七年、孝文帝は洛陽遷都を強行した。遷都後、孝文帝が新首都に明堂を建立することはなかったが、子の世宗宣武《せいそうせんぶ》帝《てい》(元恪《げんかく》、在位四九九~五一五)は永平《えいへい》(五〇八~五一二)、延昌《えんしょう》(五一二~五一五)年間に明堂建立を発意し、延昌三年(五一四)十二月には明堂を建立する詔を発した。結局この折りには、明堂の構造を五室にするか九室にするかで結論が得られなかったことと年来頻発する饑饉《ききん》への対処で、明堂建立は沙汰止みとなった。[47] この時の五室九室論議において、袁翻《えんはん》(四七六~五二八)は、「明堂については、歴代の儒学者が議論し尽くしているが、異説続出で帰着点を見出せない。そこで経典にまでは遡らず、それ以外の書籍を論拠として、意見の一致するところを論じ、明堂建立の詔書の旨にお応えしましょう[48]」と前置きして、奏議を提出した。

袁翻は、字を景翔と言い、陳郡項(今の河南省項県)の人である。若くして抜きんでた才学によって頭角を現し、景《けい》明《めい》元年(五〇〇)に、東観で著作佐郎として史書編纂に参与し、正始《せいし》初年(五〇四)には、勅命で金墉《きんよう》中書外省にて律令《りつりょう》を考論した。北魏では最高水準の知識人である漢人官僚の一人の明堂論として重要なので、煩を厭わず大部分を収録し、段落を区切りながら解読しよう。

① 『周礼』考工記の記載は周代当時の事柄であって、夏殷の名物制度の具体的な議論のところは誤謬のあるはず

がない。明堂が五室であるのは、夏殷周同じであり、五帝を配当し五行を象徴するという、その原理は明白である。『淮南子』や『呂氏春秋』は『礼記』月令篇と同文であり、政令時令を頒布するのに堂と个との区別があるとはいえ、それらの書物の体例から見て、九室説の裏付けはない。

①案『周官』考工(記)所記、皆記其時事、具論夏殷名制、豈其紕謬。是知明堂五室、三代同焉、配帝象行、義則明矣。及『淮南』『呂氏』與(『禮記』)月令同文、雖布政班時、有堂个之別、然推其體例、則無九室之證。

『周礼』考工記は明堂制度論の根本経典の一つである。袁翻はこれを五行思想で解釈し、明堂五室説を普遍的原理であると断定する。『淮南子』や『呂氏春秋』は蔡邕「明堂月令論」が依拠する文献であるが、これにも九室説の根拠はないと述べる。

②九室説は『大戴礼記』から流布し、起源を探求しても出所がわからないのに、漢王朝はこれに依拠し、漢代独自の明堂規範を作ろうとした。故に鄭玄は、「周の明堂は五室であり、それは五帝の帝ごとに一室であるからだ。五行の数に合致するのであり、『周礼』は五行の数に依って明堂の室を作ったのである。今の明堂に施行されている九室説は、周代のものとは異なるとはいえ、当今の説として脚光を浴びている。周代の制度は明確に存在しているのだけれども、経典に明文がないからには、九室説についてあれこれ言うまい。」と言った。

②明堂九室、著自『(大)戴禮』、探緒求源、罔知所出、而漢氏因之、自欲爲一代之法。故鄭玄云、「周人明堂五室、是帝一室也。合於五行之數、『周禮』依數以爲之室。施行於今、雖有不同、時說昞然。本制著存、而言無明文、欲復何責。」

『大戴礼記』は、前漢の戴徳の撰著、九室説の端緒である。鄭玄の説は、『駁五経異義』に見える説で、袁翻の、明堂五室が五行思想原理に由来する、とする説の源泉である。

③他にも無知蒙昧な点はある。張衡の「東京賦」に、「乃ち三宮（明堂、辟雍、霊台）を営み、教を布き常を班し〈政令時令を頒布すること〉、複廟重屋〈複数の太廟と二階建ての建物〉、八達九房〈八つの窓と九つの部屋〉あり」とあり、薛綜は、「房は室であり、堂の後に九室有ることだ」と注する。堂後九室の制〈堂の後ろに九室ある制度〉とは、大変な間違いだ。裴頠は、「漢代の明堂は東南・西南・東北・西北の四隅に个〈小部屋〉を設け、そこで儀礼を行ったため、季節ごとの儀礼とそれを行う場所の方角とが合致しなくなった。もし勧戒のための図像を描くことが可能であれば、そのような明堂は実際の儀礼を執り行うには不向きで、無用の長物を造ったと言う他ない。」と述べた。漢代の人々は『周礼』等の古典を廃棄して顧みず、明堂の構造と制度とを創作し、書物に拘らないことが大変よく分かる。

③但就其此制、猶竊有懵焉。何者、張衡『東京賦』云、「乃營三宮、布教班常、複廟重屋、八達九房。」此乃明堂之文也。而薛綜注云、「房、室也、謂堂後有九室。」堂後九室之制、非巨異乎。裴頠又云、「漢氏作四維之个、不能令各處其辰、就使其像可圖、莫能通其居用之禮、此爲設虛器也。」甚知漢世徒欲削滅周典、捐棄舊章、改物創制、故不復拘於載籍。

張衡は後漢の人、「東京賦」は洛陽の景物を詠じた文学作品で、この箇所は同時代人による後漢明堂の描写として、三国呉の薛綜の注を伴ってよく引用される。裴頠は西晋の学者政治家、この文章は、「一屋之論」の一節である[49]。この段では、後漢洛陽明堂が堂の後ろに九室あり、四維に个のあることが批判対象となる。

④鄭玄は三礼注及び『駁五経異義』を著したが、それらに示された明堂説は考えに考え抜き、周代の明堂制度の内容とその普遍性とを理解した成果である。その『明堂図義』は、誰をも納得させる説得力があり、きわめて明快に確乎不抜として、微妙な細部まで解き明かし、周公の作った周の明堂制度を保全した。蔡邕は漢代明堂制度

を損益したが、文章が煩雑であり、周の制度にも漢の制度にも違背したので、鄭玄の絶妙な明堂説に取って代わることは出来なかった。

④且鄭玄之詁訓三禮、及釋『五經異義』、竝盡思窮神、故得之遠矣。覽其『明堂圖義』、皆有悟人意、察察著明、確乎難奪、諒足以扶微闡幽、不墜周公之舊法也。伯喈(蔡邕)損益漢制、章句繁雜、既違古背新、又不能易(鄭)玄之妙矣。

鄭玄の三礼(『周礼』『儀礼』『礼記』)注は現存し、『駁五経異義』は佚書ながら著名である。『明堂図義』は、ここ以外にその書名を見ない。古来『明堂図』が二種伝わっていたというから、その内の一本に鄭玄が解説を施した書物であろう。[50] 蔡邕の「明堂月令論」は、平城時代には明堂建立のバイブルの一つだったが、鄭玄学の絶対化と共にその地位を著しく低下させたことが窺える。

⑤魏晋の書物にも、明堂に五帝を祀るとの文章はあるが、明堂建築の記述がなく、準拠できない。遺跡を見れば、概要は分かるが、高さや面積は『大戴礼記』とは大変異なり、九室であることを明言することは出来ない。しかも、明堂、辟雍、霊台はそれぞれ独立しており、盧植や蔡邕の説と異なり、儀礼の進行に典拠がなく、経典に従うことが出来ない。晋朝も穿鑿して明らかにすることが難しかったため、裴頠の「一屋之論」が登場した。どれも経典を正しく理解しておらず、でたらめな明堂論を説き、曲学家のいつも口にするいい加減な話に過ぎないので、時世の規範には到底なり得ない。

⑤魏晉書紀、亦有明堂祀五帝之文、而不記其經始之制、又無坦然可準。觀夫今之基址、猶或髣髴、高卑廣狹、頗與『(大)戴禮』不同、何得以意抑必、便謂九室可明。且三雍異所、復乖盧(植)・蔡(邕)之義、進退亡據、何用經通。晉朝亦以穿鑿難明、故有一屋之論。竝非經典正義、皆以意妄作、茲爲曲學家常談、不足以範時軌世。

魏晋の文章は、三国魏の高堂隆や王粛、西晋の摯虞のものを指す(51)。魏晋時代は祭祀対象の議論は盛んだったが、建築は漢魏の遺物を襲用するだけであり、しかも北魏遷都当時は、すでに上部構造物は風化し、基址が残るばかりであったことが窺われる。裴頠の「一屋之論」は後述する。

⑥北魏平城の明堂制度は妥当ではなく、初めての明堂建立だったため、任意のところが多かった。事態は推移して礼制も変化し、平城時代の遺物は僅かとなった。変革すべきであり、守旧に汲々としてはならない。しかも遷都当時は慌ただしく、何事も孝文帝時代の制度に因循していたが、数年の間に制度改正が進み、永法が難く頻繁に改変する方が容易な時代となった。宮殿や政府施設は古跡によることが多く、明堂辟雍だけが平城の制度を墨守できようか。建立がいつになるか分からず、人々は明堂の遺跡を訪れては、無責任な妄言をしている。周と同じ制度にして、明堂を五室にして下さい。明堂が元あった場所に依って、城外に明堂、辟雍、霊台の三雍を別々に建てて下さい(52)。

⑥又北京制置、未皆允帖、繕修草創、以意良多。事移禮變、所存者無幾。理苟宜革、何必仍舊。且遷都之始、日不遑給、先朝規度、毎事循古、是以數年之中、悛換非一、良以永法爲難、數改爲易。何爲宮室府庫多因故迹、而明堂辟雍獨遵此制。建立之辰、復未可知矣、既猥班訪逮、輒輕率瞽言。明堂五室、請同周制。郊建三雍、求依故所。

袁翻は明堂に関わる学説を、依拠する経典があるものとそうでないものとに区別した。すなわち、『周礼』考工記の記述は信頼に足り、五行説に法ったその明堂五室の説こそ正しいとする。逆に、「明堂九室」の説は、漢代編纂の『大戴礼記』に端を発し、そのような根拠不明の説に依拠し、独自の明堂規範を作ろうとした漢王朝を批判する。それ故に袁翻は鄭玄の「周人明堂五室」とする学説を、きわめて明快で、細部まで行き届いていると評価し、逆に蔡邕の所説を、漢代の明堂制度を改定し、周の制度にも漢の制度にも違背したと批判する。蔡邕説批判はその九室説だけではなく、明堂、辟雍、霊台一体説をも含む。

最後に袁翻は、平城の明堂が九室十二堂であるのは妥当でなく、北魏では最初の明堂建立だったため、任意に作られた箇所がきわめて多く、因循墨守するに値しない、と考えた。そこで袁翻は、洛陽に新たに築く明堂は、周制を模範として五室とし、漢魏晋の三雍〈明堂、辟雍、霊台〉がそれぞれ個別に立てられたのに倣い、北魏の三雍もそれぞれ個別に漢魏晋の三雍の故所〈もとあった場所〉に立てよ、と提議したのである。

注目すべきは、袁翻が裴頠の学説を批判した事実である。袁翻の奏議に云う「一屋之論」とは五室でも九室でもなく、上円下方でもない殿屋をひとつだけ造り、先帝を宗祀し上帝に併せ祀る儀礼だけを行うとする説を指す。周知の通り、この裴頠の「一屋之論」は南朝の明堂において実現される。南朝宋の明堂は、「ただ大殿屋を作って彫塑・絵画を施しただけで、昔ながらの三十六戸七十二牖の制は無い。[53]」状態であった。その後の南斉・梁・陳の明堂も同様である。袁翻は漢代の儒学者の九室説と共にこの説を、経典を曲解しており、すべて好き勝手なでたらめの解釈であると批判する。裴頠のこの説は南朝が採用したために、袁翻をはじめとして北朝の論者たちは、ことあるごとにこの説を批判して、南朝の明堂の正統性を貶めようとしたのである。

（二）賈思伯の「明堂議」

粛宗孝明帝《しゅくそうこうめいてい》（元詡《げんく》、在位、五一五〜五二八）の熙平《きへい》二年（五一七）、再び明堂建立の議論がおこり、詔勅で五室とすることが決定された。[54]この時、衛尉卿の賈思伯《かしはく》（四六八〜五二五）は、明堂、辟雍、霊台の三雍別所説と明堂五室説とを強く主張する奏議を行った。

奏議では先ず、鄭玄は明堂、太廟、王寝、辟雍を必ずしも一体とはしないことを強調し、『周礼』の国都計画は、祖廟を都の左(東)に、社稷の祭祀場所を右(西)に配置する。明堂は国門の陽(南)に所在するのだから、天子の太廟でないことは明白である。ならば『礼記』月令篇に、「四堂及び太室はみな廟と言う」とあるのは、天子は明堂をかりそめの太廟として先祖の霊を五帝に配享するからであるのに違いない。また『礼記』王制篇に、「周人は国老を東膠に養う」とあるのに、鄭玄が「東膠はすなわち辟雍であり、王宮の東に在る」と注する。また『毛詩』大雅(思斉)に、「邕邕として宮に在り、粛粛として廟に在り」とあるのに、鄭玄が、「宮は、辟雍の宮を言う。王を助ける施設である。老を養う場合は和を尚び、祭を助ける場合は敬を尚ぶ。」と注する。これらは辟雍が明堂には無いことの明証である。[55]

『周禮』營國、左祖右社。明堂在國之陽、則非天子太廟明矣。然則『禮記』月令、四堂及太室皆謂之廟者、當以天子暫配享五帝故耳。又(『禮記』)王制云、「周人養國老於東膠。」鄭注云、「東膠卽辟雍、在王宮之東。」又『詩』大雅云、「邕邕在宮、肅肅在廟。」鄭注云、「宮、謂辟雍宮也、所以助王。養老則尙和、助祭則尙敬。」又不在明堂之驗矣。

と述べ、鄭玄学の権威を根拠に明堂と辟雍との別所建立を説いた。

次いで、

鄭玄は、「周の明堂は五室であり、それは五帝の帝ごとに一室であるからだ。五行の数に合致するのであり、『周礼』は五行の数に依って明堂の室を作ったのである。今の明堂に施行されている九室説は、周代のものとは異なるとはいえ、当今の説として脚光を浴びている。」と言った。鄭玄のこの説は、妥当である。按ずるに『礼記』月令篇にもやはり九室の明文はなく、その配置を検討しても、五室説と乖離することはない。月令篇の青陽右个はすなわち明堂左个であり、明堂右个はすなわち総章左个であり、総章右个はすなわち玄堂左个であり、玄堂右个はすなわち青陽左个である。そのようであれば、室の数は五でありながら、十二箇月の政令時令を頒布できる。明堂五室説の原理は、揺るがないと言えよう。明堂五室の方向や規格寸法は、時代ごとに時宜に応じて決められた。『大戴礼記』の九室説、蔡邕の明堂、太廟、太学一体説、盧植の明堂、霊台一体説、裴頠の「一屋之論」、及び諸家の諸説は、どれも取るものがない(56)。

鄭玄云、「周人明堂五室、是帝各有一室也、合於五行之數、『周禮』依數以爲之室。施行于今、雖有不同、時説昞然耳。」尋鄭此論、非爲無當。按月令亦無九室之文、原其制置、不乖五室。其青陽右个卽明堂左个、明堂右个卽總章左个、總章右个卽玄堂左个、玄堂右个卽青陽左个。如此、則室猶是五、而布政十二。五室之理、謂爲可安。其方圓高廣、自依時量。戴氏九室之言、蔡子廟學之議、子幹靈臺之説、裴逸一屋之論、及諸家紛紜、竝無取焉。

と、袁翻と同様に鄭玄の『駁五経異義』の一節によって、明堂五室説の原理を説き、また鄭玄の『礼記』注によって、明堂、辟雍別所説を説く。後世、宋の朱熹《しゅき》が唱えて有名になる「青陽右个即明堂左个、明堂右个即総章左个、総章右个即玄堂左个、玄堂右个即青陽左个」の説は、これが初出である。そして最後に、これも袁翻同様に、漢代の諸説と裴頠の「一屋之論」とを挙げて、これらを謬説として一蹴する。

賈思伯は、字を士休と言い、斉郡益都(今の山東省寿光)の人である。代々儒教に親しむ家系で、彼自身それを自負し、法律を好まず、時事について語ることは稀であったが、本奏議は学者の賞賛の的となった。また、賈思伯は粛宗に杜氏春秋を教授したことで知られる(57)。杜氏春秋とは、西晋の杜預《どよ》の『春秋左氏伝』の学問を指す。これは北魏の『春秋左氏伝』の学問が、明堂九室説や明堂、辟雍、霊台一体説を唱えた、漢代の穎容・賈逵・服虔の系統ばかりではなく、より歴史的事実を重んじる、魏晋の杜預の系統も重視したことを示し、『魏書』儒林伝序の、「華北では、漢代の鄭玄の『易』『書』『詩』『礼』『論語』『孝経』の学、服虔の『春秋左氏伝』の学、何休の『春秋公羊伝』の学が盛行した。晋代の杜預の『春秋左氏伝』の学は、杜預の玄孫の杜坦《とたん》とその弟の杜驥《とき》が、劉義隆(南朝宋の文帝)時代に青州刺史となって、その家業を伝えたため、斉の地方でよく学ばれた」(58)との記述を裏付ける。

(三)李謐の「明堂制度論」

北魏の学者は概して鄭玄の学説を尊重したが、鄭玄の経注も決して完全無欠ではなく、誤謬を含む注解も存在することを理解していた。李謐《りひつ》(四八四〜五一五)はその「明堂制度論」の中で、

鄭玄は漢末の通儒《つうじゅ》(儒教経典全般にわたる体系的な儒学者)であり、後学《こうがく》の仰ぎ見るところであるが、明堂五室の位置を解釈して、土の室は中央に位置し、木火金水の室は各室四維に位置すると言う。しかし四維の室は東南西北の正面の方位を向いていないから、政令の頒布・聴朔は調和のとれた正しさに欠ける。左右の个の場所の不都合は、棄てて顧みず、美辞麗句で糊塗して、水と木との用事は東北で交わり、木と火との用事は東南で交わり、火と土との用事は西南で交わり、金と水との用事は西北で交わる、と言う。五行思想に依拠しているのだから、五室は当然その方位に向いておらねばならない。用事の交わりは、どの経典にも典拠を持たない。異端を攻めることは、間違いを言っているのに博学であるため、後学を誤らせ、偉大な先輩儒学者に望む行いではないと言わねばならない。(59)

鄭康成漢末之通儒、後學所宗正、釋五室之位、謂土居中、木火金水各居四維。然四維之室既乖其正、施令聽朔各失厥衷。左右之个、棄而不顧、乃反文之以美說、飾之以巧辭、言水木用事交於東北、木火用事交於東南、火

土用事交於西南、金水用事交於西北。既依五行、當從其方、用事之交、出何經典。可謂攻於異端、言非而博、疑誤後學、非所望於先儒也。

と率直に指摘する。四維説はことのほか評判が悪いようである。

李謐は、字を永和と言い、趙郡(今の河北省趙県)の人である。若くして学問を好み、儒教経典・諸子百家の書に通じた。ただし、生涯公職に就かない、隠逸の士であったから、北魏の学界が等しく信奉する鄭玄の礼学に対しても忌憚ない意見を述べることが出来たのである。もっとも、李謐は決して鄭玄学を否定する立場ではなく、『礼記』の月令・玉藻・明堂位三篇とその鄭玄注は支持しており、『大戴礼記』盛徳篇とその信奉者は批判の対象なのである。

総じて言えば、洛陽遷都以後、北魏の知識人たちの大半は明堂、辟雍、霊台一体で九室の平城明堂を否定し、辟雍・霊台とは別個の、五室の明堂を建立することを支持したのである。

第五節　洛陽明堂の構造と機能——五室初建、九室改修

粛宗の時、ようやく洛陽に明堂は建立された。『魏書』礼志二には、

当初、世宗は、永平・延昌年間中に、明堂を建立しようとした。しかし明堂を五室にするか九室にするかで議論が紛糾し、年来饑饉が重なり、沙汰止みとなった。粛宗の熙平二年になって、再度明堂建立が発議され、詔勅を下して五室とした。元叉《げんさ》が執政するに及び(正光《せいこう》元年、五二〇)、明堂は九室に改築された。世の中が混乱してきたため明堂は完成せず、先帝を宗祀して上帝に配享する儀礼の施設は、ついに設けられなかった。(60)

初、世宗永平・延昌中、欲建明堂。而議者或云五室、或云九室、頻屬年饑、遂寢。至是復議之、詔從五室。及

　元叉執政、遂改營九室。値世亂不成、宗配之禮、迄無所設。

とあり、同書世宗本紀には、「(延昌三年[五一四])十二月庚寅(十六日)、明堂を建立する詔勅が下された。[61]」とあり、同書粛宗本紀には、「(正光五年[五二四])九月……乙亥(二十八日)、皇帝は明堂に行幸し、蕭宝夤《しょうほういん》等を餞別した。[62]」とある。また、『洛陽伽藍記《らくようがらんき》』巻三、城南には、「わが北魏の正光年間に、明堂を辟雍の西南に造った。上が円形で下が方形、八牕四闥〈八つの窓と四つの門〉をそなえる。[63]」とある。

　これらの記述を整理すれば、次のようになる。すなわち、世宗の延昌三年に明堂建立の詔書が下された。しかしこの時は五室九室の論争と経済問題のため、明堂は建立されなかった。粛宗の熙平二年再び明堂建立が提議され、詔により五室とすることが決定した。その後、元叉が実権を握る(正光元年)と、五室の明堂を九室に改築する決定が為された。しかし時局の混乱のために、この改築工事は中断を余儀なくされ、上帝と祖先の神主とを設置して行う祭祀儀礼の施設は設けられなかった。正光五年九月に粛宗は明堂に行幸し、そこで蕭宝夤らを餞別した。

　確認できる事実は、世宗の延昌三年と粛宗の熙平二年との両次にわたって、洛陽明堂建立の詔が下されたこと、熙平二年勅命の明堂は当初計画では五室だったが、元叉によって正光元年に九室に改営されたこと、九室に改築された明堂は未完成だったこと、正光五年に粛宗は明堂で蕭宝夤らを餞別したことである。これらの事実から推定すれば、熙平勅許の五室明堂は実際に建設に着手されたのであり、それを正光二年に九室に改築したが、祭祀儀礼の施設が未完成のまま残され、そこを正光五年に粛宗が行幸したと考えられる。

　この明堂が実は新造ではなく、後漢明堂を修復したものだとする見解が提出されている。[64]確かに、前節で解読した袁翻の「明堂議」の最後で、袁翻が、北魏洛陽明堂を、漢魏晋の明堂が元あった場所《故所》に依って建てよ、と提言したことを想起すれば、北魏洛陽明堂が漢魏晋の明堂跡を利用して建立された可能性は、むしろ高い。そして、考古学研究によって、この説は裏付けられたのである。

一九六三年の予備調査に始まる数次の発掘調査によって、漢魏洛陽故城南郊の明堂遺跡はその全貌をほぼ現した。報告書によれば、明堂中心遺跡の敷地版築《はんちく》〈板枠中に土を盛り一層ずつつき固めて造った土壇〉本体には、少なくとも三時期の建造・補修増築の版築遺跡があり、晩期（第三期）の地中基礎版築は基本的に早期（第一期、第二期）に修築した版築基礎上に築造し、補修増築したものであり、またそれより一回り小さい円形の上層版築も早期のそれを利用したもので、発掘された大量の瓦片、磚等の建築材料から、北魏時代に改造補修された遺跡と推定される。第一期は後漢時代に、第二期は魏晋時代にそれぞれ比定され、北魏洛陽明堂が漢魏の明堂跡を利用して建立されたことは証明されたのである。[65]

西暦五三四年、北魏は東魏《とうぎ》と西魏とに分裂した。東魏は北斉《ほくせい》に、西魏は北周にそれぞれ取って代られた。東魏、北斉は鄴を首都とし、西魏、北周は長安を首都とした。これらの諸国の明堂について、『隋書』礼儀志一は、「北斉は『周礼』考工記を採用して五室とし、北周は漢の『三輔黄図』を採用して九室とし、各々その明堂の制度を保有したが、結局建立することはなかった。[66]」と記載する。鄴都、長安とも明堂は、実際にはその偉容を誇ることはなかったのである。

第六節　北魏明堂の祭祀

平城明堂は基本的に、蔡邕をはじめとする後漢の儒学者の九室説、明堂、辟雍、霊台一体説を信奉して建立された。洛陽明堂は当初の計画では、鄭玄の学説を信奉して五室説、明堂、辟雍、霊台別所説を採用した。つまり、北魏の明堂は、平城時代と洛陽遷都後とではまったく異なる学説に基づいて建立されたのである。

しかしながら、これが明堂である限りは、九室であろうが、五室であろうが、辟雍、霊台と一体であろうがあるまいが、いずれにしても、祭祀対象は上帝であることに変わりはなく、上帝は五帝であることも、南北朝時代を通じて、歴代不変なのである。ただし、本書で論じてきたように、五帝の内実は時代によって必ずしも同じではない。

北魏の場合は、洛陽遷都以後は一貫して鄭玄の学説が信奉されてきたから、洛陽明堂で祭祀される五帝が太微五帝であることは、疑いを入れない。太微五帝はいわゆる感生帝で、東方を司る蒼帝霊威仰、南方を司る赤帝赤熛怒、西方を司る白帝白招拒、北方を司る黒帝汁光紀、そして中央を司る黄帝含枢紐の五柱の神神である。

これに対し、平城明堂の祭祀対象である五帝の内実は些か複雑である。平城明堂の構造は、鄭玄の学説と相反する盧植、蔡邕、賈逵等の後漢の儒学者の学説に法っており、蔡邕、賈逵等の説では、五帝は大皞、炎帝、黄帝、少皞、顓頊のこととされるからだ[67]。

しかしながら、北魏では、つぎのように、道武帝の時代に既に感生帝を祭祀した形跡が見られる。

(天興《てんこう》)二年(三九九)正月、道武帝は自ら、上帝を南郊に祭祀し、始祖神元皇帝《しそしんげんこうてい》を配享した。壇を造り四つの陛〈階段〉を架け、三重の壝埒《いれつ》〈円牆、まるいかきね〉を造った。天の神主は壇上に置かれ、南の方を向き、神元皇帝の神主は西に向けた。五精帝の神主は壇の内側にあり、円牆の内側の四帝は、各々その方位に位置し、一帝は未〈西南〉の方位に位置した[68]。

二年正月、帝親祀上帝于南郊、以始祖神元皇帝配。爲壇通四陛、爲壝埒三重。天位在其上、南面、神元西面。五精帝在壇內、壝內四帝、各於其方、一帝在未。

五精帝とは、太微中の五星の精神との意味で、感生帝の別称である。漢人政権では曹魏の明帝太和元年(二二七)、明堂での祭祀対象である五帝を、それまでの五行帝から太微五帝に変更したが、この魏の明堂は後漢の明堂をそのまま襲用した。後漢明堂は九室であり、魏の改制以前は五行帝を祭祀してきたから、鄭玄説よりも蔡邕等の説に近い。曹魏はそこに鄭玄説に基づく太微五帝を祭祀した。明堂の構造と祭祀対象とは依拠する学説の系統を必ずしも一致させる必要はないのである。北魏平城明堂も、蔡邕等の学説に依拠した構造であるからといって、同じ蔡邕等の学説に従って太昊、炎帝等の五帝を祭祀したとは限らない。南郊に五精帝を祭祀した先例に照らせば、明堂の祭祀対象も五精帝(太微五帝)である可能性は極めて高いのである。

結語

太和十六年正月二日、孝文帝は前年完成したばかりの明堂において、上帝、祖霊の祭祀を行い、続いて霊台に登って、雲気を観察し、さらに告朔の儀礼を行った。この一連の振る舞いは、後漢明帝の、永平二年の故事の模倣である。孝文帝は後漢明帝の振る舞いを祖型とし、完全に再現したのである。さらに孝文帝は、八月二十五日には明堂で養老の儀式を行い、九月一日には、再び明堂を訪れ、明堂で大享の祭祀儀礼を行った。この立て続けの行いは、後漢を模範として、北魏をして儒教国家を標榜する正統王朝に成長させようとする孝文帝の意気込みを示す宣言に他ならなかった。

明堂を舞台にして理想の皇帝像を演じた孝文帝の姿からは、かつて王莽が周公を模倣し、その明堂儀礼を再現することで、自己の簒奪を正当化したことを思い起こさせる。孝文帝の場合、簒奪ではなかったが、非漢族の身で正統王朝を目指すことは、いわば漢族からの天命の簒奪であり、明堂の制作とその機能の発揮は、精神面における重要な漢化政策の一つであったことは間違いない。明堂制作に当たって、孝文帝は用意周到に準備した。側近の李沖に命じ、明堂の理念と仕組みとを研究させ、設計図と模型とを提出させた。細密を極めた模型は君臣の明堂創建への熱情を掻き立てた。

ところが明堂で最初の大享儀礼が行われた翌年(四九三)、孝文帝は南朝侵攻を口実に、強引に洛陽に遷都した。明堂建立の詔書を下した太和十年から数えれば七年後になるから、最初から平城明堂を洛陽遷都の捨て石にするつもりはなかったかも知れないが、結果的にはそうなった。平城明堂は、形状的には後漢雒陽明堂を、漢代中後期に発展した儒教の明堂論を参照して改良した建築物であった。最も参考にしたと思しき蔡邕の「明堂月令論」に照らしても、上円下方(上が円形で下が方形)、辟雍、霊台との一体化、明快な九室等、どれをとっても申し分なく、あたかも後漢の儒学者たちの理想を実現したかのようであった。

だが、洛陽遷都以後この平城明堂は、まさにその後漢の理想の具現化が原因となって、鄭玄学を信奉する学者や官僚によって批判の的となる。北魏では、道武帝の時代から儒教を奨励し、漢代の儒教の伝統をよく伝えた。しかしながら、洛陽遷都当時はすでに礼学の分野では鄭玄の学問が主流となり、蔡邕等の他の漢代儒学者の学説を圧倒する勢いだった。鄭玄の学説に基づく明堂制度は、西周の制度を模範とするものであった。それに対し、平城明堂は漢代儒教の伝統に立脚しており、両者は相容れない点が少なくなかったのだ。

洛陽遷都後、明堂建立を求める請願が為された。その多くは、袁翻や、賈思伯、李謐等の漢人学者官僚からであり、彼らは程度の差こそあれ、みな鄭玄学の信奉者であったから、五室の明堂を求めた。また、建設地点は後漢魏晋の明堂の跡地を最適とする主張も袁翻によって為された。袁翻の思いが単なるノスタルジーなのか、三朝の明堂跡に何らかの聖性を認めたのかは不明だが、北魏洛陽明堂が実際に、漢魏晋三王朝の遺構が累積した明堂遺跡の上に築かれたことは、今日の考古学研究によって証明されている。

けれども、北魏洛陽明堂は、平城明堂ほどには愛されなかったようである。孝文帝の死後、後を継いだ宣武帝は明堂建立を発意したが果たせず、その子の孝明帝の治世に五室の設計で始められた工事は、実権を握った元叉の主張で九室に改築されたが、結局完成をみないまま、北魏の崩壊を迎えるに至るのである。

注

(1)『晉書』巻一百五、石勒載記下、「起明堂、辟雍、靈臺于襄國城西。」(二七四八頁)。繫年は『資治通鑑』巻九十四、晉紀十六による。
(2)『晉書』巻一百十三、苻堅載記上、「堅起明堂、繕南北郊、郊祀其祖洪以配天、宗祀其伯健于明堂以配上帝。」(二八八六頁)。
(3)『晉書』巻一百三十、赫連勃勃載記、「遂營起都城、開建京邑。……御太一以繕明堂。」(三二一一頁)。
(4)『晉書』巻八十三、車胤伝、「九服咸寧、四野無塵、然後明堂辟雍可光而修之。」(二一七八頁)。
(5)東晉・南朝の明堂については、本書第三章〜第四章を参照。
(6)『魏書』巻二、太祖紀、「秋七月、遷都平城、始營宮室、建宗廟、立社稷。」(三三頁)。
(7)『魏書』巻七下、高祖紀下、「九月辛卯、詔起明堂辟雍。」(一六一頁)。
(8)『魏書』巻七下、高祖紀下、「(太和十五年)夏四月……己卯、經始明堂、改營太廟。」「冬十月庚寅、車駕謁永固陵。是月、明堂、太廟成。」(一六七頁)。
(9)『魏書』巻五十三、李沖伝、一一七九〜一一八七頁。
(10)孝文帝の夫人となった娘の名は不詳だが、李沖の娘では他に、李媛華《りえんか》が孝文帝の弟で彭城王の元勰《げんきょう》に嫁ぎ、李稚華《りちか》が馮翊《ひょうよく》王《おう》の元季海《げんきかい》に嫁いでおり、李沖一族は北魏皇族と濃密な姻戚関係にあった。逯耀東《ろくようとう》『従平城到洛陽　拓跋魏文化転変的歴程』、(北京、中華書局、二〇〇六年)一八一〜二五五頁を参照。

(11) 李沖グループについては、陳寅恪前掲書『隋唐制度淵源略論稿』、六二～七一頁、逯耀東前掲書『従平城到洛陽　拓跋魏文化転変的歴程』、一六〇～一八〇頁、拙稿「魏晋南北朝時代の将作大匠と儒教――中国中世の科学技術と官僚制――」(『哲学年報』第七十四輯、九州大学大学院人文科学研究院、二〇一五年)を参照。

(12) 『魏書』巻九十一、術藝伝、蔣少游、「後於平城将營太廟・太極殿、遣少游乗傳詣洛、量準魏晉基趾。後爲散騎侍郎、副李彪使江南」(一九七一頁)、『南斉書』巻五十七、魏虜伝、「(南齊永明)九年(北魏太和十五年)、(孝文帝)遣使李道固、蔣少游報使。……密令觀京師宮殿楷式。」(九九〇頁)。

(13) 繫年は〔清〕厳可均『全後魏文』巻四、孝文帝二(北京、中華書局、『全上古秦漢三国六朝文』、一九五八年、三五三四頁)、「下尚書思愼營建明堂詔」による。ただし、この年月日は、明堂着工の当日であるから、些か疑問である。

(14) 『南斉書』巻五十七、魏虜伝、九九一頁。

(15) 『水経注』巻十三、㶟水、一一五〇～一一五一頁。なお、「晝北辰列宿象蓋天也」は、原文は、「晝北道之宿焉蓋天也」に作るが、『四部叢刊』本の朱謀㙔の校勘に従い改めた。

(16) 『隋書』巻四十九、牛弘伝、「後魏代都所造、出自李沖、三三相重、合爲九室。簷不覆基、房間通街、穿鑿處多、迄無可取。」(一三〇三頁)。

(17) 『隋書』巻六十八、宇文愷伝、「後魏於北臺城南造圓牆、在璧水外、門在水內迥立、不與牆相連。其堂上九室、三三相重、不依古制、室間通巷、違舛處多。其室皆用墼累、極成褊陋。」(一五九三頁)。

(18) 王銀田・曹臣明・韓生存「山西大同市北魏平城明堂遺址一九九五年的発掘」(『考古』二〇〇一年第三期、二〇〇一年)、王銀田「北魏平城明堂遺址研究」(『中国史研究』二〇〇〇年第一期、中国社会科学院歴史研究所、二〇〇〇年)を参照。

(19) 楊鴻勛前掲論文「明堂泛論」、六三～七六頁を参照。

(20) 王世仁前掲書『中国古建探微』「明堂形制初探」、三九～五七頁を参照。

(21) 王世仁前掲書『中国古建探微』「明堂形制初探」、五七～五八頁を参照。

(22) 本書第一章第三節(四)蔡邕の「明堂月令論」を参照。

(23) 鄭玄が霊台・辟雍と明堂とを別物と考えていたのに対し、盧植・穎子容・賈逵・服虔等の他の有力な漢代の儒学者は、明堂・辟雍・霊台(さらには太廟・太学)を一体と見なしていた。蔡邕も、霊台に関する言及はないが、明堂・辟雍・太学・太廟を一体としており、霊台だけは別所だとしていたとは考えにくい。『毛詩』大雅、文王之什、霊台、孔穎達疏に、「鄭(玄)以、靈臺辟廱在西郊、則與明堂宗廟、皆異處矣。……盧植『禮記注』云、明堂卽大廟也。天子太廟、上可以望氣、故謂之靈臺。中可以序昭穆、故謂之太廟。圓之以水似辟、故謂之辟廱。古法皆同一處、近世殊異分爲三耳。蔡邕月令論云、取其宗廟之清貌、則曰清廟。取其正室之貌、則曰太廟。取其堂、則曰明堂。取其四門之學、則曰太學。取其周水圓如璧、則曰辟廱。異名而同耳。其實一也。穎子容『春秋釋例』云、太廟有八名、其體一也。肅然清靜、謂之清廟。行禘祫序昭穆、謂之太廟。告朔行政、謂之明堂。行饗射養國老、謂之辟廱。占雲物望氣祥、謂之靈臺。其四門之學、謂之太學。其中室、謂之太室。總謂之宮。賈逵服虔注『左傳』亦云、靈臺在太廟明堂之中。此等諸儒、皆以廟學、明堂、靈臺爲一。」(五二四頁)とあるのを参照。

(24) 『隋書』巻十九、天文志上、蓋図、五二〇頁。

(25) 中国古代の天文学については、藪内清前掲書『中国の科学』、五五～七六頁を参照。

(26) 蓋図が後世の星図につながり、演示用の装置となったことは、秦建明「蓋天図儀考」(『文博』二〇〇八年一期、陝西省文物局、二〇〇八年)を参照。

(27) 『魏書』巻八十四、儒林伝序、「太祖初定中原、雖日不暇給、始建都邑、便以經術爲先、立太學、置五經博士生員千有餘人。」(一八四一頁)。

(28) 『魏書』巻七上、高祖紀上、「(延興三年)詔以孔子二十八世孫魯郡孔乘爲崇聖大夫、給十戸以供洒掃。」(一三九頁)。

(29) 『魏書』巻八十四、儒林伝序、「漢世鄭玄竝爲衆經注解、服虔、何休各有所說。玄『易』『書』『詩』『禮』『論語』『孝經』、虔『左氏春秋』、休『公羊傳』、大行於河北。」(一八四三頁)。

(30) 陳寅恪前掲書『隋唐制度淵源略論考』、六五～六八頁を参照。

(31) 『魏書』巻七下、高祖紀下、「十有六年春正月……己未、宗祀顯祖獻文皇帝於明堂、以配上帝。遂升靈臺、以觀雲物。降居青陽左个、布政事。毎朔、依以爲常。」(一六九頁)。

(32) 『後漢書』巻二、明帝紀、「(永平)二年春正月辛未、宗祀光武皇帝於明堂、……禮畢、登靈臺。」(一〇〇頁)。

(33) 『孝経』聖治章、「昔者周公郊祀后稷、以配天、宗祀文王於明堂、以配上帝。」(二五五三頁)。

(34)『春秋左氏伝』僖公五年に、「公既視朔、遂登觀臺以望而書、禮也。凡分至・啟閉、必書雲物、爲備故也。」(一七九四頁)とある。
(35)『礼記』月令篇に、「孟春之月。……天子居青陽左个。」(一三五五頁)とある。鄭玄注・孔穎達疏によれば、青陽左个とは、明堂の東堂の北に近い部分である。
(36)後述のように、『魏書』巻十九中、任城王雲子澄伝に、「後高祖外示南討、意在謀遷。齋於明堂左个、」(四六四頁)とある。北魏の明堂には青陽左个と明堂左个があったわけで、記録にはないが、必ず総章や玄堂、太室もあったに違いない。
(37)『魏書』巻七下、高祖紀下、「九月甲寅朔、大序昭穆於明堂。」(一七〇頁)。
(38)注(31)を参照。
(39)『魏書』巻一百八之一、礼志一、「九月甲寅朔、大享於明堂」(二七五〇頁)。
(40)『魏書』巻五十、尉元伝、「於是養三老五更於明堂、國老庶老於階下。」(一一一四頁)。
(41)『礼記』楽記篇、鄭玄注、「三老五更、……皆老人更知三德五事者也。」(一五四三頁)、『礼記』王制篇、孔穎達疏、「國老謂卿大夫致仕者、庶老謂士也。」
(42)蔡邕「明堂月令論」、「起養老敬長之義、顯教幼誨穉之學。」(五一頁)。
(43)繫年は『資治通鑑』巻第一百三十八、斉紀、世祖武皇帝下、永明十一年(北魏太和十七年)の条による。
(44)『魏書』巻十九中、任城王澄伝、四六四頁。
(45)『淮南子』兵略訓、「運籌於廟堂之上、而決勝乎千里之外矣。」(五〇〇〜五〇一頁)。
(46)〔宋〕司馬光『資治通鑑』巻一百三十八、斉紀四、世祖武皇帝下(北京、中華書局、一九五六年、四三二九頁)、「魏主以平城地寒、六月雨雪風沙常起、將遷都洛陽。恐羣臣不從、乃議大擧伐齊、欲以脅衆、齋於明堂左个。」
(47)『魏書』巻一百八之二、礼志二、「初、世宗永平・延昌中、欲建明堂。而議者或云五室、或云九室、頻屬年饑、遂寢」(二七六七頁)、『魏書』巻八、世宗紀、「(延昌三年)十有二月庚寅、詔立明堂。」(二一五頁)。
(48)『魏書』巻六十九、袁翻伝、「謹案明堂之義、今古諸儒論之備矣。異端競構、莫適所歸。故不復遠引經傳、傍採紀籍以爲之證、且論意之所同、以訓詔旨耳。」(一五三六頁)。

(49) 裴頠とその「一屋之論」とについては、本書第二章第二節(二)を参照。
(50) 『隋書』宇文愷伝、「自古明堂圖惟有二本、一是宗周、劉熙・阮諶・劉昌宗等作、三圖略同。一是後漢建武三十年作、『(三)禮圖』有本、不詳撰人。」、『隋書』経籍志一、「三禮圖、九卷。鄭玄及後漢侍中阮諶等撰。」(九二四頁)。
(51) 三国魏の高堂隆や王粛、西晋の摯虞の明堂論議については、本書第二章を参照。
(52) 『魏書』巻六十九、袁翻伝、一五三八頁。本文中の訳文は忠実な訳ではないことを断っておく。なお、②の「施」字は、原文は「德」に作るが、『魏書』賈思伯伝によって改めた。
(53) 『宋書』巻十六、礼志三、「乃依頠議、但作大殿屋雕畫而已、無古三十六戸七十二牖之制。」(四三四頁)。
(54) 『魏書』巻一百八之二、礼志二、「至是(肅宗熙平二年)復議之、詔從五室。」(二七六七頁)。
(55) 『魏書』巻七十二、賈思伯伝、一六一三〜一六一四頁。
(56) 『魏書』巻七十二、賈思伯伝、一六一四〜一六一五頁。なお、原文中の「昞」字は、『魏書』袁翻伝によって補った。
(57) 『魏書』巻七十二、賈思伯伝、「思伯自以儒素爲業、不好法律、希言事。俄轉衞尉卿。于時議建明堂、多有同異。思伯上議曰、……學者善其議。……思伯遂入授肅宗杜氏春秋。」(一六一三〜一六一五頁)。
(58) 『魏書』巻八十四、儒林伝序、「(鄭)玄『易』『書』『詩』『禮』『論語』『孝經』、(服)虔『左氏春秋』、(何)休『公羊傳』、大行於河北。……晉世杜預注『左氏』、預玄孫坦・坦弟驥於劉義隆世竝爲青州刺史、傳其家業、故齊地多習之。」(一八四三頁)。
(59) 『魏書』巻九十、隠逸伝李謐、一九三四〜一九三五頁。
(60) 『魏書』巻一百八之二、礼志二、二七六七頁。
(61) 『魏書』巻八、世宗紀、「十有二月庚寅、詔立明堂。」(二一五頁)。
(62) 『魏書』巻九、粛宗紀、「九月……乙亥、帝幸明堂、餞寶夤等。」(二三七頁)。
(63) 『洛陽伽藍記』巻三、城南(周祖謨『洛陽伽藍記校釈』、北京、中華書局、一九六三年、一二〇頁)、「至我正光中、造明堂於辟雍之西南。上圓下方、八窗四闥。」
(64) 王世仁前掲書『中国古建探微』「明堂形制初探」、五八〜六三頁、張一兵前掲書『明堂制度源流考』「第四章　魏晋南北朝明堂制度(維持期)」、一六八〜一七三頁を参照。

(65) 中国社会科学院考古研究所前掲書『漢魏洛陽故城南郊礼制建築遺址一九六二〜一九九二年考古発掘報告』「第二章　明堂遺址　第四節　明堂中心建築基址的発掘」、及び「第五章　結語　第二節　関于明堂遺址的討論」を参照。
(66) 『隋書』巻六、礼儀志一、「後齊採『周官』考工記爲五室、周採漢『三輔黄圖』爲九室、各存其制、而竟不立。」(一二一頁)。
(67) 『礼記』郊特牲篇、孔穎達疏、「賈逵・馬融・王肅之等、以五帝非天、唯用『家語』之文、謂大皡・炎帝・黄帝五人之帝屬。」(一四四四頁)、『礼記』月令篇、孔穎達疏に、「按賈(逵)、馬(融)、蔡邕、皆爲迎春祭大皡。」(一三五六頁)とある。
(68) 『魏書』巻一百八之一、礼志四之一、二七三四頁。

第六章　隋代　確乎不抜の正統意識

序

西暦五八九年、隋《ずい》(五八一～六一八)は陳を滅ぼし中国を統一した。隋の明堂については、『隋書』本紀及び『北史《ほくし》』隋本紀には記載がないが、『隋書』巻六礼儀志一には次のように記述される。

高祖(楊堅《ようけん》、在位五八一～六〇四)は陳を平定すると、良材を収集し、南郊・北郊・円丘・方丘、宗廟社稷の祭祀施設は、その典礼はほぼ整備されたが、明堂だけは建立されなかった。

開皇《かいこう》三年(五八三)(1)、勅命により明堂を論議した。礼部尚書牛弘・国子祭酒辛彦之《しんげんし》等が議論を裁定した。詳細は牛弘伝に記載した。後に検校将作大匠事《けんこうしょうさくたいしょうじ》の宇文愷が、「明堂月令論」の文に依拠して、明堂の木製模型《木様》を造った。それは重檐複廟《じゅうえんふくびょう》、五房四達を備え、サイズの基準には、みな典拠があった。これを皇帝に献上した。高祖はこの模型に示された明堂を高く評価し、有司に命じて城郭内の安業里に規準の祭域を作らせた。まさに正式に建立しようし、重ねて細部の確定を命じたところ、儒学者たちが論争して、確定できなかった。牛弘等はさらに儒学・史学の出典を挙げて再度上奏した。当時否定的意見がすでに多く、いつまでも議決しなかったので、再度論議して明堂建立を中止した。

大業《たいぎょう》年間(六〇五〜六一七)になり、宇文愷はまた「明堂議」及び模型を造り上奏した。煬帝《ようだい》(楊広《ようこう》、在位六〇四〜六一八)は宇文愷の「明堂議」を裁可したが、霍山《かくざん》にて用材を伐採させただけで、新都建設や対外戦役のため、明堂制作はそのまま中止された。

隋代を終るまで、五方上帝の祭祀は、明堂ではなく、季秋に雩壇の上で行われることが慣例となった[2]。

高祖平陳、收羅杞梓、郊丘宗社、典禮粗備、唯明堂未立。開皇三年、詔命議之。禮部尙書牛弘・國子祭酒辛彦之等定議。事在「弘傳」。後檢校將作大匠事宇文愷、依「月令」文、造明堂木樣。重檐複廟、五房四達、丈尺規矩、皆有準憑、以獻。高祖異之、命有司於郭内安業里爲規兆。方欲崇建、又命詳定、諸儒爭論、莫之能決。弘等又條經史正文重奏。時非議既多、久而不定、又議罷之。及大業中、愷又造明堂議及樣奏之。煬帝下其議、但令於霍山採木、而建都興役、其制遂寢。終隋代、祀五方上帝、止於明堂、恒以季秋在雩壇上而祀。

隋は文帝、煬帝二代に亘って、明堂建立を目指し、用地や用材を確保しながら、学者の論争や、新都(洛陽)建設、高句麗遠征等による財政逼迫のため、短命に終わったその治世においては結局、その実現を見ることはなかったのだ。

文中の五方上帝とは、唐代の語で、前章までで見てきた、青帝霊威仰等の太微五帝(五精之帝、五徳之帝)のことであり、唐代には、他に五方天帝、五天帝との呼称もあった。『隋書』は唐代に勅命で撰述された歴史書であるから、五方上帝等の語を用いるのであり、隋代やそれ以前には使用例を見ない。本書では太微五帝と呼ぶことにする。

さて、この太微五帝の祭祀は本来明堂で行なわれる祭祀である。隋は最初から終わりまで季秋に雩壇上で太微五帝を祭祀することを慣例とした。この事実だけから、隋に明堂が存在しなかったとは直ちに断定できないにせよ、明堂で行うべき祭祀が明堂で行われなかったことは確かであり、隋に明堂は無かったとするのが定説である。ただし、隋代には明堂は建立されなかったとしても、牛弘や宇文愷等の奏議を通して、隋代の知識人たちが明堂に対し抱いた理念とプランとを理解することは十分可能である。本章は前章に引き続き、北朝の側から南北朝を統一し、確乎たる正統王朝の地位を確立した隋が、正統王朝たる証しである明堂に対し如何なる観念を有していたかを、牛弘と宇文愷の明堂奏議を用いて考究する。

第一節　牛弘の明堂奏議

(一)明堂論史

牛弘は、字を里仁と言い、安定鶉觚《しゅんこ》(現在の甘粛省霊台)の人である。代々有力な政治家の家系で、牛弘は北周に仕えて、主に記録官畑を歩み、使持節、大将軍、儀同三司に至った。隋では散騎常侍、秘書監を経て、開皇三年に礼部尚書を拝命し、勅命で『五礼《ごれい》』百巻を完成した。五礼とは、そもそもは西周の周公が制定した吉礼、凶礼、賓礼、軍礼、嘉礼を指すが、隋代の『五礼』は、南朝梁の武帝が梁の名だたる儒学者たちに編纂させた礼典と北斉の儀注とから採録し(3)、後世『隋朝儀礼《ずいちょうぎれい》』と呼ばれた、儀注〈実用の礼マニュアル〉である(4)。

明堂に関する奏議は、この『五礼』編纂事業の後に行われた。『隋書』牛弘伝に拠れば、開皇三年のことである。なお、『隋書』礼儀志一によれば、勅命で明堂を論議させ、礼部尚書牛弘、国子祭酒辛彦之等に裁定させたのは、「開皇十三年」とされるが、『隋書』牛弘伝によれば、牛弘が礼部尚書を拝命したのは開皇三年で、同六年には太常卿に移っている。また、共に明堂論議を裁定した辛彦之は、『隋書』儒林伝の本伝によれば、開皇十一年に死んでいる。これらのことから、「開皇十三年」を「開皇三年」に改めた(5)。

さて、牛弘が行った明堂奏議で注目に値するのは、「古制」に依拠して明堂を建造することを請うたことである。[6]牛弘の言う「古制」とは周制に他ならない。牛弘はその奏議の中で、歴代の明堂史と明堂学説史とを考証することを通して、彼の思い描く周制の明堂を明らかにしようとする。以下、牛弘の奏議を詳細に検討しよう。[7]

牛弘は、冒頭、「窃かに思うに明堂とは、神霊に通じ、天地を感ぜしめ、教化を発出し、有徳を宗祀するところである。」[8]と述べて、『孝経』聖治章と『礼記』祭義篇を引証し、また経文の引用なしに、黄帝、尭、舜時代の明堂の呼称を挙げて、明堂の歴史の悠遠さを述べた後、続けて『周礼』考工記匠人の「夏后氏世室」「殷人重屋」「周人明堂」各条とその鄭玄注とを引用し、鄭玄の宗廟、王寝、明堂同制説と馬融、王粛、干宝《かんぽう》[9]、馬宮《ばきゅう》の異説とに言及して、「これは皆、聖人の時代から久遠になり、礼典が散佚したため、先代の儒学者たちの明堂説が紛糾するようになったからだ。」[10]と結論づける。

「明堂者、所以通神霊、感天地、出教化、崇有徳。」の一文は、直接には『白虎通義《びゃっこつうぎ》』辟雍篇に典拠を持つ。また、『孝経』聖治章、黄帝等の明堂への言及は、現行本の『三輔黄図《さんぽこうと》』明堂篇に見える。『周礼』考工記及びその鄭玄注を挙げるのは、北魏の儒学者も行った常套のやり方である。ここで注目すべきは、牛弘が馬宮の名を挙げたことである。馬宮(生卒年不詳)は前漢末の儒学者政治家である。『春秋』を学び、官は大司徒まで至ったが、王莽と対立し、実権を失った。『漢書』巻八十一のその本伝には、明堂関係の記述はなく、南北朝時代の明堂論議中で、その名が言及されることも皆無であった。しかしながら、牛弘は「漢司徒馬宮議」を詳細に引用する。牛弘の引用によれば、馬宮はその「議」の中で、「夏后氏は世室という。室は堂より明るいので、(世)室と命名した。殷人は重屋という。屋は堂より明るいので、(重)屋と命名した。周人は明堂という。堂は夏室より大きいので、(明)堂と命名した。夏后氏はその堂の広さを百四十四尺増益し、周人の明堂は、両側の序(母屋を取り囲む部屋)の間の寸法とし、夏后氏より七十二尺大きくした。[11]」と述べたという。鄭玄の説では夏の世室は周の明堂より大きいが、馬宮の説では周の方が大きい。牛弘は「後王転文」(後世ほど盛大になる)という理屈によって、馬説を支持した。

牛弘は、「馬宮の所説は、詳細には残っていない」とするが、奏議の後半では、劉向『別録』及び馬宮、蔡邕等の所見の文献として、『古文明堂礼《こぶんめいどうれい》』『王居明堂礼《おうきょめいどうれい》』『明堂図』『明堂大図《めいどうたいず》』『明堂陰陽』『太山通義《たいざんつうぎ》』『魏文侯孝経伝《ぎぶんこうこうきょうでん》』を挙げ、どれも古明堂の事を説くが、みな亡佚し、確認しようがない、と指摘する。これらの書物の内、『古文明堂礼』[12]、『明堂大図』、『太山通義』の三書は未詳である。

『王居明堂礼』は、鄭玄が『礼記』月令の注で数回引用しており、孔穎達の『礼記正義』は「逸礼の篇名[13]」とする。また『続漢書』祭祀志中の劉昭注がこの書物を徴引しているから、[14]南朝梁時代にはなお存在したのだろう。『明堂図』は漢の武帝の時に公玉帯が献上した『(黄帝時)明堂図』を指す。『明堂陰陽』は、すでに第一章で述べた通り、『漢書』藝文志に「『明堂陰陽』。三十三篇。古明堂之遺事。」「『明堂陰陽説』。五篇[15]」と著録される書物である。『隋書』経籍志一に、「河間献王は、さらに『明堂陰陽』の記を得た。いずれも伝承者がいなかった。劉向は次第に従って叙録を書き、さらに『明堂陰陽記』三十三篇を入手した。[16]」とあるから、本書が河間献王の収集に係る古文の文献に由来することが分る。後で見る『明堂陰陽録』は劉向が『明堂陰陽』に施した叙録である。『魏文侯孝経伝』も『続漢書』劉昭注に徴引されているから、[17]亡佚したのは梁代以後である。

牛弘は周代の古制に依拠しようとしたが、古代の明堂について記載した書物が皆亡佚したため、先代の儒者たちの学説の当否を検証しようがなかったのである。そこで、牛弘の文献渉猟の方向は現存の古典に向かう。『礼記』月令篇は現存する経典の中で明堂について比較的詳細である。この篇の経文について、牛弘はまず諸家の学説を紹介して、月令篇を、鄭玄は『呂氏春秋』から取ったとし、蔡邕、王肅は周公の作とし、晋代の束皙《そくせき》は夏時代の書とし、南斉の劉瓛《りゅうけん》は呂不韋《りょふい》には作れないとした、と述べ、その後に、「今考えてみると、全部が周代の書物と言うことはできないが、秦代の典籍に他ならないとすることもできない。虞、夏、殷、周の制度を混在させた書物であり、どれも聖王の仁恕の政事である。(18)」と結論づける。

牛弘は蔡邕の「明堂月令論」を信奉して詳細に引用し、「蔡邕の明堂プランが天地を模倣し、陰陽の原理に象っているのを見れば、それが古典に依拠し、虚構から生じたものではないことは明白だ。(19)」と評価し、続けて、両漢魏晋南北朝時代の明堂と明堂論とを論評する。牛弘の論評は、魏晋南北朝時代の明堂については、南朝の明堂が裴頠の「一屋之論」の影響下にあることや、北魏の代都(平城)洛陽二都の明堂に関する貴重な情報を含めて、おおむね正確である。だが、両漢の明堂については、明堂、辟雍、霊台が場所を異にするにも拘わらず、いずれも蔡邕の説と完全に合致するとしており、必ずしも正確とは言い難い。しかしながら、南北朝統一に伴う資料の大幅な増加のおかげで、牛弘の奏議はきわめて説得力に富むものとなったのは事実である。

(二)牛弘の明堂質疑

奏議の後半で牛弘は自らの抱く、隋朝が新たに創建すべき明堂のプランを提唱する。それは、(甲)何故明堂は必ず五室でなければならないのか、(乙)何故明堂は必ず上円下方(上が円形で下が方形)でなければならないのか、(丙)何故明堂は必ず重屋でなければならないのか、(丁)何故明堂は必ず辟雍を作らなければならないのか、という四つの重大問題とそれらへの回答という自問自答形式となっている。以下、詳細に検討しよう。

牛弘は(甲)の問いには、次のように答えた。

『尚書帝命験《しょうしょていめいけん》』に、「帝者は天を承継して五府を立てる。……」と言う。鄭玄注に、「五府は周の明堂と同じである。」と言う。その上夏殷周の三代は連続し、制度の増減は多いが、五室だけは確然として不変であった。そもそも室は天を祭祀するもので、天は実に五つあるのだから、もし九室を立てたら、四つの室は無用になる。月令を頒布するのは、その方位においてする。鄭衆は、「十二箇月は青陽等の左右の位置に分けて在る。」と言い、室に居るとは言わない。鄭玄もやはり、「月ごとにその季節の堂において月令を天から聴く。」(『礼記』玉藻篇注)と言う。『三礼図』は个をみな、堂の端に画く。だから五室にしなくてはならないのだ。[20]

『尚書帝命驗』曰、「帝者承天立五府、……」鄭玄注曰、「五府與周之明堂同矣。」且三代相沿、多有損益、至於五室、確然不變。夫室以祭天、天實有五、若立九室、四無所用。布政視朔、自依其辰。鄭司農云、「十二月分在青陽等左右之位。」不云居室。鄭玄亦言、「每月於其時之堂而聽政焉。」『禮圖』畫个、皆在堂偏。是以須爲五室。

(乙)の問いには、次のように答えた。

『孝経援神契』に、「明堂とは、上が円形で下が方形、八個の窓と四個の門を備え、施政の宮殿である。」と言う。『大戴礼記』盛徳(明堂)篇に、「明堂は四個の戸と八個の窓を備え、上が円形で下が方形である。」と言う。『五経異義』に、講学大夫淳于登もやはり、「上が円形で下が方形である。」と言ったとある。鄭玄も同意見である。そこで、上が円形で下が方形である必要があるのである。[21]

『孝經援神契』曰、「明堂者、上圓下方、八窗四達、布政之宮。」『(大戴)禮記』盛德篇曰、「明堂四戶八牖、上圓下方。」『五經異義』稱講學大夫淳于登亦云、「上圓下方。」鄭玄同之。是以須爲圓方。

(丙)の問いには、次のように答えた。

考えてみるに、『周礼』考工記(匠人)に、殷は「四阿重屋」と言う。周は殷の後を受けたのであるから、屋について語らないが、制度がやはりすべて同一であることは明白である。『周礼』考工記の「殷人重屋」の下には、もともと五室の言葉は無いが、鄭注に、「五室であるのは、やはり夏の制度に準拠して類推した。」と言っているから、周が重屋である明文はなくとも、殷の制度から類推して重屋であることは、はっきりと分かる。『礼記』明堂位篇に、「太廟は天子の明堂だ。」と言う。魯は周公の子孫が封建された国であるから、天子の礼楽制度を用いることができ、魯の太廟は周の明堂と同じであるということだ。また、「複廟重檐、刮楹達嚮《かつえいたつきょう》は、天子の廟の飾りである。」と言う。鄭玄は、「複廟は重屋だ。」と注釈した。廟がすでに重屋であることによって、明堂もやはり重屋であることは疑問の余地がない。『春秋』文公十三年に、「太室の屋が壊れた。」と言い、『漢書』五行志に、「前堂を太廟と言い、中央を太室と言い、その上に屋を重ねたものである。」と言う。服虔もまた、「太室は、太廟太室の上屋である。」と言う。『逸周書』作洛篇に、「そこで太廟、宗宮、路寝、明堂を立てた。みな四阿反《しあはん》坫《てん》、重亢重廊がある。」と言う。孔晁の注に、「重亢は累棟、重廊は累屋である。」と言う。『三輔黄図』の記載によれば、漢の宗廟は皆、重屋である。これらは古代に近い時代のもので、古代の聖王たちの遺した制度はなお健在だった。だから重屋でなければならないのである。[22]

案(『周禮』)考工記、……殷言「四阿重屋」、周承其後、不言屋、制亦盡同可知也。其「殷人重屋」之下、本無五室之文。鄭注云、「五室者、亦據夏以知之。」明周不云重屋、因殷則有、灼然可見。『禮記』明堂位曰、「太廟天子明堂。」言魯爲周公之故、得用天子禮樂、魯之太廟與周之明堂同。又曰、「複廟重檐、刮楹達嚮、天子之廟飾。」鄭注、「複廟重屋也。」據廟既重屋、明堂亦不疑矣。『春秋』文公十三年、「太室屋壞。」(『漢書』)五行志曰、「前堂曰太廟、中央曰太室、屋其上重者也。」服虔亦云、「太室、太廟太室之上屋也。」『周書』作洛篇曰、「乃立太廟宗宮路寢明堂。咸有四阿反坫、重亢重廊。」孔晁注曰、「重亢累棟、重廊累屋也。」依『黄圖』所載、漢之宗廟皆爲重屋。此去古猶近、遺法尚在。是以須爲重屋。

(丁)の問いには、次のように答えた。

『大戴礼記』盛徳(明堂)篇に、「明堂とは、諸侯の尊卑を明確にするものである。外周をめぐる水を辟雍と言う。」と言う。『明堂陰陽録』に、「明堂の制度は、周囲に水をめぐらし、左回転させて天に象り、内部に太室を設けて紫微宮に象る。」と言う。これは明堂に水がある明証である。ところが、馬宮・王粛は明堂・辟雍・太学は同処であると考え、蔡邕・盧植もやはり明堂・霊台・辟雍・太学は、実体は同一で名称が異なるだけだと考えた。……それらが別物だというものを挙げれば、『五経通義』は、「霊台は雲気を観望し、明堂は政令を頒布し、辟雍は養老教学する。」と言い、三者は異なる。袁準・鄭玄も別物とする。歴代の疑問点であり、断定のしようがない。今『漢書』郊祀志に、「明堂を建立しようと意欲するも、その制度が不明である。済南の人の公玉帯は『(黄帝時)明堂図』を献上した。その案は、一つの殿堂だけで壁無く、茅葺き屋根、水を宮殿の垣根の周りをめぐらせていた。武帝はこの案に従った。」と言うのに拠ることにする。これから言えば、璧水の由来は永いのである。漢の中元二年(五七)に、明堂・辟雍・霊台を洛陽に立てたが、みな別処であった。けれども明堂にもやはり、璧水があったのだ。李尤《りゆう》の「明堂銘《めいどうめい》」に「流水洋洋」とあるのが、それである。これからして辟雍の存在は欠かせないのである。[23]

『禮記』盛德篇云、「明堂者、明諸侯尊卑也。外水曰辟雍。」『明堂陰陽錄』曰、「明堂之制、周圜行水、左旋以象天、内有太室以象紫宮。」此明堂有水之明文也。然馬宮・王肅以爲明堂・辟雍・太學同處、蔡邕・盧植亦以爲明堂・靈臺・辟雍・太學同實異名。……其言別者、『五經通義』曰、「靈臺以望氣、明堂以布政、辟雍以養老教學。」三者不同。袁準・鄭玄亦以爲別。歴代所疑、豈能輒定。今據郊祀志云、「欲治明堂、未曉其制。濟南人公玉帯上黄帝時『明堂圖』、一殿無壁、蓋之以茅、水圜宮垣。天子從之。」以此而言、其來則久。漢中元二年、起明堂・辟雍・靈臺於洛陽、竝別處。然明堂亦有壁水。李尤「明堂銘」云「流水洋洋」是也。以此須有辟雍。

（三）牛弘の明堂案

最後に牛弘は自己の明堂のプランとその理念とを総括する。明堂建立の基本原則は、「礼学の経典を原則としなくてはならない。形式制度は周の方式に依拠し、サイズは蔡邕「明堂月令論」に基づき、そのほか遺漏欠落のあるところは、他書を参照すること。」(24)ということであり、その基本プランは、「五室九階、上円下方、四阿重屋、四旁両門」「堂は一百四十四尺四方、屋根は円形で直径二百一十六尺、太室は六丈四方、通天屋は直径九丈、八闥の門は二十八柱、堂の高さは三尺、四方角に面し五色で塗る」「殿の垣は正方形で内に在り、水が外水のようにめぐり、その内側の直径は三百歩」ということであり、そしてその基本理念は、「天地をよく観察し、すべての点でそれらに則り象った、天地の似姿《にすがた》とし、上帝に誠敬を尽くし、謹んで先祖の神霊を配享し、風教を弘布し、後世に模範となることが十分できる。」(25)ということである。

ここに牛弘が依拠した書物と人物とを、参考までに列挙しておこう。

（経部）『周礼』考工記、『儀礼』覲礼篇（後述）、『礼記』祭義篇・王制篇・明堂位篇、『大戴礼記』盛徳（明堂）篇、『春秋』文公十三年、『孝経』聖治章、『明堂陰陽録』『五経異義』『五経通義』「明堂月令論」。（緯候）『尚書帝命験』『孝経援神契』。（史部）『漢書』五行志・郊祀志、『逸周書』作洛解篇・月令篇、『太山通義』（牛弘当時すでに亡佚、後述）、『（黄帝時）明堂図』『三輔黄図』。（集部）李尤「明堂銘」。（人物）劉向、馬宮、鄭衆、服虔、馬融、蔡邕、鄭玄、王粛、裴頠、干宝、束晳、孔晁、劉瓛。

第二節　宇文愷の明堂奏議

（一）明堂の意義

宇文愷は、字を安楽と言い、鮮卑族の出身である。好学博覧であるのに加えて、技藝多才の人であり、その巧思によって、隋朝の建築工学方面の官位を累進した。大業年間、宇文愷は将作大匠、次いで工部尚書に任命されて、明堂建立の計画にも参与した。『北史』巻六十の本伝には、「この時古制の明堂を復興しようとしたところ、裁決できる論者は誰一人いなかった。そこで宇文愷は多くの書物を広く調べ較べ、明堂図と模型を製作し上奏した。[26]」とある。この時とは、大業三年（六〇七）である。宇文愷は開皇年間（五八一～六〇〇）に一度、明堂の模型を文帝に献上したが、煬帝即位後に再び模型と図とを制作し、詳細な奏議を行ったのである。

宇文愷は奏議の中でまず、明堂の宇宙論的意義を次のように説明する。[27]

私の聞くところによれば、天上では日月星辰となり、天の明堂の房・心の星座は施政の宮殿である。地上では地形となり、明堂の建立される丙午の方位は正陽〈南〉の位置に居る。天子は雲気を観望し告朔を行い、万物の消長の秩序を順行させる。明堂の五室九宮の構造は、人と神との関係を統御する。木鐸を鳴らして、万民に時令を発布し、玉瓚黄琮《ぎょくさんこうそう》の祭器は、祖先を厳かに宗祀する。諸侯朝見の時に天子の背にする屏風や中庭を厳密に配置し、正確に明堂を作ることに叡智を尽くせば、必ず諸侯は天子の冠弁に感動の目を凝らし、正確に作られた明堂に孝子が自然と来るであろう。[28]

臣聞、在天成象、房心爲布政之宮。在地成形、丙午居正陽之位。觀雲告月、順生殺之序。五室九宮、統人神之際。金口木舌、發令兆民、玉瓚黃琮、式嚴宗祀。何嘗不矜莊扆宁、盡妙思於規摹、凝睟冕旒、致子來於矩矱。

次いで、明堂建立の準則を、次のように明示する。

「崧山《すうざん》之秘簡」を採用し、「汶水之霊図」をひも解き、残亡した『通議』を探訪し、散逸した『冬官』を購い、数多の論議を総合し、一つの体系を完成した。昔、張衡の渾天象は、三分を一度とし、裴秀《はいしゅう》の輿地図《よちず》は、二寸を千里とした。私の「明堂図」は、一分を一尺としている。これを拡大し、壮大華麗な明堂を寸法通りにしたい。ところが、経典の構想は、論者によって解釈が異なり、あるいは藻井〈入り組んだ天井〉を重屋〈二重の屋根〉にし、あるいは円楣〈丸屋根〉を隆棟〈高い棟〉にするが、各自の臆説に基づき、経典に根拠はない。今、歴代明堂論における疑問点を載録し、その通釈を作り、みな証拠を提示し、理解を深めよう。(29)

於是採「崧山之祕簡」、披「汶水之靈圖」、訪『通議』於殘亡、購『冬官』於散逸、總集衆論、勒成一家。昔張衡渾象、以三分爲一度、裴秀輿地、以二寸爲千里。臣之此圖、用一分爲一尺。推而演之、冀輪奐有序。而經構之旨、議者殊途、或以綺井爲重屋、或以圓楣爲隆棟、各以臆說、事不經見。今錄其疑難、爲之通釋、皆出證據、以相發明。

文中の「崧山之秘簡」は未詳である。「汶水之霊図」は『(黄帝時)明堂図』であろう。『通議』は恐らく『泰山通議(太山通義)』を指すと思われるが、あるいは『(黄帝時)明堂図』と密接な関係にある儀注かも知れない。『冬官』は『周礼』考工記を指す。これらの書物は建築工学の分野において権威を有する文献とされ、宇文愷がこれらの書物を探し求めたというのは、自らの振舞いを権威づけるレトリックであったと見るべきだろう。「張衡の渾天象」は後漢の張衡が制作し霊台に設置した渾天象のことで、(30)「裴秀の輿地図」は西晋の裴秀の『禹《う》貢地《こうち》域図《いきず》』(31)のことである。これらの二つの制作物はいずれも最高の精密さを備えており、宇文愷はこれら先人の遺業を例に出すことで、自己の研究の精密さを強調したのである。

宇文愷はまた失敗例も挙げる。「藻井を重屋に」は恐らく北魏平城明堂の藻井と機輪の二層構造を指すのだろう。「円楣を隆棟に」は未詳であるが、これらの構造は皆「憶説」に基づき、依拠する経典が無く、それ故失敗に終ったと言うのである。宇文愷は、明堂を建立するためには、必ず経典に基づき、いくつもの経文を考察し、相互に比較検討して、統一理論に昇華させなくてはならない、と考えるのである。

ここから宇文愷の奏議はその本論にはいる。宇文愷は明堂に関わる古典の文章と両漢以来の史実とを相互に比較対照させて、疑難《ぎなん》〈難題〉を提示し且つそれに回答を与える。

第一の疑難は、『淮南子』(主術訓)、緯書『尚書帝命験』及びその注、『尸子』から挙例して、歴代の明堂の名称を確認した上で、『周礼』考工記の夏の世室に関する鄭玄注に疑問を呈する。引用しよう。

『周礼』考工記に「夏后氏世室、堂脩二七、博四脩一。[32]」と言う。鄭玄の注に、「脩は、南北の奥行きだ。夏は歩を長さの単位とした。今、堂の脩は十四歩、其の博〈間口〉は四分脩の一を益すので、明堂の間口は十七歩半である。」と言う。私が考えるに、夏殷周の三代では、夏が最古の王朝であるが、質素から華美を貴ぶ時代になったとはいえ、理屈としては段階的に広く大きくなるはずだ。[33]どうして夏の室が殷の堂より大きいことがあろうか。時勢を見て論じるなら、理屈として恐らくそうではあるまい。

『周礼』考工記は「堂脩七、博四脩」と言う。もし夏が歩を単位とするならば、脩は当然七歩だ。鄭玄の注に「今、堂の脩は十四歩」と言うのは、『周礼』考工記の本文を増益した上での解釈に他ならない。殷・周の二堂の記述には字の追加がないのは、元のままで意味が通じるということであり、鄭玄のテキストクリティークは一貫しない。山東地方の『周礼』のテキストは、(夏の世室の本文だけは)「二」の字を「七」の字の後に加えた。どうして殷の重屋の本文には「尋」の字の後に追加の文字が無く、周の明堂の本文には「筵」の数を増加しなくて良いわけがあろうか。テキストの趣旨をよく考究すれば、その必要がなかったからだ。古書を校勘すれば、どれも「二」の字はないのだから、これは桑間《そうかん》の俗流の儒学者が恣意的に字を増減した結果である。[34]

『周官』考工記曰、「夏后氏世室、堂脩二七、博四脩一。」注云、「脩、南北之深也。夏度以歩。今堂脩十四歩、其博益以四分脩之一、則明堂博十七歩半也。」臣愷按、三王之世、夏最爲古、從質尙文、理應漸就寛大。何因夏室乃大殷堂。相形爲論、理恐不爾。記云「堂脩七、博四脩一」、若夏度以歩、則應脩七歩。注云「今堂脩十四歩」、乃是增益記文。殷・周二堂獨無加字、便是其義、類例不同。山東禮本輒加二七之字。何得殷無加尋之文、周闕增筵之義。研覈其趣、或是不然。讎校古書、竝無「二」字、此乃桑閒俗儒信情加減。

現行本の『周礼』のテキストは、「堂脩二七、広四脩一」となっており、この段落で宇文愷の引用する『周礼』が、「堂脩七、広四脩一」となっているのは、宇文愷の「古書の校勘」の成果である。「山東地方の『周礼』のテキスト（山東礼本）」は山東高密出身の鄭玄が校訂した『周礼』のテキストを指す。ならば、「桑間俗儒信情加減」の一句は、宇文愷が鄭玄の注解に全く納得できない気持ちを表現した誹謗の言葉である。『礼記』楽記《がくき》篇によれば、桑間濮上《ぼくじょう》の音《いん》〈濮水のほとりの桑間の地に伝わる音楽〉は淫靡の音とされ、また『論語』衛霊公《えいれいこう》篇によれば、鄭声もまた淫声とされるから、「桑間」の語によって鄭玄を暗示したのであろう。

宇文愷が鄭玄の経説に批判的であるのは、続く段落からも窺える。引用しよう。

『黄図議《こうとぎ》』に、「夏后氏はその堂の大きさを拡張して一百四十四尺とし、周人の明堂は両側の杼《ちょ》〈妻壁〉の間の寸法とした。」と言う。馬宮の言は、堂の一面だけを論じ、これに準拠すれば、三代の堂基はどれも正方形であり、上円（下方）の構造を形成することができるのである。諸書の所説は、どれも下が正方形であると言う。鄭玄の

『周礼』注だけは、独自の解釈をするが、ただ古代の明堂と違背するだけではなく、『周礼』の本文にも乖離することになるのだ。原文を確認し論理を究明すれば、大変釈然としないことを憂慮する。(35)

『黄圖議』云、「夏后氏益其堂之大一百四十四尺、周人明堂以爲兩杼閒。」馬宮之言、止論堂之一面、據此爲準、則三代堂基竝方、得爲上圓之制。諸書所説、竝云下方、鄭注周官、獨爲此義、非直與古違異、亦乃乖背禮文。

尋文求理、深恐未愜。

宇文愷は、鄭玄が『周礼』の「夏后氏世室」を、奥行き十四歩、間口十七歩半、と解釈するのを、過去の実例と違背するだけではなく、『周礼』の文にも乖離すると批判する。宇文愷は明堂の構造を表す「上円下方」の「方」を正方形と思い込んでいるため、鄭玄の説に基づけば、世室は長方形となり、上円下方の仕組みを構成できないとして、鄭玄の経説を否定するのだ。『周礼』考工記が「方」を正方形とするか否かは不詳ながら、宇文愷は鄭玄の経典解釈を否定することによって、上円下方が明堂固有の特徴の一つであり、しかも上円下方とは正方形の建物と円蓋とを組み合わせた建築様式であることを強烈に主張したのである。

もう一つ、この段落で注目すべきは、宇文愷が『黄図議』を馬宮の言とすることである。そうだとすれば、前節の牛弘の奏議の中で言う「漢司徒馬宮議」とは「漢司徒馬宮『黄図議』」の意味であろう。しかしながら、『黄図議』は牛弘と宇文愷との奏議以外には見られない。「黄図」の二文字から、あるいは『三輔黄図』に関係する文献とも思われる。『三輔黄図』は、『隋書』経籍志二(史部地理類)に「『黄図』一巻。三輔の宮観、陵廟、明堂、辟雍、郊時等の事を記す。」と著録される書物であるが、その成立は早くとも、後漢末を遡らないとするのが現在の定説である。しかしながら、宇文愷や牛弘は前漢時代のものとし、前漢末の人である馬宮がそれに関連する文章を著したと考えたようである。

宇文愷の第二の疑難を検討しよう。第一の疑難で宇文愷は夏の世室を論じたが、次には、殷の重屋と周の明堂との寸法と構造とを論じる。『周礼』考工記、『礼記』明堂位篇、玉藻篇、『大戴礼記』等、宇文愷は古典の文章を列挙するが、雑駁で統一感がない。本書で既読の文献が多く、煩を避け引用は差し控えるが、五室九室の齟齬など相互に矛盾するものも混在する。だが、ここで宇文愷はそれらの雑駁さを批判して、ある一つの古典だけを権威として それに反する学説を否定しようとするのではなく、これらの文章が示す具体的な明堂の各部の構造とそのサイズとを一纏めとした上で、取捨選択し、そこから明堂全体の構造を浮かび上がらせようとするのである。宇文愷は合理主義者で、一つの経典の原則だけを遵守することに重きを置かないのだ。逆に、自説に役立つ文献は珍重される。その一例が、『礼図』である。

『礼図』とは『三礼図』のことである。『隋書』経籍志に、鄭玄及び後漢侍中阮諶《げんしん》等撰述の『三礼図』九巻が著録されるが[36]、実質的には、阮諶の著作であった[37]。後述するように、『三礼図』は後漢建武三十年製作の『明堂図』を収録しており、その所説は根拠がある。阮諶の『三礼図』については、漢代の史実を引用し、鄭玄の注とは違背する記述が多い、との批判があるが[38]、鄭玄への評価が高くない宇文愷には、かえって好都合であったに違いない。

宇文愷は、本段落で『礼図』から次の二条を引用する。

「明堂の内部の室の上には、通天の観を立てる。観は八十一尺で、音律の土の音である宮《きゅう》の数を体現する。宮の音声は濁音で、君主の象徴である[39]。」「秦の明堂は九室十二階で、それぞれ相応しい位置に置かれた[40]。」

実は、『礼図』の前条は、蔡邕「明堂月令論」に類似の文章があり、それは牛弘の採用するところとなった。それに対し、宇文愷は『礼図』を典拠にして、自己の明堂案にこの通天観を採用した。宇文愷は蔡邕の「明堂月令論」を否定する立場ではないが、牛弘に対抗し、自説を正当化するためには、それに匹敵する文献が必要だったのである。

実際のところ、通天観が宮の数を得て八十一尺であるならば、通天屋は黄鍾《こうしょう》九九の実の八十一尺の高さであり、両者は同一の構造物と考えて良かろう。

後条については、宇文愷は、「十二階は『周礼』の規定と合致しないとはいえ、一月ごとに一階というのは、理に適っていると言える。(41)」と述べる。『周礼』考工記の明堂九階の規定に背く事実を認めながら、その合理性を高く評価するのである。

(二)歴代明堂

宇文愷の奏議は第三の疑難以降、歴代の明堂に眼目がおかれる。まずは、『黄図』(『三輔黄図』)の記載内容について論難を発する。引用してみよう。

『黄図』に曰く、「明堂は方形で間口が百四十四尺である。百四十四の数は坤の策(42)の数に法り、方形は地の形状を象る。屋根の円形の楣〈横梁〉は直径二百一十六尺である。二百十六の数は乾の策の数に法り、円形は天の形状を象る。太室は九宮であり、九州に法る。太室は方形で六丈である。六の数は陰の変数〈易占で陰を表す数〉に法る。十二堂は十二箇月に法り、三十六戸は極陰の変数〈六の二乗〉に法り、七十二牖〈窓〉は五行配当の日数に法る。八達〈闥、窓〉は八風〈八方位の風〉を象り、八卦に法る。通天台は直径九尺〈丈?〉である。乾が九(天)で六(地)を覆うさまに法る。高さは八十一尺であり、黄鍾九九の数に法る。二十八柱は二十八宿を象る。堂の高さは三尺、土の階段が三段であるのは、三統〈天地人〉に法る。堂は四方を向き五色に塗られ、四季と五行とに法る。殿門は殿から七十二歩離れ、五行配当の日数に法る。門堂の長さは四丈であり、太室の長さの三分の二とする。垣の高さは視界を遮る高さはなく、牖の高さは六尺で、垣全体はその倍の高さである。殿の垣は方形で、水の内部にあり、地の陰に法る。水は外側に四周し、四海を象り、円形は陽に法る。水の外周は二十四丈で、二十四節気に象る。水の内周は直径三丈である。『儀礼』観礼篇の記述に対応する。」と。漢の武帝は元封二年に、明堂を汶水のほとりに建立した。室はないが、その外はほぼこの制度の通りであった。『泰山通議』は今では亡佚しており、調べることはできないのである。(43)

黄圖曰、「堂方百四十四尺、法坤之策也、方象地。屋圓楣徑二百一十六尺、法乾之策也、圓象天。太室九宮、法九州。太室方六丈、法陰之變數。十二堂法十二月、三十六戶法極陰之變數、七十二牖法五行所行日數。八達象八風、法八卦。通天臺徑九尺(丈)、法乾以九覆六。高八十一尺、法黃鍾九九之數。二十八柱象二十八宿。堂高三尺、土階三等、法三統。堂四向五色、法四時五行。殿門去殿七十二步、法五行所行。門堂長四丈、取太室三之二。垣高無蔽目之照、牖六尺、其外倍之。殿垣方、在水內、法地陰也。水四周於外、象四海、圓法陽也。水闊二十四丈、象二十四氣。水內徑三丈。應『觀禮經』。」武帝元封二年、立明堂汶上。無室、其外略依此制。『泰山通議』今亡、不可得而辨也。

この段落の文面は、現行本の『三輔黄図』には無いが、実は蔡邕の「明堂月令論」と過半がほぼ一致し、そうでない箇所も趣旨は酷似する。右の引用で傍線を施した箇所は一致、もしくは酷似する部分である。宇文愷があえて『三輔黄図』を採用したのは、「明堂月令論」より多少詳しい内容が含まれることもあったのだろうが、はやり牛弘への対抗意識が動機の大きな部分を占めるであろうことは想像に難くない。『泰山通議』の亡佚をわざわざ記したことも、この推測を裏付ける。牛弘は『太山通議(太山通義)』をその奏議で提議した自己の明堂案の主要な論拠の一つとするからである。

『観礼経』も、牛弘の奏議にも見え、やはり明堂の外水の内径を三百歩とする典拠として挙げられる。(44) 右で『観礼経』を『儀礼』観礼篇と訳したのは、明堂とは諸侯が天子に朝見する場所であり、観礼とは諸侯が天子に朝見する礼であるから、明堂の儀礼と観礼とは規模がほぼ同じであると考え、『儀礼』観礼篇の中の諸侯が天子に観見する宮殿のサイズを明堂に適応したと推測したからであるが(45)、『儀礼』観礼篇には、宮殿の寸法に関する記述は「為宮方三百歩(46)」とあるだけである。歩は六尺で、三百歩は千八百尺となるが、この数字は、『黄図』のどの寸法とも合致しない。『観礼経』を『儀礼』観礼篇とする根拠は乏しく、その正体については残念ながら、未詳であるとする他ない。

前漢武帝の明堂に言及した後、宇文愷は前漢王莽長安明堂以後の歴代の明堂制度を概観する。注記すべき事項を見ておこう。まず王莽長安明堂についての記述を見れば、明堂の制度が「儀」の通りだったとすること、また、続く、後漢雒陽明堂についての記事の出典が『礼図』であること、また『続漢書』祭祀志と並んで、胡伯始《こはくし》(胡広)の『漢官』注、張衡「東京賦」およびその薛綜注が典拠とされることが目を引く。

王莽長安明堂が準拠した「儀」とは、恐らく『漢官儀』や『漢旧儀《かんきゅうぎ》』に類する儀注であろう。『礼図』については、すでに述べた。胡広の『漢官』注とは、『漢官解詁』のことで、『漢官篇』を解説し、しばしば関連する故事来歴を紹介する文献である(47)。「東京賦」は文学作品であるが、作者の張衡は後漢の人で、この賦は作者自身の実際の見聞に基づくに違いない。薛綜は三国呉の人で、当時洛陽に明堂は健在であった(48)。

これらの史料はいずれも、儀注に属する種類の文献である。そして、『続漢書』祭祀志に記された、後漢雒陽明堂の犠牲が犢《とく》〈仔牛〉一頭であることに対し、『毛詩』我将の詩から、周の明堂の犠牲が太牢であることを推測しながらも、「ここで仔牛一頭と言うのは、恐らくは周の制度とは異なるだろう」と事実を指摘するだけで、論評を控えることから窺えるように、宇文愷は歴史相対主義の観点に立脚して、経典さえ絶対視せず、儀注類と一線上に置いて、合理主義的明堂論を展開する。

しかしながら、宇文愷の合理主義にも限界があり、歴史相対主義に立脚するとはいえ、歴史を超越したところに絶対的な明堂の原理を置く。その一つが数の呪術的性格と陰陽五行思想との結びついた術数的原理であり、もう一つは、天人相関思想と結びついた天文暦数の思想である。この絶対的な原理に抵触する明堂は激しい批判の対象となる。西晋の裴頠の「一屋之論」がそうである。

裴頠の「一屋之論」は一殿だけを作り、先帝を配祀し孝敬の念を厳にする、というものであった[49]。この説を宇文愷は、「晋より以前は、鴟尾《しび》は存在しなかった。明堂の円形の牆壁、辟雍の環水は、全く本図(『三礼図』)の通りである[50]。」と前置きして、次のように批判する。

天は日月星辰を垂れ、聖人はこれに範を取る。辟雍の星は星図上に画かれているのだから、晋の明堂が方形であるのは、天文に合わない。二重の楼閣を欠くばかりか、辟雍の環水もなく、空虚な堂は五室の定義に背き、直殿は九階の明文に違う。周の古制に異なり、天を欺瞞するその罪過は極めて重い[51]。

自晉以前、未有鴟尾、其圓牆璧水、一依本圖。……天垂象、聖人則之。辟雍之星、既有圖狀、晉堂方構、不合天文。既闕重樓、又無璧水、空堂乖五室之義、直殿違九階之文。非古欺天、一何過甚。

周知の通り、西晋の太史令であった陳卓の『星図』には、明堂、霊台の星座があり、辟雍の礼が得られれば、太微と諸侯の星々が明るくなると言う[52]。辟雍之星こそ明記されないが、明堂と辟雍とは修辞的に同義であったから、辟雍之星の存在は自明の事柄に属する。天人相関思想から言えば、人人は天象を仰ぎ見てそれを地上に再現しようとするが、天に明堂辟雍があるのだから、地上にも明堂辟雍を完全な姿で建立しなくてはならない。宇文愷から見れば、裴頠の説は、古制を否定するばかりでなく、天意に違背するものである。それ故に宇文愷はその甚だしい傲慢さを強く批判したのである。

宇文愷は南北朝の建立したいずれの明堂にも満足せず、北朝では、北魏平城明堂が、円形の牆壁が辟雍の水の外にある点、四門が辟雍の内にあって牆壁と連結しない点、九室が井の字状である点等、いずれも『三輔黄図』に描かれた周の古制に従わないと指摘するが、割合平静な叙述を心掛けた。これらの叙述は、『宋起居注《そうききょちゅう》』や『魏書』、『礼疑義《れいぎぎ》』(53)といった同時代の歴史書や礼典に加えて、陳平定直後に行った南朝の首都建康の明堂実地調査に基づき、南北朝の明堂が周代の古制と乖離する箇所を逐一指摘しているのである。

(三)宇文愷の明堂案

最後に宇文愷は自らが提出した明堂の設計図と模型とに言及する。引用しよう。

古来「明堂図」には二本あった。一本は、宗周《そうしゅう》〈西周〉の明堂を描いたものであり、劉煕《りゅうき》・阮諶・劉昌宗《りゅうしょうしゅう》等の作があり、三図はほぼ同じである。一本は後漢建武三十年の作であり、『三礼図』にテキストがある。撰人は不詳である。私は、遠くは経伝を尋究し、傍ら諸子の書や歴史書を求索して、多くの説を研究し、今のこの「明堂図」を総合的に撰述した。その明堂模型は木で制作した。下を方形の堂とし、堂には五室を設けた。上を円形の観台とし、観には四門を設けた。(54)

自古「明堂圖」惟有二本、一是宗周、劉熙・阮諶・劉昌宗等作、三圖略同。一是後漢建武三十年作、『禮圖』有本、不詳撰人。臣遠尋經傳、傍求子史、研究衆説、總撰今圖。其様以木爲之、下爲方堂、堂有五室、上爲圓觀、觀有四門。

右に見たように、阮諶は漢代の人で、鄭玄等と共に『三礼図』を撰述した。劉煕・劉昌宗はいずれも礼経に注解した儒学者であるが、『明堂図』を撰述したかどうかは未詳である。宇文愷の奏議に基づけば、『明堂図』は二本四枚あり、宇文愷は新たに一本一枚の図を制作したことになる。宇文愷はさらに一個の木様、即ち精巧な模型を製作した。明堂の模型というのは、北魏の李沖が作ったことが知られる。[55]『魏書』源子恭伝に、「元の尚書令、任城王の元澄が元の司空の李沖が製造した平城明堂の模型、君臣間に交わされた論議、長安洛陽の漢代明堂の規格を調べ、上奏して営造の開始を求めた。[56]」とある。宇文愷が李沖の始めた先例を真似たのか、それとも古代から技術者たちが受け継いできた伝統に本来備わっていた方式かは分からないが、図と模型とを設計製作して皇帝の御覧に供したことは、卓越した技術者ならではの振舞いであり、宇文愷は面目躍如たるものがあったことは想像に難くない。

宇文愷の明堂案は、五室、上円下方を原則とし、細部は『三輔黄図』に依拠するものと思われる。宇文愷の明堂案を牛弘の明堂案と比較すれば、牛弘案が依拠する蔡邕「明堂月令論」と宇文愷の依拠する『三輔黄図』『三礼図』とはほぼ一致するのだから、両者は大同小異であり、相違点は通天観と通天屋の名称、十二階と九階くらいである。また、宇文愷は鄭玄注を批判し、牛弘は蔡邕を信頼したが、『周礼』を信奉し、明堂五室の原則に依拠することは両者同様である。[57]

ここに宇文愷の奏議が依拠した書物を参考までに列挙しておこう。

（経部）『毛詩』我将、『周礼』考工記及びその鄭玄注、『礼記』明堂位篇・玉藻篇及びその鄭玄注、『大戴礼記』盛徳（明堂）篇、『三礼図』『礼疑議（義）』『（黄帝時）明堂図』。（緯候）『尚書帝命験』。（史部）『続漢書』祭祀志、『（後）魏書』楽志、『晋起居注』『宋起居注』『（逸）周書』明堂篇・作洛解篇及びその孔晁注、『三輔黄図』。（史部儀注類）馬宮『黄図議』『泰山盛徳記』『覲礼経』、胡広『漢官』注（『漢官解詁』）。（子部）『淮南子』主術訓、『尸子』『呂氏春秋』。（集部）張衡「東京賦」及びその薛綜注。

第三節　牛弘と宇文愷の明堂案の特色

牛弘と宇文愷二人の奏議はともに称賛され、皇帝の賛同を得ながらも、政治経済的理由から、明堂建立事業は着手されないままに終わったが、彼ら二人の奏議にはそれぞれに特色がある。牛弘は深い学識を備え、その上実務に精通した高官であった。明堂に関しては、牛弘はその実際の運用面を重視しており、奏議の中できわめて具体的に儀式進行上発生するであろう問題点を指摘し、次のように、鄭玄の説に対する疑義を呈した。

もし明堂によって論じれば、大享の祭祀の時には、五帝は各々その室で祭祀を受ける。青帝の位牌は、東方木徳の室の内部に設置し、少し北にして西に向ける。太昊の位牌を従祀するのは、その西に坐し、南に近くして北に向ける。祖宗の配享の位牌は、また青帝の南に置き、やや後退させて西に向ける。一丈八尺の室に、神霊の位牌が三つ有り、加えて簠簋《ほき》籩豆《へんとう》の祭器・犠牲の牛羊を載せた台、四海九州の美物がみな設置され、その上、席上で升歌し、樽を出し酒杯を裏返しにし、お辞儀して階を上り下りせねばならないのだから、やはり狭隘である。これによって言えば、鄭玄の説は正しいようだけれども現実的ではない[58]。

若以明堂論之、總享之時、五帝各於其室。設青帝之位、須於木室之內、少北西面。太昊從食、坐於其西、近南北面。祖宗配享者、又於青帝之南、稍退西面。丈八之室、神位有三、加以簠簋籩豆・牛羊之俎、四海九州美物咸設、復須席上升歌、出樽反坫、揖讓升降、亦以隘矣。據茲而說、近是不然。

この文章を読めば、あたかも、牛弘自らが鄭玄の設計した明堂の中に居て儀式を掌り、至る所にあら探しに回っている様子を見るかのような思いを抱くであろう。

これに対して、宇文愷は伝説の大工学技術者である魯班《ろはん》以来連綿と続く伝統を継承する建築工学者であった[59]。明堂に関し、宇文愷はその建築工学的合理性を重視しており、奏議中で往々にして時勢の変化を承認し、既成の権威に盲従せず、依拠できる文献と優れた先例とを参酌した独自の明堂プランを提示した。宇文愷は実用面を重視する人物であるが、また天賦の才能に恵まれた建築家であり、一個の藝術家と言って良いほどである。宇文愷は可能な限り合理的に建築設計を追求する一方で、無意識の裡《うち》に美意識を発揮し、結果として、彼の作品はみな深い感銘を与える。たとえば、上円下方の「方」は正方形と定義されているわけではないが、宇文愷は、正方形であって始めて「上円下方の構造を形成することができる《得爲上圓之制》」と確信し、鄭玄の説を批判する。鄭玄にしてみれば不本意であろうが、けれども宇文愷の設計した正方形と円との組み合わせからなる明堂は実に調和が取れており、その美しさには感嘆せずにはおられないのである。

牛弘を事務系官僚の代表とし、宇文愷を技術系官僚の代表とすれば、この二人の共通認識を以て隋代の時代思潮とすることは可能であろう。明堂に関しては、彼らはおおよそ次のような認識を共有していた。すなわち、天人相関思想に基づき、帝王は天上の明堂の星座を地上に現出させなくてならない。基本的に周制を信頼すべき古制としながらも、経典に全面的に依拠する必要はない。時代の変化に追従し、経典の規範を取捨選択して構わない。両漢の明堂は参考になるが、魏晋以後のものは参考にならない。以上が牛弘、宇文愷の共通認識である。他に注目すべきは、彼らが二人とも儀注を経典に次ぐ信頼に値する文献と見なしたことである。

儀注は『隋書』経籍志にその項目があり、次のように説明される。

『周礼』宗伯は吉・凶・賓・軍・嘉の五礼を主管する。王を輔佐して邦国を安定させ、万民に親しんで、太史が記録し協力して事に当たる種類のものがこれである。……漢が興ると、叔孫通《しゅくそんとう》は朝廷の儀礼を制定し、武帝の時に始めて汾陰の后土を祀り、成帝の時に初めて南北の郊の祭祀を制定し、立派な礼制がようやく具備した。後漢はまた曹褒《そうほう》に漢の儀礼を制定させ、その後承継し、世の中に制度が存在した。ところが、旧時代の礼文が残欠し、各自自己の見解を遵守したために、学者間で論争が起こり、各自の主義主張の著作で溢れかえった。しかしながら、後世は出来事が多く、変化の道理に通じていることが大事にされる。一時の制度で、長久の道でないから、記録官は、その大綱を删修し、歴史書に編纂するが、浅はかなものに損傷され、未完成の内に失われ、その要旨を完全に伝えることはできない。遺された文献や歴史書に記載されなかった史実も、やはり散佚亡失することが多かった(60)。

『周官』宗伯所掌吉・凶・賓・軍・嘉、以佐王安邦國、親萬民、而太史執書以協事之類是也。……漢興、叔孫通定朝儀、武帝時始祀汾陰后土、成帝時初定南北之郊、節文漸具。後漢又使曹褒定漢儀、是後相承、世有制作。然猶以舊章殘缺、各遵所見、彼此紛爭、盈篇滿牘。而後世多故、事在通變。或一時之制、非長久之道、載筆之士、刪其大綱、編于史志、而或傷於淺近、或失於未達、不能盡其旨要。遺文餘事、亦多散亡。

つまり儀注とは、現代の便覧やマニュアルの類に相当し、「一時の制度で、長久の道でない。《或一時之制、非長久之道。》」と評価される文献なのである。しかしながら、儀注はまた「吉凶賓軍嘉」の礼の「共同作業《協事之類》」を各王朝が実際に行って成功を収めようとするならば、これほど行き届いて便利なものはない文献でもあるのだ。牛弘・宇文愷は儀注を重要文献と見なし、その奏議の中でしばしば言及して憚らなかった。このような儀注に対する価値評価は、実用主義を重んじる隋代の学術の風潮を反映しているに違いない。

第四節　隋の明堂祭祀

隋朝には結局、明堂が建立されなかった。しかしながら、明堂祭祀は季秋に雨乞いの儀礼を行う南郊の雩壇上で行われた。『隋書』礼儀志にその祭祀の次第を次のように記録する。

隋代を終るまで、五方上帝の祭祀は、明堂ではなく、季秋に雩壇の上で行われることが慣例となった。その祭祀は各々その方位で行われた。人帝は各々天帝の左に配置した。太祖武元皇帝は太昊の南に置き、西を向いた。五官は庭に置き、やはり各々その方位に依った。犠牲は犢十二頭を用いた。皇帝・太尉・司農は三献の礼を青帝及び太祖に対して行った。その他の礼は有司が補助をして執り行った。五官を堂下に祀り、一献の礼を行った。燎火を焚いた。その省牲〈犠牲の審察〉、進熟〈火を通した供物の献上〉の礼は、南郊の儀礼に従った。[61]

終隋代、祀五方上帝、止於明堂、恒以季秋在雩壇上而祀。其用幣各於其方。人帝各在天帝之左。太祖武元皇帝在太昊南、西向。五官在庭、亦各依其方。牲用犢十二。皇帝・太尉・司農行三獻禮于青帝及太祖。自餘有司助奠。祀五官於堂下、行一獻禮。有燎。其省牲進熟、如南郊儀。[62]

確認すれば、隋には明堂の建物はなかったが、明堂の祭祀は存在し、それは雩壇で行われた。隋の雩壇は都城の南十三里の啓夏門外道左にあり、高さ一丈、周回百二十尺だった。[63] 明堂祭祀は太微五帝(五方上帝)を主神とし、五人帝(太昊、炎帝、黄帝、少昊、顓頊)を従祀し、太祖楊忠《ようちゅう》(楊堅の父)を配帝とし、五官(五神。句芒、祝融、后土、蓐収、玄冥)を庭で従祀するのである。

太微五帝、五人帝、五官(五神)をすべて揃えて祭祀するのは、鄭玄の創始に係ることは言うまでもない。しかしながら、史実として明堂祭祀において、これらの神神が一同に祭祀されたことが確認されるのは、実にこの隋の明堂制度の記述を嚆矢とする。明堂史上、画期的な出来事と言えよう。

結　語

北魏は孝文帝の時にようやく平城に明堂を建立した。その形状は上円下方で、霊台・辟雍と一体であり、また三老五更を養う場所でもあって、漢代の儒者たちの理想とする明堂のイメージに沿っていた。洛陽遷都以後、北魏の知識人たちは大半が明堂・辟雍・霊台を一体とする九室の平城明堂を否定し、五室の明堂を立てることを支持し、粛宗時にいたって詔書を発して、五室の明堂は起工された。

隋代には明堂はついに建立されることはなかったが、知識人たちは自らの抱く明堂の理念とプランとを提議した。彼らが概ね一致した認識は、天人相関思想に基づき、帝王は地上に天上の星座を模倣し、基本的に周制に依拠して、明堂を建立しなくてはならない。しかしながら、経典は全面的に依拠する必要はなく、時代の変化に追従し、取捨選択を加えて構わない。注目に値するのは、彼らがマニュアルの類である儀注を経典に次ぐ信頼すべき文献と見なしたことである。

北魏と隋は、明堂の形状を上円下方の観念の具現化したものにすることに特に配慮した。これに対して、南朝は、明堂の建築構造による上円下方の観念の具現化に拘らなかった。上円下方の観念は中国における最も古い宇宙観の一つであるが、明堂固有の属性ではなかった。この観念は漢代以後になって始めて明堂と結びつけられたのであり、南朝の漢人はその歴史的経緯を熟知していたので、この観念に拘泥しなかったのだ。これに対して、北朝の北魏や隋の為政者は明堂に関する文献を同列に扱い、真摯に学び、上円下方の観念を明堂の根源的属性の一つと確信した。明堂は本来、受命の帝王のみが建立できる建築物であると考えられてきた。それ故に、北魏や隋の皇帝はみな明堂を建立して自己の王朝の正統性を標榜しようとし、その形状を上円下方にして中国の宇宙観を理解していることを誇示しようとしたのである。

注

(1)「開皇三年」は、原文「開皇十三年」であるが、事実関係により改めた。詳細は本文参照。
(2)『隋書』巻六、礼儀志一、一二一～一二二頁。
(3)『隋書』巻六、礼儀志一、「高祖命牛弘、辛彦之等採梁及北齊儀注、以爲五禮云。」(一〇七頁)。
(4)『隋書』巻三十三、経籍志二、史部儀注類に、「『隋朝儀禮』。一百巻。牛弘撰。」(九七〇頁)とある。
(5)『隋書』巻四十九、牛弘伝、「(開皇)三年、拜禮部尙書、奉敕修撰五禮、勒成百巻、行於當世。弘請依古制修立明堂。……六年、除太常卿。」(一三〇〇、一三〇五頁)、同書巻七十五、儒林伝下、辛彦之、「高祖受禪、除太常少卿、改封任城郡公、進位上開府。尋轉國子祭酒。歲餘、拜禮部尙書、與祕書監牛弘撰新禮。……開皇十一年、……其年卒官。」(一七〇九頁)。
(6)『隋書』巻四十九、牛弘伝、「弘請依古制修立明堂。」(一三〇〇頁)。
(7)牛弘の奏議は『隋書』巻四十九、牛弘伝(一三〇〇～一三〇五頁)にある。以下、牛弘の奏議の引用は逐一頁番号を注記しない。
(8)『隋書』巻四十九、牛弘伝、「竊謂明堂者、所以通神靈、感天地、出敎化、崇有德。」
(9)馬融、王粛、干宝の『周礼』注については、『隋書』巻三十二、経籍志一、経部礼類に、「周官禮。十二巻。馬融注。」「周官禮。十二巻。王肅注。」「周官禮。十二巻。干寶注。」(九一九頁)と著録される。
(10)『隋書』巻四十九、牛弘伝、「此皆去聖久遠、禮文殘缺、先儒解說、家異人殊。」

(11)『隋書』巻四十九、牛弘伝、「夏后氏世室、室顯於堂、故命以室。殷人重屋、屋顯於堂、故命以屋。周人明堂、堂大於夏室、故命以堂。夏后氏益其堂之廣百四十四尺、周人明堂、以爲兩序閒、大夏后氏七十二尺。」後述の宇文愷奏議に「『黃圖議』云、「夏后氏益其堂之大一百四十四尺、周人明堂、以爲兩杼閒。」(一五九〇頁)とある。「序」と「杼」とは別物だが、どちらとも決め難く、本文を尊重して統一しない。

(12) 蔡邕『明堂月令論』(『續漢書』祭祀志中、劉昭注補所引)に、「禮記古大明堂之禮」(三一七九頁)を徴引する。「古大」は、「古文」の訛誤であろう。

(13)『礼記』月令篇、仲春、孔穎達疏、「云『王居明堂禮』者、逸禮篇名也。」(一三六一頁)。

(14)『続漢書』祭祀志中、劉昭注補、「王居明堂之禮、又別陰陽門、南門稱門、西門稱闈、故周官有門闈之學。」(三一七九頁)。

(15)『漢書』巻三十、藝文志、一七〇九頁。

(16)『隋書』巻三十二、経籍志一、経部礼類、「而河閒獻王、……又得……明堂陰陽之記、竝無敢傳之者。……(劉)向因第而敍之。而又得『明堂陰陽記』三十三篇。」(九二五頁)。

(17)『続漢書』祭祀志中、劉昭注補、『魏文侯孝經傳』曰、「太學者、中學明堂之位也。」」(三一七九頁)。

(18)『隋書』巻四十九、牛弘伝、「今案不得全稱周書、亦未可卽爲秦典、其內雜有虞夏殷周之法、皆聖王仁恕之政也。」

(19)『隋書』巻四十九、牛弘伝、「觀其模範天地、則象陰陽、必據古文、義不虛出。」

(20)『隋書』巻四十九、牛弘伝。

(21)『隋書』巻四十九、牛弘伝。

(22)『隋書』巻四十九、牛弘伝。

(23)『隋書』巻四十九、牛弘伝。文中、「璧水」は原文「壁水」を、〔唐〕李延寿『北史』巻七十二、牛弘伝(北京、中華書局、一九七四年、二四九九頁)が「璧水」に作るのにより改めた。

(24)『隋書』巻四十九、牛弘伝、「須以禮經爲本。形制依於周法、度數取於月令、遺闕之處、參以餘書。」

(25)『隋書』巻四十九、牛弘伝、「其五室九階、上圓下方、四阿重屋、四旁兩門、依考工記・孝經說。堂方一百四十四尺、屋圓楣徑二百一十六尺、太室方六丈、通天屋徑九丈、八闥二十八柱、堂高三尺、四向五色、依周書月令論。殿垣方在內、水周如外、水内徑三百歩、依太山盛德記・觀禮經。仰觀俯察、皆有則象、足以盡誠上帝、祇配祖宗、弘風布教、作範於後矣。」

(26)『北史』巻六十、宇文愷伝、「是時將復古制明堂、議者皆不能決。愷博考羣籍、爲明堂圖樣奏之。」(二一四二頁)。

(27)宇文愷の奏議は、『隋書』巻六十八、宇文愷伝(一五八八〜一五九三頁)にある。以下、宇文愷の奏議の引用は逐一頁番号を注記しない。なお、宇文愷の明堂構想については、田中淡前掲書『中国建築史の研究』、第三篇第四章を参照。

(28)『隋書』巻六十八、宇文愷伝。

(29)『隋書』巻六十八、宇文愷伝。

(30)張衡の渾天象については、拙稿「張衡の宇宙論とその政治的側面」(『東方学』第八十九輯、東方学会、一九九七年)三三〜四七頁を参照。

(31)裴秀の『禹貢地域図』については、拙稿「謝荘の『春秋左氏経伝図』」(『哲学年報』第六十七輯、二〇〇八年)七七〜九五頁を参照。

(32)「博」は、現行本は「廣」とする。宇文愷は、隋の文帝の諱《いみな》「廣」を避けて、「博」とする。本章では、『隋書』宇文愷伝の原文のままとする。

(33)『周礼』考工記には、殷の重屋は「堂脩七尋」とある。本書第一章、二七頁を参照。

(34)『隋書』巻六十八、宇文愷伝。

(35)『隋書』巻六十八、宇文愷伝。

(36)『隋書』巻三十二、経籍志一、経部礼類、「『三禮圖』。九巻。鄭玄及後漢侍中阮諶等撰。」(九二四頁)。

(37)〔晋〕陳寿『三国志』魏書十六、杜恕伝、〔劉宋〕裴松之注(北京、中華書局、一九五九年、五〇八頁)、「案『阮氏譜』、武父諶、字士信、徵辟無所就、造『三禮圖』傳於世。」

(38)〔元〕脱脱『宋史』巻四百三十一、儒林伝、聶宗義(北京、中華書局、一九七七年)に、「陳留阮士信受禮學於潁川綦册君、取其説爲『圖』三巻、多不按禮文而引漢事、與鄭君之文違錯。」(一二七九五頁)とある。

(39)現代語訳は、『晋書』巻十六、律暦志一、五音十二律に、「土音宮、數八十一、爲聲之始。屬土者、以其最濁、君之象也。季夏之氣和、則宮聲調。宮亂則荒、其君驕。黄鍾之宮、律最長也。」(四八六頁)とあるのを参照。

(40)『隋書』巻六十八、宇文愷伝、「『禮圖』云、於內室之上、起通天之觀、觀八十一尺、得宮之數、其聲濁、君之象也。」「『禮圖』曰、秦明堂九室十二階、各有所居。」
(41)『隋書』巻六十八、宇文愷伝、「十二階雖不與禮合、一月一階、非無理思。」
(42)『周易』繫辞伝上、「乾之策、二百一十有六。坤之策、百四十有四。凡三百有六十、當期之日。」(八〇頁)。
(43)『隋書』巻六十八、宇文愷伝。
(44)『隋書』巻四十九、牛弘伝、「殿垣方在內、水周如外、水內徑三百步、依『太山通義』、『大戴禮』盛德記、『覲禮經』。」「『太山通義』、『大戴禮』盛德記」は、原文は「太山盛德記」であるが、『北史』巻七十、牛弘伝校勘記(二五一〇頁)を参照して改めた。
(45)明堂と覲礼との関係については、本書第一章第二節を参照。
(46)『儀礼』覲礼篇、「諸侯覲于天子。爲宮方三百步。」(一〇九二頁)。
(47)胡広の『漢官解詁』については、本書第一章第三節(三)を参照。
(48)張衡「東京賦」及び薛綜については、本書第一章第三節(三)を参照。
(49)裴頠の「一屋之論」については、本書第二章第二節(二)を参照。
(50)『隋書』巻六十八、宇文愷伝、「自晉以前、未有鴟尾、其圓牆璧水、一依本圖。」
(51)『隋書』巻六十八、宇文愷伝。
(52)『晋書』巻十一、天文志上、「其西南角外三星曰明堂、天子布政之宮。明堂西三星曰靈臺、觀臺也、主觀雲物、察符瑞、候災變也。……三公北三星曰九卿內坐、主治萬事。九卿西五星曰內五諸侯、內侍天子、不之國也。辟雍之禮得、則太微諸侯明。」(二九二頁)。
(53)『礼疑義』は、『隋書』巻三十二、経籍志一に、「『禮疑義』。五十二卷。梁護軍周捨撰。」(九二四頁)と著録される。また『梁書』巻三十六、孔休源伝に、「時太子詹事周捨撰『禮疑義』、自漢魏至于齊梁、竝皆搜採。」(五二〇頁)と記載される。
(54)『隋書』巻六十八、宇文愷伝。
(55)李沖の明堂模型については、本書第五章第一節を参照。

(56)『魏書』巻四十一、源子恭伝、「故尚書令任城王臣澄按故司空臣沖所造明堂樣、幷連表詔答、兩京模式、奏求營起。」(九三四頁)。
(57)牛弘、宇文愷の明堂案については、田中淡前掲書『中国建築史の研究』、二三三〜二四一頁を参照。
(58)『隋書』巻四十九、牛弘伝。
(59)魯班及びその工学的伝承については、拙稿「魯班研究序説」(『哲学年報』第七十二輯、二〇一三年)を参照。
(60)『隋書』巻三十三、経籍志二、史部儀注類、九七一〜九七二頁。
(61)隋の南郊とその祭祀については、『隋書』礼儀志一、南郊に、「南郊爲壇於國之南、太陽門外道西一里。去宮十里。壇高七尺、廣四丈。孟春上辛、祠所感帝赤熛怒於其上、以太祖武元皇帝配。其禮四圭有邸、牲用騂犢二。」(一一七頁)とあるが、省牲、進熟の具体的な内容は不詳である。
(62)『隋書』巻六、礼儀志一、明堂、一二二頁。
(63)『隋書』巻七、礼儀志二、大雩、「隋雩壇、國南十三里啟夏門外道左。高一丈、周百二十尺。」(一二八頁)。

第七章　唐代　私が古典を創作する

序

唐《とう》王朝（六一八〜九〇七）が東都洛陽に創建した明堂を題材にした文学作品が数篇ある。李《り》白《はく》（七〇一〜七六二）の「明堂賦《めいどうふ》」はその一つである。その序に、

　昔、天皇《てんこう》は泰山に帝業の完成を報告して乾封《けんふう》と改元し、明堂営建を開始して総章《そうしょう》と改元した。時に明堂が建立に至らず、神霊たちが遠く過ぎ去るのに心痛めたからだ。天后《てんこう》は明堂建立を継続し、中宗《ちゅうそう》が完成した。おかげで、万民は孝子のように来たり、万年不朽の祭祀という大功業を崇《あが》めた。[1]

と言うのは、史実に違わない。すなわち、天皇（高宗《こうそう》、李治《りち》、在位六四九〜六八三）は封禅の儀式を挙行した後、明堂を立てんとしたが、その着工を見ることなく死去し、天后（則天武后《そくてんぶこう》、武曌《ぶしょう》、在位六九〇〜七〇五）は高宗の遺志を継ぎ、明堂建立を推進し、中宗李顕《りけん》（在位六八三〜六八四、七〇五〜七一〇）の時に至ってようやく着工された。[2]李白は、明堂が建立されなければ、神霊の集う場所がなく、一たび明堂が完成すれば、人民はみな来たって明堂祭祀という万年不朽の大業を崇拝すると考えた。言い換えれば、李白は、明堂とは神霊と人民とを等しく惹きつける、帝王が建立

すべき神聖なる建築であると認識するのである。

李白の観念は伝統的である。『孝経』聖治章に、「孝は父を崇敬する以上のものはなく、父を崇敬するのは天に配享する礼以上のものはない。周公がこのことを始めた人物である。昔、周公は郊に后稷を祀って天に配享し、文王を明堂に祀って上帝に配享した。そこで、四海の内から、諸侯がその職を修めて祭祀の輔佐に来た。(3)」とある。この一段の文章は、明堂に言及した最古の文献記載の一つであり、帝王が必ず明堂を建立すべき理由の一つとされた。帝王は明堂を建立し上帝を祭祀し、父を配享して、その敬神と孝順との心持ちを示すのである。だが、古来より明堂に言及する文献はきわめて多く、盛んに議論が行われ、その機能についても諸説は紛糾し、定論はなかった。

歴代の帝王はいずれも明堂を建立しようとしたが、食い違う諸説を統一することはできず、また後世の非難を免れることは稀であった。しかしながら、帝王たちは明堂を立てて不朽の名声を得るという願望を抑えがたく、多くの帝王が自己の理想とする明堂を立てようと努力し、実際に建立に成功するものもいた。唐の則天武后はその一人である。則天武后は大臣や儒者官僚等の意見を排除して、北門《ほくもん》の学士に諮詢して、「私が古典を創作する《自我作古》」の決意をもって唯一無二の明堂を創造したのである。

しかしながら、経典に準拠しない細部を備え、先例とあまりにかけ離れた形態だったために、則天武后崩御後、その明堂は廃止された。則天武后の明堂は全く経典に違背していた訳ではなく、経典の記述に細部まで準拠せず、その精神だけを抽出して建立されたのであるが、大臣や儒学者、官僚等にとって、礼制に関する事柄は、建築や設備を含め経典に記述された細部も、その精神と同等に重視されなくてはならないのである。

明堂は受命の帝王のみが建立できる建物と見なされていた。それ故に南北朝から隋唐にかけ、多くの帝王はひとたび覇を称えるや、明堂建立の意思を表明した。そして明堂は古来衆説紛糾の的であったから、実際に建立に漕ぎ着けたか否かを問わず、歴代王朝には帝王や有力政治家、学者官僚たちの明堂に関わる文章が大量に存在した。それらの文章を詳細に検討し、それらに表された明堂の構造と機能とを研究すれば、各時代の明堂に対する観念を理解でき、またその時代の学術情況の一端も理解できよう。両漢、魏晋、南北朝の各時代については、すでに前章までで考察を行った。本章では、それらに引き続き、唐代における明堂観を解明し、あわせてそれと関連する唐代の学術史について論じる。

第一節　則天武后以前の明堂論議

唐代の明堂は睿宗《えいそう》(李旦《りたん》、在位六八四〜六九〇、七一〇〜七一二)の垂拱《すいきょう》四年(六八八)にようやく建立される。本節では垂拱年間に至るまでの明堂制度の沿革について簡単に論じる。

(一)儒学者孔穎達の意見——貞観年間の明堂論議１

『旧唐書《くとうじょ》』巻二十二、礼儀志《れいぎし》二(以下、『旧唐志《くとうし》』と略称する)によれば、高祖李淵《りえん》(在位六一八〜六二六)が隋から禅譲された当初は、国家の基本制度の整備に暇がなかった。太宗李世民《たいそうりせいみん》(在位六二六〜六四九)が中国を平定すると、儒者官僚に命じて明堂の制度についての議論を行わせた。この時、礼部尚書盧寛《ろかん》、国子助教劉伯荘《りゅうはくそう》等は「上層で天を祭祀し、下の堂室で政令を発布する《上層祭天、下堂布政》」二層構造の明堂建立を提案した。貞観《じょうがん》五年(六三一)、孔《く》穎達《ようだつ》(五七四〜六四八)はこれに反対して次のように述べる。

臣は儒学の経典、諸子百家の書、歴史書を調べたが、どれも基〈土台〉上の建物を「堂」と呼び、楼上のものを

「観」と呼ぶ。二階建ての楼の上の建物なのに堂と名付けられた例は未聞である。『孝経』に「文王を明堂に宗祀する」と言うが、注して「明楼・明観は、明堂と、その意味は同一である」とは言わない。また、明堂は天に法り、聖王は倹約を示して、蒿《よもぎ》を剪って柱とし、茅《かや》を葺《ふ》いて屋根を作った。今と昔とは制度が異なり、永久不変とはいかないとはいえ、やはり不磨の大典により、素朴を旨とするべきである。……

今、飛楼に道を架け、綺閣は雲を凌ぐが、古典を考察すれば、実に疑念憂慮に堪えない。『漢書』郊祀志を調べれば、漢の武帝の明堂制度は、四面無壁、上は茅で覆う。五帝を上座に祭り、后土を下防に祀る。臣が思うに上座は正に基上であり、下防は基下であると考える。四壁が無いと言うのだから、劉伯荘が何を根拠に上層は神を祭り、下に五室が有るのを知ったのかが分からない。その上漢の武帝の明堂は、方士の説に基づくところが多く、経典に違背して正統ではなく、模範の祖型にはできない。……

臣が思うに古《いにしえ》は、国家の大事を敬重するのは、神に接するのと似ていた。そこで朝覲《ちょうきん》・祭祀は、どれも廟堂で行った。楼上で祖先を祭祀し、楼下で朝見を視察することはあり得ない。閣道や升楼は、通路が狭隘で、輦《れん》に乗れば神に接触して不敬であり、歩いて進めば聖体を労苦させる。(厳粛な場所なのに俗務と同様に)侍衛が側におり、百司が供奉する。経典を調べてみても、全くこのような道理はない。[4]

臣検六藝羣書百家諸史、皆名基上曰堂、樓上曰觀。未聞重樓之上而有堂名。『孝經』云「宗祀文王於明堂」、不云明樓・明觀、其義一也。又明堂法天、聖王示儉、或有翦蒿爲柱、葺茅作蓋。雖復古今異制、不可恆然、猶依大典、惟在朴素。……今若飛樓架道、綺閣凌雲、考古之文、實堪疑慮。按郊祀志、漢武明堂之制、四面無壁、上覆以茅。祭五帝於上座、祀后土於下防。臣以上座正爲基上、下防惟是基下。既云無四壁、未審伯莊以何知上層祭神、下有五室。且漢武所爲、多用方士之説、違經背正、不可師祖。……臣以古者敬重大事、與接神相似。

是以朝觀・祭祀、皆在廟堂。豈有樓上祭祖、樓下視朝。閣道升樓、路便窄隘、乘輦則接神不敬、步往則勞勩聖躬。侍衞在旁、百司供奉。求之典誥、全無此理。

孔穎達は、「儒学の経典、諸子百家の書、歴史書《六藝《りくげい》羣書百家諸史》」要するに信頼に足る書物にはどこにも二層の楼閣の明堂を根拠づける明証は見当らないとする。「『孝経』に「文王を明堂に宗祀する」と言うが、注して「明楼・明観は、明堂と、その意味は同一である」とは言わない。」とは、後の『五経正義』撰定の責任者らしい言い回しで、要するに、「『孝経』の注には、明堂は明楼・明観と同じ意味だとは書いていない。」ということであろう。「明楼」「明観」の語はもとより「六藝群書百家諸史」には無く、孔穎達が「明堂」の語をもとに皮肉を込めて造語したのである。

劉伯荘は『旧唐書』儒学伝上《じゅがくでんじょう》に本伝があり、その後、弘文館学士から国子博士に遷り、許敬宗《きょけいそう》等と『文思博要《ぶんしはくよう》』及び『文館詞林《ぶんかんしりん》』の編修に参与し、また、龍朔《りゅうさく》中(六六一～六六三)に崇賢館《すうけんかん》学士を兼任して、『史記音義《しきおんぎ》』、『史記地名《しきちめい》』、『漢書音義《かんじょおんぎ》』各二十巻を撰した。

（二）政治家魏徴の意見——貞観年間の明堂論議2

孔穎達は劉伯荘等の二層構造の明堂案を否定したが、擁護する意見もあった。魏徴《ぎちょう》(五八〇～六四三)は次のように述べる。

今の議論内容は、選択の余地がある。五室重屋、上円下方は採用を希望する。その形体は象徴性がある上、過去に故実が多くあるからだ。下室に施政の場所を備え、上堂を祭天の場所とすれば、人神は混淆せず、礼もまたこれを適当とする。その高下広袤《ぼう》〈広は東西の長さ、袤は南北の長さ〉の規模、几筵《きえん》〈祭祀用具〉の尺丈の制度は、みなその時々で準則を定め、事によって便宜的に制作したものだ。私が創作し、古制を模範とする必要はない。千年の難問を解決して、今後の百王の立派な模範を作ろう。[5]

今之所議、非無用捨。請爲五室重屋、上圓下方。既體有則象、又事多故實。下室備布政之居、上堂爲祭天之所、人神不雜、禮亦宜之。其高下廣袤之規、几筵尺丈之制、則竝隨時立法、因事制宜。自我而作、何必師古。廓千載之疑議、爲百王之懿範。

魏徴は創業を支えた老練の政治家らしく、現実主義者であった。魏徴は、盧寛、劉伯荘等の二層構造の明堂案に賛意を示し、さらに発展させて、「五室重屋、上円下方」の明堂案を提唱する。その形体が理念的に典拠を踏まえるからであり、歴史的に先例があるからである。次いで魏徴は、明堂を二層とし、下層を布政の場所、上層を祭天の場所とすれば、人神の分離が図られ、礼でも適切とされる、と論を進める。人神の分離は『国語』楚語下にその重要性が指摘されて以来、歴代の帝王が注意を怠らなかったことである。[6] ただし、明堂を二層とする明確な規定は三礼《さんらい》(『周礼』『儀礼』『礼記』)には見えない。ここに言う「礼」は典拠としての経典ではなく、経典から帰納された礼の理念、もしくは貞観十一年(六三七)に完成する『貞観礼《じょうがんれい》』のような実用の礼典を指すのであろう。だとすれば、孔穎達のように「六藝群書百家諸史」に記された規定に一字一句まで拘泥する必要はない。経典の理念にさえ忠実であれば、「高下広袤の規模、几筵の尺丈の制度」すなわち建物や設備の細かいサイズなどは、時宜に従って随意にして良いのである。

「私が創作し、古制を模範とする必要はない《自我而作、何必師古》」という一文は、「私が古典を創作する《自我作古》」という成句となって、この後使われるようになるが、唐代の皇帝は特に明堂を建てる意欲を表明するとき、この成句を好んで使った。明堂建立とは並々ならぬ決意を要する事業なのである。

(三)歴史家顔師古の意見――貞観年間の明堂論議3

魏徴は、先例に拘泥することなく、後の百王たちのために唐王朝による革新的な明堂を創建せよと奏議したが、この時には論議に結論を見出すことはなかった。降って貞観十七年(六四三)五月、顔師古《がんしこ》(五八一～六四五)は、『逸周書』『大戴礼記』『周礼』『尸子』『孝経緯』及び蔡邕、鄭玄、淳于登、潁容等の漢代儒者達の学説を概観して奏議を行い、また次のように上表した。

ただし、学者は専門に固執し、人ごとに意見が食い違うため、損益が異なり、正しい判断が為されなかったのです。……陛下のみ心のままに創造し、大唐の明堂をお作りになれば、十分に万代に伝えられましょう。戸や窓の数を論じ、階段の前の庭の面積を思案するなんぞは必要ありません。儒学者に好き勝手に論争させれば、いつまでも結論が得られず、儀礼を盛大にすることにかまけるだけです。(7)

但以學者專固、人人異言、損益不同、是非莫定。……惟在陛下聖情創造、即爲大唐明堂、足以傳於萬代。何必論戸牖之多少、疑階庭之廣狹。若恣儒者互説一端、久無斷決、徒稽盛禮。

顔師古も魏徴と同様に、いつ果てるとも知れない儒者達の嚙合わない議論にうんざりし、唐代に始まり万代に伝える「大唐の明堂」の「創造」を皇帝に促したのである。しかしながら、この時は外征のために、明堂建設に至らなかった。

(四)役人たちの意見――高宗時代の明堂論議1

永徽《えいき》二年(六五一)七月二日、高宗は明堂建立の詔を下し、諸曹尚書及び左右丞侍郎、太常、国子秘書官、弘文館学士に共同で詳細に議論させた。その結果は次の通りである。

ここで太常博士の柳宣《りゅうせん》は鄭玄の学説に依拠し、明堂の制度は、五室が妥当だと考えた。内直丞の孔志約《こうしやく》は『大戴礼記』及び盧植・蔡邕等の学説に依拠し、九室だと考えた。曹王友の趙慈皓《ちょうじこう》・秘書郎の薛文思《せつぶんし》等は各自「明堂図」を造った。儒学者たちは紛争し、相違点があった。お上は初めは九室の建議を正しいと考え、そこで所管の部門に明堂の形体制度及び辟雍門闕等を詳細に決めさせた。[8]

於是太常博士柳宣依鄭玄義、以爲明堂之制、當爲五室。內直丞孔志約據『大戴禮』及盧植・蔡邕等義、以爲九室。曹王友趙慈皓・祕書郎薛文思等各造「明堂圖」。諸儒紛爭、互有不同。上初以九室之議爲是、乃令所司詳定形制及辟雍門闕等。

相変らず儒者の論議は紛糾したが、高宗は鄭玄説による五室明堂論を排して、『大戴礼記』、盧植、蔡邕説による九室明堂論を支持し、関係部署にその設計の詳細を論議させたのである。

翌永徽三年(六五二)六月、関係部署の役人は九室明堂の「内様」を製造し、『周礼』考工記、『大戴礼記』『三輔黄図』、張衡「東京賦」『明堂陰陽録』[9]及び鄭玄、盧植、蔡邕等の所説を参考にして明堂の詳細なプランを上奏した。「内様」とは、内部構造を備えた模型のことであろう。新たに建造しようとする明堂について、その説明を皇帝に行う際に、明堂の模型を製作して御覧に供した例は北魏と隋とにある。そのような模型は「様」と呼ばれた。北魏の例は李沖が制作した平城の明堂の模型であり、隋の例は宇文愷が大興城に建設を目論んだ明堂のために制作した模型である。[10]それらの先例に倣い、さらに内部の構造をも備えた精密な模型「内様」を制作してまで行った上奏であるが、またしても、儒者たちは五室九室の得失の議論を蒸し返した。九室に決めていたはずの高宗であったが、五室の便に心揺らぎ、明堂の議はしばらく中断される。

（五）高宗の明堂構想――高宗時代の明堂論議2

乾封二年（六六七）二月、高宗はついに意を決し詔書を発して、次のように宣言した。

朕が夕方に疲れを忘れ、夜中に寝るのを止めて、経典を論じ、群言を総合した理由は、夏殷周三代の精緻を選択し、九皇〈三皇五帝と禹〉の深奥を探索し、前時代を斟酌し、明堂を製造しようとするからだ。宮室を上円下方の構造にする設計は、前例を参考にしたが、筵《むしろ》の長さを決め祭具を並べる方式は、本朝の独創によった。内外に広く知らせ、広く考察し詳しく論議し、その長所短所を追求して、異聞を広めようと思う。そうすれば大儒学者たちがともに、最善と称賛し、官僚諸氏がならんで、該博通達と奏上するだろう。この宏壮な模範を創造して、私が古典を創作しよう。心をひろげれば、まことに礼は伸びやかになるだろう。宗祀の歌を永く歌えば、まことに深く心安らぐであろう。有司に命じて適当な時期に明堂建立に着工し、折衷に努めて、朕の意に適うようにせよ。[11]

朕所以日昃忘疲、中宵輟寢、討論墳籍、錯綜羣言、採三代之精微、探九皇之至賾、斟酌前載、製造明堂。棟宇方圓之規、雖兼故實、度筵陳俎之法、獨運財成。宣諸内外、博考詳議、求其長短、冀廣異聞。而鴻生碩儒、俱稱盡善、搢紳士子、竝奏該通。創此宏模、自我作古。因心既展、情禮獲伸。永言宗祀、良深感慰。宜命有司、及時起作、務從折中、稱朕意焉。

「宮室を上円下方の構造にする設計は、前例を参考にした《棟宇方圓之規、雖兼故實》」とは、「上棟下宇[12]」という中国最古の建築に対する観念と、上円下方という中国伝統の宇宙に対する観念とが、明堂において合体し、しかも歴史的事実があることを言う。[13]また、「筵の長さを決め祭具を並べる方式は、本朝の独創によった《度筵陳俎之法、獨運財成》」とは、「棟宇方円」の理念に則ってさえいれば、明堂の内部の構造や祭礼の細部は独自性を発揮して構わないことを言う。このような基本方針のもと、高宗は、「自我作古」の意志を以て明堂製造に取り掛かる決意を宣布したのである。その決意の証しとして、大赦を行い、年号を乾封から舜の明堂の呼び名であった総章に改め、万年県を分けて明堂県を置いた。

翌総章二年（六六九）三月、高宗はさらに三千字を超える長文の詔書を下し、事細かな指示を行い、具体的な数値を挙げて遺漏の無いようにした。この詔書に述べられた明堂の構造の建築学的な検討は専門家の研究に譲り、思想史的に顕著な特徴を検討しよう。(14)

高宗の詔書の全文は、『旧唐志』に収録されるが、『通典』巻四十四、大享明堂の条が適当にダイジェストし、もとの詔書の本文から典拠の部分を抜き出して原注として収載しており、甚だ簡要であるので、便宜上それを引用する。括弧内は杜佑の原注である。訳は『旧唐志』によって、適宜補訂したが、特に断らない。

その明堂院は、面ごとに三百六十歩、中心に堂を置く。（『周易』繋辞伝上］乾の策は二百一十有六、坤の策は百四十四、総計すれば三百六十歩に成る。中心に堂を置くのは、陰陽二儀の中心に処《お》らせ、天地人三才の根本を定めるからだ。）

院を降ったところに面ごとに三門あり、全部で一つの宇を形成し、距離は五間である。（一年に四季があるから、四面に各々門を開く。一つの季節に三箇月があるから、一箇所ごとに三門を開く。一年に十二箇月があるから、周囲十二門である。また『易』は三を陽数とし、二を陰数とし、合せて五であるから、毎門五間の間隔である。）

院の四隅に各々二階建ての楼を置く。その四つの壁は各々その方位の色で塗る。（『淮南子』を調べると地には四維があるから、四つの角《かど》に四つの楼がある。また五方である水火金木土があり、五方位は各々色が異なり、その牆壁は各々本来の方位の色による。）

基は八面である。（八方に象る。『周礼』［大宗伯］を調べると黄琮《こうそう》で地を礼拝する。鄭玄は「琮とは、八方の玉で、地の形を象る」と注するから、地形が八方なのが分かる。漢の武帝は八觚《はちこ》壇《だん》を築いて地を祀ったから、今八方の基を作ってそれに似せる。）

高さは一丈二尺、直径は二百八十尺である。（陽律は六、陰呂は六、陰陽を合するから、高さは一丈二尺。『易』は三を陽数とし、八を陰数とする。三と八とを乗じ、二百四十の数を得る。また『漢書』九会の数に四十があり、合せて二百八十となる。基の直径が二百八十尺である理由は、天地の和を交通し陰陽の数を総合するからだ。）

面ごとに三つの階段があり、周囲に十二の階段がある。（『漢書』に、天に三階があると言う［東方朔伝］。だから毎面三階だ。地に十二支があると言う［律暦志上］。だから周囲十二階だ。）

階段ごとに二十五段ある。（『文子《ぶんし》』［微明篇］を調べると、凡人から聖人に至るまで、二十五階級ある。）

基の上は一堂であり、その宇《ひさし》は上が円形である。（調べると、『老子』は、「天は一を得て清く、地は一を得て寧く、王は一を得て天下の貞となる。」［三十九章］と言い、また「道は一を生じ、一は二を生じ、二は三を生じ、三は万物を生ず。」［四十二章］と言う。また『漢書』は、「太極は元気であり、三を含んで一とする。」［律暦志上］と言い、また、「天子は四海を家とする。」［高帝紀下］と言う。だから一堂を置いて元気に象り、あわせて四海を家とする意義を現す。また『周礼』［大宗伯］に、「蒼璧で天を礼拝する。」と言い、鄭玄は「璧は円であり天を象る」と注する。だから宇は上が円形だ。）

堂は面ごとに九間であり、各々広さ一丈九尺である。（調べると『尚書』［禹貢篇］は、地には九州がある、と言い、また『周易』［繫辞伝上］は数十とする。だから間の間隔は一丈九尺である。）

堂の周囲は十二の門がある。（一歳十二箇月だからである。）

門ごとに高さ丈一七尺であり、広さは一丈三尺である。（『周易』「繫辞伝上」に陰数は十、陽数は七、合してその高さとする。また陽数は五、陰数は八、合してその広さとする。）

堂の周囲に二十四の窓がある。（天に二十四節気があるからだ。）

窓の高さは一丈三尺である。（一年十二箇月に閏月を併せた数である。）

広さは一丈一尺である。（天数一、地数十だからだ。）

櫺《れい》（連子《れんじ》窓《まど》）の数は二十三である。（天数九、地数十に、四時を併せた数である。）

二十四の明《まど》である。（八卦は全部で二十四爻あるからだ。(15)）

其明堂院、毎面三百六十歩、當中置堂。（乾之策二百一十有六、坤之策百四十四、總成三百六十歩。當中置堂、處二儀中、定三才之本。）

自降院毎面三門、同爲一宇、徘徊五間。（一周有四時、故四面各開門。時有三月、故毎一所開三門。一年有十二月、故周迴十二門。又『易』三爲陽數、二爲陰數、合而爲五、所以毎門舍五間。）

院四隅各置重樓、其四墉各依方色。（按『淮南子』地有四維、故四角四樓。又有五方水火金木土、五方各異色、其牆各依本方之色。）

基八面。（象八方。按『周禮』黄琮禮地。鄭玄注「琮者、八方之玉、以象地形」、故知地形八方。漢武帝立八觚壇以祀地、故今爲八方之基以象之。）

高丈二尺、徑二百八十尺。（陽律六、陰呂六、陰陽數合、高丈二尺。易三爲陽數、八爲陰數、三八相乘、得二百四十。又『漢書』九會之數有四十、合爲二百八十、所以階徑二百八十尺、通天地綜陰陽也。）

毎面三階、周迴十二階、（『漢書』天有三階、故毎面三階。地有十二辰、故周十二階。）

毎階二十五級。（按『文子』、從凡至聖、有二十五等。）

基上一堂、其宇上圓。（按『道德經』、「天得一以淸、地得一以寧、王得一以爲天下貞。」又曰、「道生一、一生二、二生三、三生萬物。」又『漢書』、「太極元氣、含三爲一。」又曰、「天子以四海爲家。」故置一堂以象元氣、幷取四海爲家之義。又『周禮』蒼璧禮天。鄭注「璧圓象天」、故宇上圓。）

堂每面九閒、各廣丈九尺。（按『尙書』地有九州、又易數十、故閒別丈九尺。）

堂周迴十二門。（一歲十二月也。）

每門高丈七尺、闊丈三尺。（『周易』陰數十、陽數七、合爲其高。又陽數五、陰數八、合爲其闊。）

堂周迴二十四窗、（天有二十四氣。）

窗高丈三尺、（一年十二月幷閏。）

闊丈一尺、（天數一、地數十。）

櫺二十三、（天數九、地數十、幷四時。）

二十四明。（八卦共二十四爻。）

（以下省略）


以上の引用はまだ『通典』の記事の半分足らず、もとの詔書に比すれば、その四分の一に過ぎない。この後、記事は堂の柱や屋根、梁の細部に及び、「堂上棟は、階段の上面から九十尺の高さである。（天数九、地数十、九を十に乗ずれば、九十となる。）四つの櫓《のき》は、地面から五十五尺の高さである。（『周易』の大衍の数は五十五である。）上は青陽の玉葉で覆う。（『淮南子』[天文訓]に「青陽の気は天となる」と言う。今は青陽の色に塗る。）」と述べて終わる。(16)

高宗は「製造」しようとする唐の明堂を構成する、すべての部分品が中国の伝統文化の有する様々な宇宙論的意義を象徴することを、詔書に明堂の各部分の構造とその寸法とを詳細に明記し、それらの典拠を逐一列挙することで、懇切丁寧に説き明したのである。ここには高宗の「自我作古」の意気込み、すなわち、唐成立以前の中国の伝統を踏まえながら、唐以後受け継がれるべき新しい明堂の規範を打ち立てようとする意欲が如実に看取される。

しかしながら、このときもやはり衆議は決せず、高宗は明堂の創立を見ないまま弘道《こうどう》元年(六八三)に崩御した。

第二節　則天武后の明堂

(一)万象神宮の建立

則天武后は高宗の遺志を継ぎ、垂拱四年春二月、洛陽の乾元殿《けんげんでん》を解体し、その跡に明堂を創立した(図11)。同年十二月、明堂は完成し、翌永昌《えいしょう》元年(六八九)正月元日、唐王朝の明堂は大享《たいきょう》の祭祀を行って、その活動を開始した[17]。唐王朝では常に儒学者たちの所説が一致しない所為《せい》で、一向に明堂建立に手が着けられなかったことに鑑み、則天武后は彼らの意見には耳を傾けず、専ら北門の学士と明堂制度の問題を協議した。北門の学士は才力の優秀さによって皇帝に直属し、宰相の職掌を分有した者たちである。彼らは儒学の枝葉末節には拘泥せず、自由な発想で物事を着想した。

則天武后の明堂について、『旧唐志』は次のように記す。

> 総じて高さ二百九十四尺、東西、南北各々三百尺である。三層あり、下層は四季を象り、各々方位の色で塗られた。中層は十二支に法り、円蓋とし、蓋上の盤を九匹の龍が捧げ持つ。上層は二十四節気に法り、やはり円蓋である。亭中に十人が両手を広げて囲む長さの巨木があり、上下通貫し、栭《じ》〈ますがた〉・櫨〈ますがた〉・樽《とう》〈ささ

え柱〉・榌《ひ》〈ひさし〉が取り付けられて心柱《しんばしら》とし、鉄索《てつさく》〈鉄のロープ〉で張り渡してある。蓋は鸑鷟《がくさく》〈鳳凰の一種〉の姿となっており、黄金で飾られ、飛翔するかのような勢いであった。木を彫って瓦とし、紵《ちょ》〈麻の一種〉を挟んで漆で塗った。明堂の下に鉄渠《てっきょ》〈鉄の水路〉を施し、辟雍の象徴とした。万象神宮《ばんしょうしんきゅう》と名付けた。(18)

凡高二百九十四尺、東西南北各三百尺。有三層、下層象四時、各随方色。中層法十二辰、圓蓋、蓋上盤九龍捧之。上層法二十四氣、亦圓蓋。亭中有巨木十圍、上下通貫、栭・櫨・橕・榌、藉以爲本、亙之以鐵索。蓋爲鸑鷟、黄金飾之、勢若飛翥。刻木爲瓦、夾紵漆之。明堂之下施鐵渠、以爲辟雍之象。號萬象神宮。

要するに、垂拱年間に立てられた明堂の基本構造は、下層は四時に対応して方形とし、中層上層は円蓋を頂いて円形とし、全体として上円下方の観念を具象化する建築様式となっているのである。またその各構成部分の構造は五行思想と時令思想とを具象化しており、それ故に巨木、鉄索といった幾つかの奇妙な装置を備えながらも、この建築物は明堂と呼ぶのに十分な資格を備えているのだ。実際、当時の儒学者文人の中にはこの新造された明堂を賛美して文学作品を献上した者もいた。李白がそうであったのは序に記した通りである。もう一例、劉允済《りゅういんさい》(六八五?〜七〇四)の「明堂賦」を挙げよう。

　劉允済の「明堂賦」は、その冒頭で垂拱の明堂の構造を、次のように描写する。

　大いなるかな天の星、紫微は上帝の宮殿を設ける。遥かなるかな

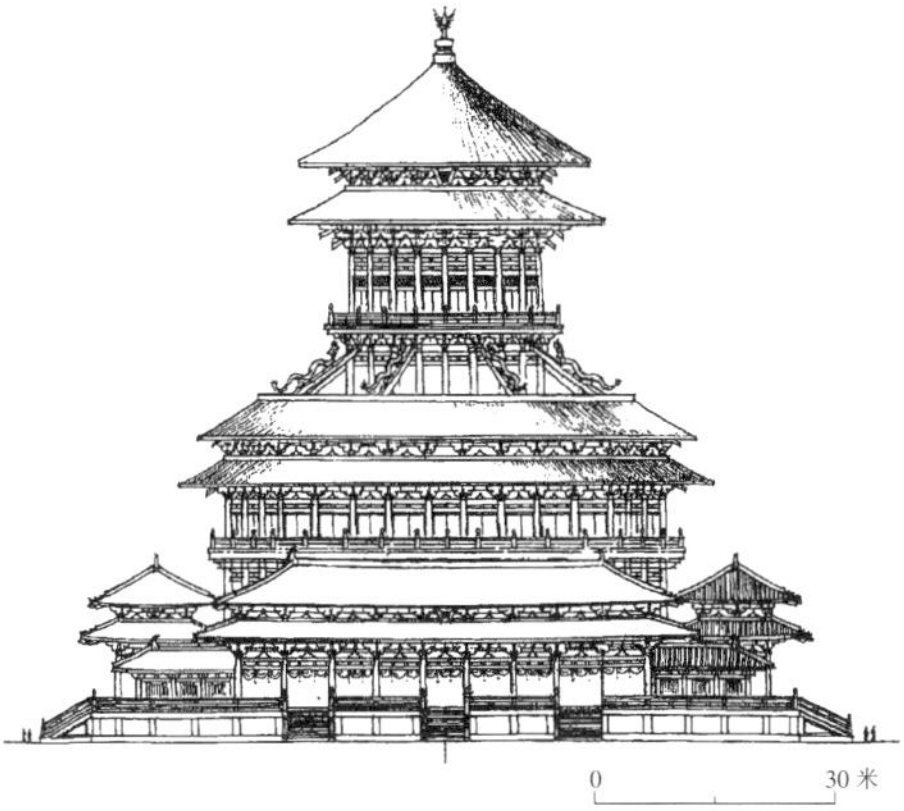

図11　則天武后の明堂(楊鴻勛「明堂泛論」『東方学報』京都，70，1998年)

地の形、赤い門闕は聖人の建物を推し開く。ここに文王の徳を観て聴朔布政し、天に配享して、祖先を祭祀しなくてはならない。神の徳化を体して設計し、霊なる図に応じて建立した。七筵を測って手本とし、四室を分立して輔佐を通じた。合宮の文典は、黄帝よりも繁茂し、重屋の儀礼は、夏禹よりも崇高だ。殷によって五帝祭祀を成立させ、周を継いで太古からの伝統を模範とし、正朔の循環を統べ、皇王の先例を呼び起こした。[19]

大哉乾象、紫微疏上帝之宮。邈矣坤輿、丹闕披聖人之宇。聿観文而聽政、宜配天而宗祖。體神化以成規、應靈圖而立矩。度七筵以垂憲、分四室而通輔。合宮之典、鬱乎軒邱、重屋之儀、崇於夏禹。因殷成於五帝、繼周道於千古、統正朔之相循、起皇王之踵武。

劉允済、允済は字である。博学にして文才に恵まれ、初唐《しょとう》の四傑《しけつ》の一人である王勃《おうぼつ》と並び称された。垂拱四年、明堂の完成当初、劉允済は「明堂賦」を奏上した。則天武后は大変喜び感嘆し、自ら褒美を賜り著作郎の職を授けた。[20]劉允済はまた、南斉の劉瓛(巘)の六世の子孫であり、劉瓛は隋代の牛弘が明堂建立を進言する奏議の中でその説を引用した礼学の大家である。[21]したがって、劉允済は明堂に関する人並み以上の知識があったはずである。そのような劉允済の眼から見ても、則天武后の明堂は明堂として備えるべき条件はすべて具備しており、明堂としての機能を十全に発揮できると認定されたのである。

(二)万象神宮の機能

則天武后は睿宗の名を借りた詔書の中で、自らの明堂観を次のように述べる。

そもそも明堂とは、天子が祖先を祭祀する殿堂であり、諸侯の朝見を受ける位置である。天地の深奥なる秘密を開き、雲気や日月星辰の運行に法るから、災害が生じず、変乱が起こらないようにできるのである。……時はすでに変遷し、先例を遵守する必要はない。私が古典を作り、今の事態に適用しよう。今、上堂を厳父配天〈父に孝を尽くすために天帝に配享する〉の場所とし、下堂を施政の居所とし、明堂の礼制を輝かしくおし敷き、誠敬をおし展べよう。(22)

夫明堂者、天子宗祀之堂、朝諸侯之位也。開乾坤之奥策、法氣象之運行、故能使災害不生、禍亂不作。……時既沿革、莫或相遵、自我作古、用適於事。今以上堂爲嚴配之所、下堂爲布政之居、光敷禮訓、式展誠敬。

則天武后は明堂の機能を熟知し、事実上の皇帝として切実に明堂建立を願望していた。それ故に彼女は「私が古典を創作し、今の事態に適用しよう。《自我作古、用適於事。》」という決意のもと、きわめて独創的な明堂の建立を完遂し、大享の祭祀を行ったのである。これらの事実から、則天武后は儒教を厚く信奉する帝王だったと言える。実際、『旧唐志』には、次のような記述がある。

永昌元年正月元日、始めて自ら明堂で大享の祭祀を行い、大赦《たいしゃ》、改元《かいげん》した。……明堂の完成後、東都洛陽の婦人及び諸州の父老に自由に見学させ、兼ねて酒食を下賜し、それをしばらくの間続けた。……載初《さいしょ》元年(六九〇)冬正月朔日(庚辰)の冬至の日、再び自ら明堂で大享の祭祀を行い、大赦、改元し、暦法を改正して周正《しゅうせい》〈周の暦法〉を用いることにした。翌日、臣下に政令を発布した。(23)

永昌元年正月元日、始親享明堂、大赦改元。……自明堂成後、縱東都婦人及諸州父老入觀、兼賜酒食、久之乃止。……載初元年冬正月庚辰朔、日南至、復親饗明堂、大赦改元、用周正。翼日、布政于羣后。

則天武后は明堂において、大享、布政、養老、大赦、改元等を続け様に行った。これらはみな儒教が帝王に要請する明堂における事柄である。

しかしながら、その僅か一箇月後、則天武后は突如として儒学者の信頼を裏切る行動に出る。『旧唐志』に、その年(載初元年)二月、則天はまた明堂に出御され、大規模に儒仏道三教の討論会を開いた。内史の邢文偉《けいぶんい》は『孝経』を講義し、侍臣及び僧侶、道士等に命じて順番で論議させ、日が傾いてようやく終了した。(24)

其年二月、則天又御明堂、大開三教。内史邢文偉講孝經、命侍臣及僧、道士等以次論議、日昃乃罷。

と記載される出来事である。漢の武帝が方士の公玉帯の献上した『(黄帝時)明堂図』に基づいて泰山明堂を建立したことから、明堂が儒教の独占物でないことは明らかだが、儒仏道三教の高位者たちが明堂に集まり討論を行う情況には、奇異の念を抱かざるを得ない。実は、則天武后はこの年九月に国号を周と改め、皇帝に即位したのだが、翌年には明堂の背後に仏堂《ぶつどう》をも建立している。『旧唐志』はこの仏堂に関して次のように記述する。

その時(天授《てんじゅ》二年[六九一])、則天武后はまた明堂の後に天堂《てんどう》を造営し、仏像を安置した。その高さは百余尺であった。最初組み立てたとき、大風のために倒壊した。急いでまた営造し直したが、まだ完成していなかった。証《しょう》聖《せい》元年(六九五)正月丙申夜、仏堂が火災を起こし、明堂に延焼した。夜明けに至り、仏堂、明堂ともに焼尽した。(25)

時則天又於明堂後造天堂、以安佛像。高百餘尺。始起建構、爲大風振倒。俄又重營、其功未畢。證聖元年正月丙申夜、佛堂災、延燒明堂。至曙、二堂竝盡。

則天武后は元来敬虔な仏教徒であり、儒教の神殿(明堂)と仏教の神殿(天堂)とが截然と区別されるべきであるとは認識せず、仏教の僧侶が明堂に昇ることを不謹慎であるとは考えなかったようである。むしろ、則天武后は儒教の明堂(万象神宮)と仏教の天堂とをともに神霊が降臨する場所であると認識していたのである。

そもそも仏教側は、それも一種の宗教建築であるとの理由から、儒教の明堂に対して親近感を抱いていたようである。例えば、北魏時代に仏教を保護した人々は、仏教の造像《ぞうぞう》や寺院を儒教の神主や明堂に擬えることを好んだ。汝南《じょなん》王元悦《おうげんえつ》は仏経を愛読する人物であったが、正光《せいこう》年間(五二〇～五二五)に、磚浮図《せんふと》(煉瓦製の仏像もしくは仏塔)を霊台の上に造った。[26] 北魏の洛陽の霊台は実際には明堂辟雍と一体ではなかったが、理念的には霊台は明堂と不可分と考えられていた。したがって、汝南王は明堂を、仏教を象徴する磚浮図を安置するのに相応しい場所と認識していたのだと考えられる。

また、北魏に南朝の梁から降った荀済《じゅんさい》なる人物は、仏教が中国の典礼を窃取し朝廷の権力を侵奪した罪状十個を指摘したが、その第二の罪状は、仏教が「巨大な仏殿を建造し仏像を荘厳に飾り、僭越にも明堂宗祀に比擬した」ことだった。[27] 荀済はもともと梁の武帝と仲が良かったが、後に彼が仏教を強く排斥するにつれ関係が悪化し、そのことが原因で北魏に亡命した人物である。以上の例から、南北朝時代には儒教側は仏教の施設に対して嫌悪感を抱いていたが、仏教側は儒教の宗教施設に対して何ら反感を覚えるものではなかったことが窺える。

(三)通天宮の建立

垂拱年間に立てられた洛陽の明堂は、証聖元年正月に仏寺天堂の火災からの延焼によって消失した。則天武后はすぐさま明堂の再建を決定し、翌年三月、新しい明堂は完成した。新しい明堂について、『旧唐志』は次のように記述する。

則天武后はまもなく命令して元の規格に基づいて明堂を再建させた。総じて高さ二百九十四尺、東西、南北広さ三百尺である。上に宝鳳《ほうほう》を施したが、急に火珠《かしゅ》に代えた。明堂の下は、鉄渠を囲繞させ、辟雍の象徴とした。天冊万歳《てんさくばんざい》二年(六九六)三月、[28] 再建の明堂は完成し、通天宮《つうてんきゅう》と名付けられた。四月朔日、また皇帝自身による大享の祭祀儀礼を行い、大赦し、万歳通天《ばんざいつうてん》と改元した。翌日、則天武后は通天宮の端扆殿《たんいでん》に御幸し、有司に命じて時令を読ませ、臣下に政令を発布した[29]。

則天尋令依舊規制重造明堂、凡高二百九十四尺、東西南北廣三百尺。上施寶鳳、俄以火珠代之。明堂之下、圜遶施鐵渠、以爲辟雍之象。天冊萬歲二年三月、重造明堂成、號爲通天宮。四月朔日、又行親享之禮、大赦、改元爲萬歲通天。翼日、則天御通天宮之端扆殿、命有司讀時令、布政于羣后。

則天武后は基本的に従前の明堂(万象神宮)の規模に依拠して明堂を再建したのであり、明堂で行う大享・大赦・布政等の儀式もやはり旧来通りとしたのである。

第三節　則天武后以降の唐の明堂

(一)玄宗時代の則天明堂批判

洛陽の明堂は、則天武后が死去し、国号が唐に恢復した後も、重祚《ちょうそ》した中宗、睿宗によって維持され、則天武后の時代に定められた諸儀式が変ることなく行われた。ようやく玄宗《げんそう》(李隆基《りりゅうき》、在位七一二〜七五六)の開元《かいげん》五年(七一七)正月に至って、太常少卿王仁忠《おうじんちゅう》、博士馮宗《ふうそう》、陳貞節《ちんていせつ》等が、則天武后の明堂が伝統的な典章制度と乖離することを問題にする上奏がなされた。『旧唐志』には次のように記載される。

……乾元殿の遺跡に、高層の楼閣という事業を興し、煙と炎は日を蔽うほど盛んに揚がり、梁と柱は雲を開くほど高く聳え、人はここに労苦を訴え、天は実に誡を遺しました。煨燼が収まらぬうちに、すぐさま修復を加えました。その上、立地は丙巳の方位とは異なり、神霊のみ心に答えず、則天武后は天命を偽って皇帝を僭称し、父を祭祀して天に配享しました。則天武后の明堂は旧典に暗く、神霊は明らかに降臨しません。これが則天武后の明堂が不可である理由の第一です。

次に、明堂の制度は、木材は彫刻せず、土台は装飾しません。今の建築様式は、適正を外れ、経典に違背し儀礼を紊乱《びんらん》しており、彫鐫《ちょうせん》された箇所は豪奢華麗の極みを尽くします。これがその不可である理由の第二です。

高層の明堂は清爽高燥で、神霊へ敬虔を捧げるのに資するが、皇宮に隣接していれば、どのようにして天に祈るのでしょうか。人神が雑糅し、秩序立てることができません。これがその不可である理由の第三です。

その上、長安洛陽は首都ですから、天下の各地が模範とするのに、天子は南面して陽に向かう位置を欠き、執政は休息の別殿で行うようでは、主管の役人は憂慮に堪えず、どうして沈黙を保つことができましょう。必ず暦算を審査し、繁簡を適切に行って、不便なことは考量して改修し、可能なことはすぐに適用せねばなりません。かの明堂の称号を削除し、乾元の名称に戻すことができたら、天子は宁《ちょ》〈宮中の門と塀との中間〉に立って偏りが無く、人はその旧来の姿を知るでしょう(30)。


……乾元遺趾、興重閣層樓之業、煙焰蔽日、梁柱排雲、人斯告勞、天實貽誡。煨燼甫爾、遽加修復。況乎地殊丙巳、未答靈心、跡匪膺期、乃申嚴配。事昧彝典、神不昭格。此其不可者一也。又明堂之制、木不鏤、土不文。今體式乖宜、違經紊禮、雕鐫所及、窮侈極麗。此其不可者二也。高明爽塏、事資虔敬、密邇宮掖、何以祈天。人神雜擾、不可放物。此其不可者三也。況兩京上都、萬方取則、而天子闕當陽之位、聽政居便殿之中、職司其憂、豈容沈默。當須審考歷之計、擇煩省之宜、不便者量事改修、可因者隨宜適用。削彼明堂之號、克復乾元之名、則當宁無偏、人識其舊矣。

則天武后の明堂は洛陽の乾元殿を取り壊して、その跡地に建てられた。三層の高閣を誇ったこの明堂は一たび灰燼に帰したが、規模を変えずに再建された。「煙と炎は日を蔽うほど盛んに揚がり、梁と柱は雲を開くほど高く聳える

《煙焔蔽日、梁柱排雲》」とは、その火災の煙と炎の烈しく立ち上る様と、焼け残って虚しく聳える梁や柱の様の表現である。玄宗に仕える学者たちの認識では、この火災の原因は直接には人為だが、人民の怨嗟《えんさ》の声を天が聴き入れて下した譴告《けんこく》であり、その灰燼がまだ暖かい内に、同じ場所に明堂を再建したのは許されざる行為である。そこで、三箇条の理由を挙げて、則天武后の明堂を批判した。

不可の第一は、明堂の場所や祭祀の主催者が正当でなく、そのような怪しげな明堂には神や先祖の神霊はやって来ないということである。

不可の第二は、明堂の制度は質素であると決っているのに、現今の明堂は、構造は経典の規定から逸脱し、装飾は華美に過ぎるということである。

不可の第三は、城外の清澄な環境でこそ敬虔に神霊と交感できるのに、宮廷に隣接する現今の明堂では聖俗が入り交じり神意を得られないということである。

これらに類する批判は、実は万象神宮建立当時すでに提議されていた。『旧唐志』所載の垂拱四年の詔書には、鴻《こう》儒礼官《じゅれいかん》〈大儒学者礼法官僚〉の批判と、それに対する則天武后の反論とを次のように記す。

この頃、鴻儒礼官はそれぞれ意見を異にするものの、みな、明堂は、三里の外、七里の内の、国都の南の地に置いたのに、今は皇宮に隣接して、恐らくは神霊神祇を冒瀆しようから、誠に施政の居所であって、宗祀の場所ではない、と考えている。

朕は丙巳の地は、宮室から遥か遠く、毎月の滞在や、定期的な饗祭には、常に儀礼の祭具祭品を備えなければならず、ともすれば煩労する。朕の所懐は、きわめて鴻儒礼官の考えとは異なる。今それ故に禁裏に台基を裁定し、建物を宮中に開き、工事を始めてから、何日もたたないうちに完成させた。天地に敬事すれば、神明の徳が明瞭となり、祖宗の神霊を尊祀してこそ、父に孝を尽くす志がはじめて伸びる。もしただ告朔や朝見だけを言うのなら、茅葺き屋根や三段だけの土階が好適であり、民衆の力を労し、九筵の明堂を制作して御幸する必要はない。誠に祭品を確保するのは、宗廟を謹み奉じるが故である。(31)

　比者鴻儒禮官、所執各異、咸以爲明堂者、置之三里之外、七里之內、在國陽明之地、今既俯邇宮掖、恐黷靈祇、誠乃布政之居、未爲宗祀之所。朕乃爲丙巳之地、去宮室遙遠、毎月所居、因時饗祭、常備文物、動有煩勞。在於朕懷、殊非所謂。今故裁基紫掖、闢宇彤闈、經始肇興、成之匪日。但敬事天地、神明之德乃彰、尊祀祖宗、嚴恭之志方展。若使惟云布政、負扆臨人、則茅宇土階、取適而已、豈必勞百姓之力、制九筵而御哉。誠以獲執蘋蘩、虔奉宗廟故也。

鴻儒礼官たちは、明堂は本来城外南方に立てるべきなのに、宮廷に近すぎる現今の明堂は神霊に俗世の汚れを与えるので、政治の場所となり得ても宗教の場所とはなり得ない、と非難した。

則天武后の側は、明堂の宗教的側面を強調してそれらの非難に反論する。「毎月の滞在や、定期的な饗祭《毎月所居、因時饗祭》」とは告朔の礼と大享の祭祀とを言う。前節で、則天武后の最初の明堂(万象神宮)が永昌元年(六八九)正月元日の大享をもってその活動を開始したことを述べた。正月元日(朔)に明堂に於いて大享の祭祀を行うことはその後慣例となった。(32)

告朔の礼については、『旧唐志』に聖暦《せいれき》元年(六九八)の記事として、当時の大儒である成均博士呉揚吾《ごようご》、太学博士郭山惲《かくさんうん》の上奏を収録する。引用すれば、次の通りである。

今もし先例遵守して朔(時令)を頒布し、毎月それを遂行すれば、礼は時勢の流れに従うことを大事に考え、事は変遷を求めるようになります。望むらくは、王方慶《おうほうけい》の建議に依り、四季の孟月の日及び季夏に明堂で告朔の礼を復活させ、天下に月令を頒布してください。[33]

今若因循頒朔、毎月依行、禮貴隨時、事須沿革。望依王方慶議、用四時孟月日及季夏於明堂修復告朔之禮、以頒天下。

この上奏は、則天武后によって裁可され、告朔の礼は正式に制定された。なお、最初発布された制では、「毎月一日に明堂で告朔の礼を行う[34]」とされたものを、このように四季ごとの孟月と季夏との五回に減らしたのである。またこの両博士の上奏は、告朔の礼には政治の側面と宗教の側面との両面性があることを強く訴える。

垂拱四年の詔書に戻れば、則天武后の認識では、明堂とは告朔と大享という重要な国家宗教儀礼を行う場所であり、多数の祭具の常備や、頻繁な儀礼による煩労を考慮すれば、宮廷から遠く離れた城外南方丙巳の地に建てるのは賛成できないとする。この率直で世俗的な反対理由を既成事実の面から補強すべく、続いて宮城内に建立した明堂が宗教施設として十全に機能を発揮していることを述べる。そして、政治のためだけの施設であるなら、茅葺き屋根土階三等で十分なのに、人民の多大な労力を使役して巨大な建物を築き登臨するのは、宗教儀礼を行うためだからだと、明堂の壮麗さを逆手にとって、新造の明堂が宗教施設としては失格だとする非難に反論するのである。

(二)玄宗時代の則天明堂廃止

開元五年の上奏は、この垂拱四年の詔書に示された則天武后の反論を当然踏まえるはずであるのに、垂拱年間の鴻儒礼官と同じ趣旨の批判を三箇条に拡大して行った。役人や学者たちは則天武后の権力の前に沈黙しただけで、その弁明にまったく納得していなかったのだ。刑部尚書王志愔《おうしいん》等も則天武后の明堂の所在地が正しくないことを理由に、明堂の称号を撤去して元の通りに乾元殿を造るよう上奏した。そこで玄宗は次のような詔書を下した。

今の明堂は、皇宮に隣接しており、ここで行われる厳父配天の祭祀は、孝を尽くす意味合いとは異なる点がある。かりそめにも憲章でなければ、軌範にはできない。だから礼官博士、公卿大夫は、群議を広く参照して、謹んで往古に従い、露寝《ろしん》〈正殿〉の方式を保存し、辟雍の呼び名を廃止するがよい。乾元殿と改称し、毎回の臨御は正殿の礼に依れ。(35)

今之明堂、俯鄰宮掖、此之嚴祀、有異肅恭。苟非憲章、將何軌物。由是禮官博士、公卿大夫、廣參羣議、欽若前古、宜存露寢之式、用罷辟雍之號。可改爲乾元殿、每臨御宜依正殿禮。

玄宗は洛陽の明堂は宮城に隣接し、明堂に相応しくない場所であると認識しており、それ故に明堂の称号を撤去し、乾元殿に改め、今後は正殿の礼制に依拠しその儀式を行うよう命じたのである。『旧唐志』に依って、それ以降の経緯を概観すれば次の通りである。

開元五年以降、洛陽は明堂の礼制を廃止し、元日冬至乾元殿朝賀の礼制を新設し、季秋大享の祭祀は明堂から円丘に場所を移して行われた。

開元十年（七二二）、玄宗は再び、乾元殿の称号を明堂に改めた。しかし明堂での享祭の礼は復活させなかった。開元二十五年（七三七）、玄宗は将作大匠康詧素《こうべんそ》に洛陽の明堂を取り壊すよう命じた。だが、康詧素は完全に取り壊すことは費用が厖大になるので、上層だけを取り壊し、通天宮よりも九十五尺低くすることを願い出た。また柱心木を撤去し、平座の上に八角楼を置き、楼上には身を躍らせ火珠を捧げもつ八頭の龍の像を乗せた。また通天宮より周囲を五尺小さくし、屋根は本物の瓦で葺き、火災で焼失することの無いようにした。名称は再び旧来の乾元殿に戻した。(36)

これをまとめれば、玄宗即位後、明堂と乾元殿とは次のように、度々その名称を交替させたのである。

・開元五年〜十年、乾元殿（明堂を乾元殿に改称。明堂祭祀は円丘で実施。）
・開元十年〜二十五年、明堂（乾元殿を明堂に改称。）
・開元二十五年〜、乾元殿（明堂上層撤去、乾元殿に改称。）

なお、『新唐書《しんとうじょ》』礼楽志《れいがくし》三にはこの後に、「唐代が終わるまでの間、季秋の大享の祭祀はどれも、円丘に仮寓して行われた。[37]」の一文がある。これはこの開元五年の明堂から乾元殿に名称が変更されて以後の事態を言うのであろう。

第四節　唐の明堂の祭祀と唐代三大礼

（一）唐代三大礼の制定経緯

唐の明堂に関して、『通典』巻四十四、大享明堂には次の記事がある。

（開元）二十年（七三二）季秋、明堂で大享の祭祀を行い、昊天上帝を祀って、睿宗を配享した。また五方帝、五官を従祀した。祭器の籩豆罇罍《そんらい》〈食器と酒だる〉の数は雩祭の儀礼と同じである。……明堂の大享祭祀の儀典は、『開元礼《かいげんれい》』に具備する。[38]

（開元）二十年季秋、大享於明堂、祀昊天上帝、以睿宗配。又以五方帝五官従祀。籩豆罇罍之數、與雩禮同。……其大享儀、具開元禮。

これは、右の『旧唐志』の開元十年と二十五年との間を補う資料であるが、『新唐書』礼楽志の記述や、他に開元十年から二十五年の間に明堂で季秋大享祭祀が行われた資料が確認されていないことから、歴史事実ではなく、『開元礼』の規定を杜佑が史実と誤認した可能性もある。ただし、開元十年の乾元殿から明堂への再改称は、その年に開始された『開元礼』編纂事業にあわせて、明堂を復活させ、季秋大享祭祀の場所を円丘から明堂に戻す布石だったことを窺わせ、『通典』の記事が史実だった可能性も高い。開元時代の明堂論議には、『開元礼』が大きな影響を及ぼしたのである。

『開元礼』について確認しておこう。唐代には三つの礼があった。すなわち、『貞観礼』『顕慶礼《けんけいれい》』及び『開元礼』である。『新唐書』礼楽志一はそれらの制定の経緯を次のように記す。

『貞観礼』(貞観十一年[六三七]、百三十八巻)唐の初期は隋の礼を襲用した。太宗の時、中書令の房玄齢《ぼうげんれい》と秘書監の魏徴が、礼官・学士等と隋の礼を基礎とし、天子上陵・朝廟・養老・大射・講武・読時令・納皇后・皇太子入学・太常行陵・合朔・陳兵太社等を増加して、吉礼六十一篇、賓礼四篇、軍礼二十篇、嘉礼四十二篇、凶礼十一篇を作成した。これが『貞観礼』である。

『顕慶礼』(顕慶三年[六五八]、百三十巻)高宗はさらに太尉の長孫无忌《ちょうそんむき》・中書令の杜正倫《とせいりん》と李義府《りぎふ》・中書侍郎の李《り》友益《ゆうえき》・黄門侍郎の劉祥道《りゅうしょうどう》と許圉師《きょぎょし》・太子賓客の許敬宗・太常卿の韋琨《いこん》等に勅命して増訂して一百三十巻とした。これが『顕慶礼』である。

『顕慶礼』は式令〈低次の礼規定〉が混在し、李義府や許敬宗が高宗の寵愛を得ようとして、迎合や附会が多かった。施行された後になってから、議者はみな不適当だとしたため、上元《じょうげん》三年(六七六)に、『貞観礼』を再度用いることを勅命した。これ以後高宗治世中は、『貞観礼』『顕慶礼』を兼用した。しかしながら、有司が政務を遂行する際は、故事先例を典拠とし、二礼と参照しながら調整したので、決まった原則がない状態だった。則天武后と中宗とがその後朝廷に混乱を招く中、『顕慶礼』は言及されず、礼を掌る博士も、手を拱《こまね》くばかりだった。

『開元礼』(開元二十年、百五十巻)玄宗の開元十年、国子司業の韋縚《いとう》が礼儀使となり、五礼を管掌した。十四年、通事舎人の王嵒《おうがん》が上疏して、『礼記』の原文を削除して現在の時事を挿入することを願い出、勅命で集賢院《しゅうけんいん》に附議された。学士の張説《ちょうえつ》は、『礼記』は改変を許されない書物であって、聖人の時代は遥か昔だとはいえ、改易できないが、唐の『貞観礼』『顕慶礼』、儀注は前後相違しているので、折衷を加えて、唐の礼を制作すべきである、と考えた。そこで、勅命で集賢院学士右散騎常侍の徐堅《じょけん》、左拾遺の李鋭《りえい》及び太常博士の施敬本《しけいほん》に撰述させたが、数年たっても完成せず、李鋭が世を去ったので、蕭嵩《しょうすう》が代わって学士となり、起居舎人の王仲丘《おうちゅうきゅう》を登用して撰定させ、一百五十巻とした。これが『大唐開元礼』である。これ以降、唐の五礼の文は始めて備わり、後世は『開元礼』を用いるようになった。時に小さい修正が為されるとはいえ、『開元礼』に勝る礼典は現れなかった。(39)

唐初、即用隋禮。至太宗時、中書令房玄齡・祕書監魏徵、與禮官・學士等因隋之禮、增以天子上陵・朝廟・養老・大射・講武・讀時令・納皇后・皇太子入學・太常行陵・合朔・陳兵太社等、爲吉禮六十一篇、賓禮四篇、軍禮二十篇、嘉禮四十二篇、凶禮十一篇。是爲『貞觀禮』。

高宗又詔太尉長孫无忌・中書令杜正倫李義府・中書侍郎李友益・黃門侍郎劉祥道、許圉師・太子賓客許敬宗・太常卿韋琨等增之爲一百三十卷。是爲『顯慶禮』。其文雜以式令、而義府・敬宗方得幸、多希旨傅會。事既施行、議者皆以爲非、上元三年、詔復用『貞觀禮』。由是終高宗世、『貞觀』、『顯慶』二禮兼行。而有司臨事、遠引古義、與二禮參考增損之、無復定制。武氏・中宗繼以亂敗、無可言者、博士掌禮、備官而已。

玄宗開元十年、以國子司業韋縚爲禮儀使、以掌五禮。十四年、通事舍人王嵒上疏、請刪去『禮記』舊文而益以今事、詔付集賢院議。學士張說以爲『禮記』不刊之書、去聖久遠、不可改易、而唐『貞觀』、『顯慶禮』、儀注前後不同、宜加折衷、以爲唐禮。乃詔集賢院學士右散騎常侍徐堅、左拾遺李鋭及太常博士施敬本撰述、歷年未就而鋭卒、蕭嵩代鋭爲學士、奏起居舍人王仲丘撰定、爲一百五十卷。是爲『大唐開元禮』。由是、唐之五禮之文始備、而後世用之。雖時小有損益、不能過也。

些か長文に亘ったが、簡明に言えば、太宗の時、『貞観礼』がまず完成し、高宗の時、それを増多して『顕慶礼』が成立した。しかしながら、『顕慶礼』は「式令」を含むなど、雑然としており、信頼性に乏しく、上元三年に『貞観礼』が復活し、以後は二礼が併用され、さらに実務面では二礼に加え、ケースバイケースで経典が参照されて、礼制には一貫性が無くなった。玄宗の時、『貞観礼』と『顕慶礼』とを折衷して、『開元礼』が制定されたのである。

(二)『開元礼』の明堂祭祀規定――『貞観礼』『顕慶礼』との比較

明堂の祭祀対象については、『開元礼』の巻一序例《じょれい》上「神位」に、「季秋に明堂で大享の祭祀を行い、昊天上帝《こうてんじょうてい》を祀って、睿宗大聖真皇帝《たいせいしんこうてい》を配侑《はいゆう》とする。また五方帝（太微五帝）、五帝（五人帝）、五官（五神）を従祀する。[40]」という条文があり、『通典』の記事と一致する。また右の条文の原注に「右の事柄を考えてみると、大唐の前礼（『貞観礼』）は、五方帝、五帝、五官を明堂に祀り、大唐後礼（『顕慶礼』）は、昊天上帝を明堂に祀る。[41]」とされており、『開元礼』が『貞観礼』と『顕慶礼』との折衷であることを裏付けるようである。[42] しかしながら、明堂の祭祀規定に関する限りは、『開元礼』制定に当って、始めて『貞観礼』と『顕慶礼』との規定を折衷したのではなく、高宗時代の二礼兼用の情況や則天武后の明堂に於ける既成の事実を追認したに過ぎない可能性が高い。

高宗時代の情況は、『旧唐書』礼儀志一に次のように記載される。

儀鳳《ぎほう》二年（六七七）七月、太常少卿の韋万石《いばんせき》が上奏して、「明堂の大享の祭祀は、古礼と鄭玄との学説に準拠すれば、五天帝を祀り、王粛の学説では、五行の帝を祀ることになります。『貞観礼』は鄭玄の学説に依拠し五天帝を祀るとし、顕慶以来の新修礼は昊天上帝を祀るとします。乾封二年の詔勅を奉ずれば五帝を祀り、また制を奉ずれば昊天上帝も兼ね祀る。伏して上元三年三月の詔勅を奉ずれば、五礼はどれも『貞観礼』に依ることを規定とします。また去年の詔勅を奉ずれば、どれも周の礼に依って明堂の大享祭祀を行います。今、楽を使用するのに祭祀対象の神を決定せねばならないのですが、古礼及び『貞観礼』によるのか、それとも現在通行の礼によるのかはっきりとしません。」その時は高宗及び下臣はだれも断定できず、『貞観礼』と通行の礼とが相違することが長いため決着しなかった。ついでまた詔勅を降して尚書省及び学者に詳しく論議させたが、それでもこの事は確定しなかった。これより明堂の大享の祭祀は、『貞観』『顕慶』二礼が兼用された(43)。

儀鳳二年七月、太常少卿韋萬石奏曰、「明堂大享、准古禮鄭玄義、祀五天帝。王肅義、祀五行帝。『貞觀禮』依鄭玄義祀五天帝、顯慶已來新修禮祀昊天上帝。奉乾封二年敕祀五帝、又奉制兼祀昊天上帝。伏奉上元三年三月敕、五禮竝依『貞觀年禮』爲定。又奉去年敕、竝依周禮行事。今用樂須定所祀之神、未審依古禮及『貞觀禮』、爲復依見行之禮。」時高宗及宰臣竝不能斷、依違久而不決。尋又詔尚書省及學者詳議、事仍不定。自此明堂大享、兼用『貞觀』『顯慶』二禮。

則天武后の明堂規定は、『旧唐志』に次のように記される。

天授《てんじゅ》二年（六九一）正月乙酉（十三日）、冬至の日、自ら明堂を祭祀し、天地を併せ祀り、周の文王及び武氏の先考〈父〉・先妣〈母〉を配享し、百神従祀はどれも、壇位の順序に従い席を設置し祀った。そこで春官郎中の韋叔夏《いしゅくか》は上奏して、「……明堂の正礼は、ただ五帝（太微五帝）を祀り、祖宗及び五帝（五人帝）、五官神等を配享するのみであり、自余の神神はどれも、明堂の大享の祭祀に関与すべきではない。伏して思うに、陛下は先祖を追慕する情が深く、厳かに祭祀する志が切実でおられますから、明堂の大享の祭祀では、昊天上帝、皇地祇《こうちぎ》を祭祀対象に加え、先帝、先后を配享して尊重の念を示されますように。これは前王の礼典の欠落を補い、厳父配天の誠敬を弘めるものです。……」と言った。則天武后はこの上奏に従った(44)。

天授二年正月乙酉、日南至、親祀明堂、合祭天地、以周文王及武氏先考、先妣配、百神從祀、竝於壇位次第布席以祀之。於是春官郎中韋叔夏奏曰、「……明堂正禮、唯祀五帝、配以祖宗及五帝、五官神等、自外餘神、竝不合預。伏惟陛下追遠情深、崇禋志切、於明堂享祀、加昊天上帝、皇地祇、重之以先帝、先后配享、此乃補前王之闕典、弘嚴配之虔誠。……」從之。

則天武后の明堂においては、元来は『貞観礼』と同じく、太微五帝を祀り、祖先の神霊と五人帝、五官神とを従祀するとされていたが、天授二年以後、それに昊天上帝と皇地祇とが祭祀対象に加えられ、先帝と先后とが従祀の列に加えられたのである。『開元礼』の規定は、このような高宗、武后時期の「定制」無き場当り的な礼制の状況を追認したに過ぎないのである。

折衷と言うには余りに無原則であるが、『開元礼』には確かに明堂の規定が存在したのであり、『通典』に拠れば、玄宗は開元二十年に明堂で大享の祭祀を行ったのである。両『唐志』と『通典』との記事を総合すれば、次のように考えられる。すなわち、開元五年に玄宗は明堂を乾元殿と改称し、それに伴い大享の祭祀の場所を明堂から円丘に移した。開元十年に玄宗は乾元殿の名称を明堂に恢復したが、大享の祭祀は依然として円丘で行った。二十年に『開元礼』が成立し、同年季秋に『開元礼』に基づいて明堂で大享の祭祀が行われた。しかし二十五年に明堂の上層を取り壊した上で乾元殿と再び改称し、その後は季秋の大享の祭祀は概ね円丘で行われたのである。

結語

元初に成立した馬端臨《ばたんりん》の『文献通考《ぶんけんつうこう》』郊社考《こうしゃこう》七、明堂には、玄宗の後の明堂に関する記事として、代宗《だいそう》(李豫《りよ》、在位七六二〜七七九)の永泰《えいたい》二年(七六六)季秋に、明堂で大享の祭祀を行い、昊天上帝を祀るとき、先帝の粛宗を配享することを裁可したこと、また憲宗《けんそう》(李純《りじゅん》、同八〇五〜八二〇)の元和《げんな》元年(八〇六)、穆宗《ぼくそう》(李恒《りこう》、同八二〇〜八二四)の初年にも同様の事例があったことを記す[45]。開元二十五年以降、唐王朝が新たな明堂を建設した事実を記す文献はなく、季秋の大享は円丘において行われたはずだから、『文献通考』のこれらの記事は、明堂が実在したことを証明するものではなく、礼の理念や原則を現実に即して確認したものであろう。大享は明堂の祭祀であり、本来は明堂で行うべきであるが、必ずしも明堂でなければ行うことができないのではないのである。端的に言って、明堂は必ずしも必要ではないのだ。敷衍すれば、明堂は受命の王者のみが建てることができるが、受命の王者が必ず明堂を立てる必要はないのである。言い換えれば、明堂は正統性の証しであり、正統性を誇示する必要のある王者は切実に明堂建立を希求するが、正統性が自明の王者はそのような熱意に突き動かされる動機を持たない。

唐の太宗李世民は天下を平定するや明堂建立の意志を表明した。唐王朝の正統性を誇示する必要のある太宗には明堂建立の動機があったからである。だが、明堂は現実政治に属すると共に、伝統文化に深く根ざしている。それ故に明堂に関する言説は多岐に渉り、歴代の論議はいたずらに紛糾するばかりであった。唐代においても状況は変らず、孔穎達を代表とする儒学者官僚は学派の枠から自由ではなく、互いに批判し合うばかりであった。これに対し、魏徴のような政治家は、「私が創作し、古制を模範とする必要はない《自我而作、何必師古》」との信念を持し、先例に拘泥しない、後世の範となる唐王朝による革新的な明堂建立を提議した。また顔師古のような歴史家官僚も、学者の瑣末主義を排し、唐代に始まり万代に伝える「大唐の明堂」の「創造」を建言した。明堂建立が実現の途に就いたとき、帝王のみならず、学者・政治家を問わず臣下たちもまた、如何なる明堂であれば王朝の正統性を最適に誇示できるか、という問題にそれぞれの立場から真摯に取り組んだのである。

高宗は太宗よりさらに明堂建立に熱心であった。高宗はすでに封禅の儀式という王朝の正統性を誇示する最大の業績の一つを成し遂げていた。この上、明堂を建立したならば、唐王朝の正統性誇示はもとより、高宗の名声を不朽にとどめることは疑いない。高宗は「私が古典を創作する《自我作古》」の意気込みを以て、唐以前の中国の伝統文化を踏まえながらそれを乗り越え、唐以後継承されるべき新しい明堂のスタンダードを打ち立てようとした。具体的には高宗が乗り越えようとしたのは太宗であった。明堂の構造では、太宗が支持した鄭玄説の五室を排して、九室とした。また祭祀対象も太宗が制定した『貞観礼』の採用する鄭玄説の太微五帝でなく、新たに制定した『顕慶礼』では王粛学派説の昊天上帝とした。しかしながら、五室は明るく、九室は暗いと言われれば心揺らいだように、高宗は優柔不断で、『顕慶礼』を制定したのにもかかわらず、『貞観礼』を復活させて、二礼兼用とする有様であった。礼制の混乱するさなか高宗は明堂の建立寸前に世を去った。

則天武后も明堂建立にきわめて熱心であった。最初は唐王朝の皇帝の遺志を継ぐ者として、後には武周《ぶしゅう》の皇帝として、則天武后は切実に明堂建立を希求した。則天武后もまた、「自我作古」の信念の持ち主であった。だが、則天武后の場合、唐以前の伝統文化はまったく換骨奪胎され、そのエッセンスだけが抽出され、全くオリジナルの新式明堂に注入されたのである。彼女の明堂は、建築構造から見れば、個々のパーツは上円下方の観念や五行思想・時令思想等を象徴するが、全体を一貫する思想に欠けるキメラであり、礼規定から見れば、雑多な意見を無定見に採用したため、太微五帝、五人帝、五官神に加えて昊天上帝、皇地祇を祀り、周の文王に武氏の先考先妣、さらには当初、百神までをも従祀した無節操な祭祀空間である。経典の規定からはあまりに乖離したこの建築は学者たちの嫌悪の対象であったが、非を鳴らす言論は則天武后の強権によって封殺された。

玄宗は明堂を維持する意欲が薄弱であった。彼は生れながらにして正統王朝の嫡流《ちゃくりゅう》だったからであり、即位した彼に引き継がれた明堂は正統性ではなく忌わしさの象徴でしかなかったからである。玄宗は、明堂は乾元殿と代置可能の単なる儀礼の場所の一つに過ぎず、その儀礼さえ円丘が明堂の代替を務められると考えており、したがって則天武后の明堂に代る自分自身の明堂を建立する存念《ぞんねん》はなかったようである。明堂に対する玄宗の無関心ぶりは、礼の規定からも窺える。玄宗の制定した唐を代表する礼典である『開元礼』は『貞観礼』と『顕慶礼』とを折衷したと言われるが、明堂の規定に関するかぎり、その折衷の仕方は、取捨選択ではなく両論併記であり、一貫した理論はない。それは無節操に祭祀対象を増多した則天武后の明堂の式典空間の情況をそのまま反映したに過ぎないのだ。

明堂は王朝の正統性の象徴であるが、玄宗は明堂に興味を覚えなかった。その彼が晩年、唐王朝滅亡の危機を招くのは歴史の皮肉という他ない。

注

(1) (唐)李白「明堂賦」(〔清〕王琦注『李太白全集』、北京、中華書局、一九七七年、二七頁)、「昔在天皇、告成岱宗、改元乾封、經始明堂、年紀總章。時締構之未集、痛威靈之遐邁。天后繼作、中宗成之。因兆人之子來、崇萬祀之丕業。」

(2) ただし、実際に洛陽の明堂が完成したのは、中宗の弟睿宗の時である。

(3) 『孝経』聖治章、「孝莫大於嚴父、嚴父莫大於配天、則周公其人也。昔者周公郊祀后稷以配天、宗祀文王於明堂、以配上帝。是以四海之內、各以其職來祭。」(二五五三頁)。

(4)〔後晋〕劉昫《りゅうく》等『旧唐書』巻二十二、礼儀志二(北京、中華書局、一九七五年、八四九〜八五〇頁)。注でも以下、『旧唐志』と略称する。

(5)『旧唐志』、八五〇〜八五一頁。

(6)南朝梁の武帝が建康の明堂建立において、民神の分離に配慮したことは、本書第四章第二節を参照。

(7)『旧唐志』、八五二〜八五三頁。

(8)『旧唐志』、八五三頁。

(9)『明堂陰陽録』の原文は、「禮記明堂位、陰陽錄云、「水左旋以象天。」」(『旧唐志』八五五頁)とあり、「禮記明堂位、陰陽錄」であるが、「水左旋以象天」の一文が『礼記』明堂位篇にはなく、『隋書』巻四十九、牛弘伝(一三〇四頁)に引用する『明堂陰陽録』に見えることから、『明堂陰陽録』と改めた。『明堂陰陽録』については、本書第一章第二節及び第六章第一節を参照。

(10)李沖と宇文愷との明堂模型(様)については、それぞれ本書第五章第二節、第六章第二節を参照。

(11)『旧唐志』、八五六頁。

(12)『周易』繫辞伝下に、「上古穴居而野處。後世聖人易之以宮室。上棟下宇。以待風雨。」(八七頁)とある。

(13)北魏平城の明堂や隋の明堂プランが上円下方の観念を建物自体の構造で具現化するものであったことは、本書第四章及び第五章を参照。

(14)高宗の永徽明堂及び乾封(総章)明堂の建築学的な研究は、張一兵前掲書『明堂制度研究』、三九九〜四一一頁を参照。

(15)『通典』巻四十四、大享明堂、一二五三頁。

(16)『通典』巻四十四、大享明堂、「堂上棟去階上面九十尺。(天數九地數十以九乘十當九十)四檐去地五十五尺。(大衍之數五十五。)上以青陽玉葉覆之。(『淮南子』曰「青陽爲天」、今以青陽之色。)」(一二五三頁)

(17)『旧唐志』には、「垂拱三年春、毀東都之乾元殿、就其地創之。四年正月五日、明堂成。……永昌元年正月元日、始親享明堂」(八六二、八六四頁)とあるが、『旧唐書』巻六、則天皇后紀には、「(垂拱)四年春二月、毀乾元殿、就其地造明堂。……十二月己酉……明堂成」(一一八〜一一九頁)とあり、『新唐書』巻四、則天武皇后紀、『通典』巻四十四、大享明堂及び『資治通

鑑』巻二百四、唐紀二十もすべて、明堂は垂拱四年二月に着工され、同年十二月に竣工したとする。

(18)『旧唐志』、八六二頁。

(19)『全唐文』巻百六十四(北京、中華書局、一九八三年、一六七七頁)。

(20)『旧唐書』巻百九十中、文苑伝中、劉允済、五〇一二～五〇一三頁を参照。

(21)牛弘の奏議と劉瓛の説については、本書第六章第一節を参照。

(22)『旧唐志』、八六三～八六四頁。

(23)『旧唐志』、八六四頁。

(24)『旧唐志』、八六四頁。

(25)『旧唐志』、八六五頁。

(26)〔北魏〕楊衒之『洛陽伽藍記』巻三、「至我正光中、造明堂於辟雍之西南。上圓下方、八窗四闥。汝南王復造磚浮圖於靈臺之上。」(一一〇頁)。

(27)〔唐〕道宣『広弘明集』巻七、辯惑篇第二之三、列代王臣滞惑解下、梁荀済(『大正新脩大蔵経』五十二、大正新脩大蔵経刊行会、一九九〇年普及版、一三〇頁)、「竊盗華典傾奪朝權。凡有十等。……二曰、興建大室莊飾胡像、僭比明堂宗祀也。」

(28)天冊万歳二年正月に万歳登封《ばんざいとうほう》と改元したので、天冊万歳二年三月は実際には万歳登封元年三月である。

(29)『旧唐志』、八六七頁。

(30)『旧唐志』、八七五頁。

(31)『旧唐志』、八六三頁。

(32)則天武后の明堂祭祀に関する歴史学的研究には、金子修一前掲書『古代中国と皇帝祭祀』、第三部第八章がある。

(33)『旧唐志』、八七三頁。

(34)『旧唐志』「毎月一日於明堂行告朔之禮。」(八六八頁)。

(35)『旧唐志』、八七五頁。

(36)『旧唐志』「自是駕在東都、常以元日冬至於乾元殿受朝賀。季秋大享祀、依舊於圓丘行事。十年、復題乾元殿爲明堂、而不行享祀之禮。二十五年、駕在西京、詔將作大匠康諐素往東都毀之。諐素以毀拆勞人、乃奏請且拆上層、卑於舊制九十五尺。又去柱心木、平座上置八角樓、樓上有八龍、騰身捧火珠。又小於舊制、周圍五尺、覆以眞瓦、取其永逸。依舊爲乾元殿。」(八七五〜八七六頁)。

(37)〔宋〕欧陽修・宋祁『新唐書』巻十一、礼楽志一(北京、中華書局、一九七五年、三三八頁)、「而迄唐之世、季秋大享、皆寓圜丘。」

(38)『通典』巻四十四、大享明堂、二五四頁。

(39)『新唐書』巻十一、礼楽志一、三〇八〜三〇九頁。

(40)〔唐〕蕭嵩等『大唐開元礼』巻一、序例上(汲古書院、一九七二年、一四頁)、「季秋大享明堂、祀昊天上帝、以睿宗大聖眞皇帝配座。又以五方帝、五帝、五官從祀。」

(41)『大唐開元礼』巻一、序例上、「右按、大唐前禮、祀五方帝、五帝、五官於明堂、大唐後禮、祀昊天上帝於明堂。」(一四頁)。

(42)『旧唐書』巻二十一、礼儀志一にも、「至(開元)二十年、蕭嵩爲中書令、改撰新禮。……季秋、大享于明堂、祀昊天上帝、以睿宗配、其五方帝、五人帝、五官從祀。籩豆之數、同于雩祀。」(八三三〜八三四頁)と記載される。

(43)『旧唐書』巻二十一、礼儀志一、八二七頁。

(44)『旧唐志』、八六四〜八六五頁。

(45)〔元〕馬端臨『文献通考』巻七十四、郊社考七、明堂(北京、中華書局、一九八六年、六七三頁)に、「代宗永泰二年、禮儀使杜鴻漸奏、季秋大享明堂、祀昊天上帝、請以肅宗配。制可。憲宗元和元年太常禮院奏、季秋大享明堂、祀昊天上帝。今太廟祔享禮畢、大享之日、準禮合奉皇考順宗、配神作主。詔曰敬依典禮。十五年(時穆宗已卽位)禮院奏、大享明堂、案禮文皇考配坐。今奉憲宗、配神作主。詔曰敬依典禮。」とある。

第八章　宋元明清時代　復古と世俗化

序

唐が九〇七年に滅亡してから、九六〇年に宋《そう》(九六〇〜一二七九)が成立するまでの五代十国時代《ごだいじっこくじだい》と呼ばれる約五十年間は、後梁《こうりょう》・後唐《こうとう》・後晋《こうしん》・後漢《こうかん》・後周《こうしゅう》の五王朝が華北を支配し、前蜀《ぜんしょく》・南唐《なんとう》等の十の地方政権が乱立した時代であった。これらの諸国のうち、後唐王朝には明堂があった。後唐の明堂は正式名称を明堂殿と言ったが、皇帝は正月朔日《ついたち》にこの明堂殿に出御《しゅつぎょ》し、朝賀《ちょうが》を受けた(1)。朝賀とは、唐の韓愈《かんゆ》の「石鼓歌《せっこか》」に、「大いに明堂を開き朝賀を受ければ、諸侯の宝剣玉佩《ぎょくはい》は音を立てて擦れ合う(2)。」と歌うように、天子が臣下の朝覲慶賀を受けることだから、後唐はその年頭行事で、明堂の原点である、諸侯朝見の機能を果たしたことになる。しかも、明堂殿は後梁の朝元殿を改称したものので、後梁の朝元殿は、元来は唐の乾元殿なのである。後梁は開平三年(九〇九)西京の含元殿を朝元殿と改称したが、これに先立つ開平元年(九〇七)に東都洛陽を西京と改称したから、この含元殿は長安の含元殿ではなく、洛陽の含元殿ということになる。洛陽の含元殿は開元二十八年(七四〇)に乾元殿を改称したものである(3)。そして、この乾元殿は開元二十五年に明堂を改修し、この名を付けた宮殿であるから、後唐が明堂殿に改称したのは、これも原点回帰と言えよう。

後唐時代の明堂殿では、季秋大享の儀礼も行われたが、(4)宮中にある明堂殿は重要な一連の祭祀儀礼の起点ともなった。長興《ちょうきょう》元年(九三〇)の例で言えば、二月十八日に天子は明堂殿の斎宮《さいきゅう》で斎戒《さいかい》し、十九日に太微宮《たいびきゅう》で朝献《ちょうけん》〈始祖廟の祭祀〉を行った。その日は太廟に行き斎戒し、翌日夜明けに朝饗《ちょうきょう》〈太廟の祭祀〉を行った。二十日に南郊の斎宮で斎戒し、二十一日に円丘で昊天上帝を祀った。南郊円丘の祭天儀礼を終えると、天子は南郊の宮殿で朝賀を受け、その日の内に宮城の門楼に登り、改元大赦し、家臣に官位恩賞を、畿内外の人民に税の還付免除の恩沢を下賜した。(5)

興味深いのは、後唐の重要な国家もしくは帝室祭祀行事が、連日の日程で行われたことである。このように重要な国家帝室の祭祀行事を短期間に連続して行うことは、原型は魏晋南北朝時代に見られ、太微宮のような帝室の伝説上の始祖を祀る廟堂が組み込まれたのは唐の玄宗時代に始まり、さらに宋代に受け継がれた。(6)宋代には明堂祭祀が、南郊祭祀と同等の扱いで組み込まれた。一連の行事は単なる宗教行事に止まらず、官位、金品、酒食、恩赦、娯楽等が椀飯振舞《おうばんぶるまい》され、身分を問わず熱狂する、聖俗入り交じった祝祭へと発展したのである。

本章では、唐代に整備された礼典(『大唐開元礼』)の明堂制度に対する、宋代での受容、展開の様相を、宋代明堂論で重視された機能に着目して分析し、あわせて宋代に発達した明堂祭祀(季秋明堂大礼)について概観し、宋代における明堂制度の復古と世俗化の特質を解明する。

ついで、明代、清代における明堂の実在を確認し、それらが発揮した明堂としての機能を考察し、明堂の終焉《しゅうえん》、乃至は最終地点を見届ける。

第一節　宋元時代の明堂

（一）北宋時代の明堂儀礼1――寓礼時代

1　南郊での有司摂事――『開宝通礼』の規定

宋王朝では、九六〇年のその建国から政和《せいわ》七年（一一一七）に至るまでの約百六十年間、明堂の建物は存在しなかった。ただし、明堂祭祀自体は、礼の規定が存在し、有司摂事《ゆうしせつじ》〈儀礼等を高位の臣下が代行して行うこと〉により南郊の祭壇に仮寓する形で行われた。宋代の明堂について、正史『宋史《そうし》』に従い、時間の流れに沿って概観しよう。まずは、北宋前期の寓礼〈儀礼を本来とは異なる場所で行うこと〉時代の記述は次の通りである。

　宋の初めは、季秋大享の礼規定はあったが、一度も皇帝は親祀《しんし》〈自ら祭祀すること〉したことはなく、有司に命じて代行させるだけだった。真宗《しんそう》（趙恒《ちょうこう》、在位九九七～一〇二二）は始めて親祀することを論議させたが、泰山封禅《たいざんほうぜん》、汾陰后土《ふんいんこうど》の祭祀が相継ぎ、やはり明堂親祀の余裕がなかった。[7]

　明堂。宋初、雖有季秋大享之文、然未嘗親祠、命有司攝事而已。眞宗始議行之、屬封岱宗、祀汾陰、故亦未遑。

季秋大享の礼規定とは、『開宝通礼《かいほうつうれい》』を指す。『開宝通礼』は、太祖（趙匡胤《ちょうきょういん》、在位九六〇～九七六）が開宝《かいほう》年間（九六八～九七六）に、唐代の『開元礼』をもとに増減した礼典であった。[8] 季秋明堂大享の規定は、「季秋に天帝を明堂に祀る」「神位は、昊天上帝、配饗《はいきょう》は宣祖《せんそ》皇帝（太祖の父）、五方帝（太微五帝）、五人帝、五官[9]」とされるが、これは、『開元礼』巻一、序例上の「季秋に明堂で大享の祭祀を行い、昊天上帝を祀り、睿宗大聖真皇帝を配享する。さらに五方帝、五帝、五官を従祀する。[10]」を踏襲した規定である。

２　大慶殿での皇帝親祀――『太常因革礼』の規定

泰山封禅という歴代ごく少数の帝王しか実現できなかった偉業を成し遂げた真宗であったが結局、一度も明堂親祀を果たすことなく崩御した。後を継いだ仁宗《じんそう》（趙禎《ちょうしん》、在位一〇二二～一〇六三）は、皇祐《こうゆう》二年（一〇五〇）三月、それまで有司摂事により南郊壇で行われていた明堂儀礼を、宮中の大慶殿《たいけいでん》で行いたい旨近臣に伝えた。仁宗の考えでは、明堂は、施政の宮殿、諸侯朝見の場所、天子の正殿であり、宋王朝で言えば大慶殿がこれに当たる。すでに明道《めいどう》元年（一〇三二）に宮城内の天安殿《てんあんでん》で天地の祭祀が行われており(11)、宮城内の宮殿を祭祀の会場とすることに支障はなく、大慶殿の内部を五室に分割せよと命じた(12)。

大慶殿の明堂への改造は、実際には内部に幕を張って五つの区画を設けることで実現された。皇祐二年九月二十七日に挙行された季秋大享明堂礼において、祭祀対象は、昊天上帝、皇地祇を主神とし、配侑は太祖、太宗（太祖の弟の趙匡義《ちょうきょうぎ》）、真宗の三帝とし、従祀としては太微五帝、五人帝、五官は勿論、神州地祇、日月河海の諸神にまで及んだ(13)。これは、主神は昊天上帝、配侑は先帝（太祖の場合は宣祖皇帝、仁宗の場合は真宗）、従祀は太微五帝、五帝、五官とする『開宝通礼』の規定を大きく超過する。

（二）北宋時代の明堂儀礼２――祭祀対象の削減

１　仁宗嘉祐七年の改革

皇祐二年の大慶殿明堂礼で、仁宗が礼の規定を逸脱してまで明堂祭祀に天地を合祭《がっさい》し、日月河海の諸神まで従祀したのは、季秋大享の明堂祭祀が南郊円丘の祭天の代替に他ならず、郊祀において天地を合祭し、祖宗を並配し、太微五帝、五人帝、五官から日月河海の神々に至るまでを従祀した宋の祖法に倣ったからである。しかしながら、十二年後の嘉祐《かゆう》七年(一〇六二)七月に、再び大慶殿で季秋大享明堂礼の挙行を目論んだ仁宗に有司は次のように釘を刺した。

皇祐の時には南郊の百神の従祀の規定を斟酌《しんしゃく》して適用しましたが、礼典の祭祀規定に対応していません。隋・唐の旧制のように、昊天上帝・五方帝の位牌を設置し、真宗を配享して五人帝・五官神を従祀し、その他は皆廃止して下さい。(14)

嘉祐七年(一〇六二)七月、詔復有事於明堂、有司言、「皇祐參用南郊百神之位、不應祭法。宜如隋・唐舊制、設昊天上帝・五方帝位、以眞宗配、而五人帝・五官神從祀。餘皆罷。……」

2　神宗元豊三年の改革

祭祀対象の削減は、神宗《しんそう》(趙頊《ちょうぎょく》、在位一〇六七〜一〇八五)の時代にさらに進んだ。元豊《げんほう》三年(一〇八〇)六月、神宗は詔書を発して、明堂祭祀には上帝だけを祀るよう命じた。この詔書は、上帝の解釈をめぐって一悶着あったが、結局昊天上帝一神を祀ることで決着した。(15) ただし、納得しない者もおり、この後も論争は続く。

(三)北宋時代の明堂儀礼3――徽宗の明堂建立以降

明堂祭祀は宋建国以来、長らく南郊や大慶殿に寓礼してきたが、徽宗《きそう》(趙佶《ちょうきつ》、在位一一〇〇〜一一二五)が即位し、崇寧《すうねい》四年(一一〇五)になって、明堂の建立を実現する気運が盛り上がった。宰相に就任した蔡京《さいきょう》が、庫部員外郎の姚《よう》舜仁《しゅんじん》の作製した『明堂図議《めいどうずぎ》』を献上したところ、その所定内容に従い建造するよう詔勅が下された。ところが、この事業は翌年正月に彗星が出現したために中止され、大観《たいかん》元年(一一〇七)九月辛亥(二十八日)の季秋大享明堂礼は依然大慶殿での寓礼となった。(16)

1　宋政和明堂の基本原理

しかしながら、徽宗は政和五年（一一一五）に再び詔勅を発し、明堂の殿堂を建立する決意を表明した。詔勅は宋の明堂の基本設計を、次のようにのべる。

明堂に宗祀し上帝に配享するのに、政治の正殿である大慶殿に寓礼するのは、礼制上は不備であると言えよう。崇寧の初めに、一度建立の詔勅を出したが、周の時代はもはや久遠で、歴代の明堂模式は踏襲するのに十分ではない。朕は経典を調べ周の古制を考察し、『周礼』の通りに九筵を基準とし、五室に分け、八風に法った八つの窓を開き、上を円形に下を方形とし、先王の制度を整合した。方位や地形を視察し、大慶殿の南に、建築資材を結集し、私が古典を創作する意気込みで、朕の上帝を祭祀し父上への孝心をはっきりと現す明堂を実現せよ。[17]

政和五年、詔、「宗祀明堂以配上帝、寓於寝殿、禮蓋云闕。崇寧之初、嘗詔建立、去古既遠、歴代之模無足循襲。朕刺經稽古、度以九筵、分其五室、通以八風、上圓下方、參合先王之制。相方視址、于寝之南、僝工鳩材、自我作古、以稱朕昭事上帝率見昭考之心。

建築地には大慶殿の南東が福徳の地とされ、そこにあった秘書省を宣徳門東に移転して、その跡地に明堂は建立されることになった[18]。

明堂の完成は二年後の政和七年（一一一七）四月である。政和五年の当初は、徽宗は明堂を、厳父配天の祭祀と、聴朔布政の政治とを一堂に合体した空間とするよう命じた[19]。ところが、途中で心変わりし、完成後は、厳父配天（徽宗の言葉では、「配帝厳父〈上帝に配享することで父に孝心を捧げること〉」）だけの祭祀空間とし、聴朔布政等の他の行事は大慶殿、文徳殿《ぶんとくでん》で行うよう、詔勅を下した。だがこれは、群臣の猛反対に遭い、撤回を余儀なくされた[20]。

2　宋政和明堂の頒朔布政

政和七年九月一日の詔書で頒朔布政が、十月から開始されることに決定し、実際に行われた。その様子を、『宋史』は次のように記す。

政和七年九月一日、頒朔布政を十月から始めるよう詔が下された。十月一日、主上は明堂平朔[21]左个に御し、天運〈天体の運動及びそれから占う運勢〉・政治及び翌年の政和八年戊戌の歳の歳運〈一年の運勢〉・暦数を天下に頒布した。これから月の朔日ごとに主上が明堂に出御されその月の月令を頒布するようになった。[22]

政和七年九月一日、詔頒朔布政自十月爲始。是月一日、上御明堂平朔左个、頒天運・政治及八年戊戌歳運・暦數于天下。自是毎月朔御明堂布是月之政。

頒朔布政は元来、聴朔(告朔)と呼ばれ、上帝のお告げのような神聖性を帯びていたが、宋代には、月令〈時令、政令〉は、天運、政治、歳運、暦数といった迷信的なものも含む聖俗相半ばする雑駁な内容となっていた。この頒朔布政の事業は欽宗の靖康《せいこう》元年(一一二六)に廃止されたが、[23]その業務は新設された明堂頒朔布政府が担った。[24]

3　宋政和明堂の祭祀対象

さて、徽宗が建立した宋政和明堂の、厳父配天(配帝厳父)、すなわち明堂の祭祀機能については、政和七年八月に論議が行われた。詳細は『宋会要』に記されるが、[25]要するに、神宗元豊三年の改革の成果であった、昊天上帝一神のみを祭祀し、五帝を含む他の一切の諸神を排除する、という方針を改め、昊天上帝に加えて、五帝を明堂で祭ることに決めたのである。

ここで言う五帝は、宋代の議論では、王安石《おうあんせき》(一〇二一～一〇八六)の説を踏まえて、五精之君と称されており、五精之君が鄭玄の『礼記』月令篇の注を踏まえる措辞だとすれば、太昊、炎帝、黄帝、少皞、顓頊の所謂五人帝ということになる。[26] 神宗元豊三年の改革で排除された五帝は、鄭玄の六天説《りくてんせつ》の五帝、すなわち、蒼帝霊威仰、赤帝赤熛怒、黄帝含枢紐、白帝白招拒、黒帝汁光紀の太微五帝であった。これらは依然として排除されており、その意味では筋が通っていると言えるが、ではなぜ所謂五人帝なら、明堂に祀って良いのであろうか。

王安石は、『周官新義《しゅうかんしんぎ》』で、「五帝は、五精之君のことで、昊天上帝の輔佐である。[27]」と述べた。鄭玄は、明堂に祀る上帝を太微五帝、つまり唐宋時代に称するところの五方上帝とし、五神を従祀するとした。宋では鄭玄の六天説を否定するから、五方上帝としての五帝はその存在を否定されて、明堂に祀る上帝は昊天上帝ただ一神となった。さらに、王安石の説によって、徽宗政和時代に、五帝は五精之君(五人帝)であり、昊天上帝の輔佐とされた。五帝はもはや、上帝ではなく、唯一の上帝である昊天上帝の輔佐であるから、明堂に従祀の形で祭祀することが許されるのである。

(四)南宋時代の明堂とその世俗化

徽宗が創建した宋政和明堂はしかし、他ならぬ徽宗の失態で北宋が滅亡したことにより、機能を停止する。高宗《こうそう》(趙構《ちょうこう》、徽宗の次男。在位一一二七～一一六二)が立てた南宋では、明堂は堂宇を建てることなく、再び寓礼の境遇に甘んじることになる。

しかしながら、明堂祭祀は意外にも活況を呈した。三年に一度の天地の共祭となった南宋の季秋明堂大礼は、首都の中を盛大な車列で行列する。宋の呉自牧《ごじぼく》の『夢粱録《むりょうろく》』は、その様子を詳細に描く。ここでは、その篇題を示し、ごく簡潔に説明して、明堂大礼の概要を紹介しよう。[28]

①「明禋《いん》年預教習車象（明堂祭祀の年の車象の予行演習）」
明堂祭祀は三年に一度である。春の初めに詔勅が下され、九月最初の辛《かのと》の日の明堂祭祀挙行が告知される。二箇月前に、車をひく象の予行演習がある。

②「明堂差五使執事官（明堂に五使と祭祀を行う官とを任命する）」
五使（大礼使《たいれいし》、礼儀使《れいぎし》、儀仗使《ぎじょうし》、鹵簿使《ろぼし》、橋道頓遞使《きょうどうとんていし》）及び執事官を任命し、儀礼を教習させ、当日職務につかせる。

③「駕出宿斎殿（天子が出御し殿に宿斎〈ものいみ〉する）」
明堂祭祀の大礼を行う三日前、平章《へいしょう》〈宰相より上の官〉と宰執《さいしつ》〈宰相執政〉は百官を率いて皇帝に大慶殿で一夜を過ごし致斎《ちさい》〈ものいみ〉するようお願いする。

④「五輅《ごろ》儀式（五輅の形式）」
明堂祭祀は玉輅《ぎょくろ》〈玉製の帝王の車〉だけを使う。郊祀は五輅〈帝王の五種の車。玉輅、金輅、象輅、革輅、木輅〉を使う。どちらも太廟の側《そば》の輅屋の下に駐める。

⑤「差官軷《はつ》祭及清道（官を遣わし道の神を祭り道を清める）」
明堂祭祀と郊祀とはどちらも祭祀の官を遣わし道の神を祀る。

⑥「駕詣景霊宮《けいれいきゅう》儀仗（天子が景霊宮に参詣する儀仗）」
皇帝は大慶殿で一夜致斎する。次の日の早朝五更《ごこう》〈今の午前四時〉に、摂大宗伯《せったいそうはく》は大慶殿の前で牙牌《がはい》〈象牙製の身分証〉を執って中厳《ちゅうげん》、外弁《がいべん》〈ともに祭祀儀礼規則〉を奏上する。

⑦「駕回太廟宿奉神主出室（天子は太廟に帰って宿泊し、神主を奉じ室を出る）」
皇帝は平頂輦《へいちょうれん》〈平らな屋根の手びき車〉に乗って、太廟の斎殿で一夜を過ごす。

図12 皇帝のパレード(象が車をひく場面)『明人畫出警圖』國立故宮博物院藏品,
(Na Chih-liang, *The Emperor's Procession*, National Palace Museum, 1970)

⑧「駕宿明堂斎殿行禋祀礼(天子は明堂の斎殿で一夜を過ごし祭祀の大礼を行う)」

皇帝は太廟から玉輅に乗って麗正門《れいせいもん》から宮中に入り、斎殿で宿泊する。先朝の親祀明堂祭祀の故事を遵守する。明堂殿は即ち文徳殿《ぶんとくでん》で、その中で明堂祭祀を行うのである。太常寺奉常官が殿上に立ち、四つの位牌を並べる。北に居り南面させるのが昊天上帝の位牌で、東に置き西面させるのが太祖、太宗、高宗の位牌である。低い机の上に礼物を設け、殿の廡《ぶ》〈のき〉には星辰、名山名川の百神の神棚を設ける。

⑨「明禋礼成登門放赦(明堂祭祀大礼が終わり、楼門に登り、大赦する)」

宰執と百官とは麗正門の楼下に行列する。皇帝が出御すると、宮架《きゅうか》の楽が演奏され、皇帝は楼に登る。皇帝は楼上から大赦の文を下におろし、宣赦台《せんしゃだい》の前に至ると、通事舎人がそれを読み上げ、囚人が釈放される。皇帝は楼上で簾《れん》〈すだれ〉を垂らし、宮中に帰る。

皇帝の順路をまとめれば、大礼三日前、天子は大慶殿の宿斎殿で一夜致斎し、翌日(大礼二日前)の早朝五更に太廟に移り、その夜は太廟の斎殿で過ごす。翌日(大礼前日)太廟から宮中に移り、そこの斎殿で最後の致斎を行い、大礼当日を迎える。大礼は宮中の文徳殿で行い、終了後、麗正門の門楼に登り、大赦を行い、その後宮中に帰還するのである。

このような国家祭祀のための鹵簿〈皇帝の行幸行列〉(図12)は北宋時代にはもっと盛んであり、大慶殿から出た車列は太廟で祖先の霊を祀るだけではなく、さらに宋室の遠祖黄帝を祀った景霊宮に参詣するのが習わしであった。(29)先学の指摘するように、郊祀、明堂祭祀が世俗化したことを表しており、その起源は唐の玄宗の太清宮《たいせいきゅう》―太廟―南郊の祭祀にあると言う。(30)筆者の意見を付け加えれば、明堂祭祀の世俗化は唐の則天武后の明堂に遡れるであろう。則天武后が、その最初の明堂である万象神宮が完成した後、東都洛陽の婦人及び諸州の父老に自由に見学させ、酒食を下賜し、それをしばらくの間続けたことは、前代未聞の出来事であり、民衆と明堂との最初の直接的邂逅《かいこう》だったと言って良い。

なお、南宋の明堂祭祀は、右の『夢粱録』によれば、昊天上帝を祭神とし、太祖、太宗、高宗を配帝とし、星辰、名山名川の百神が従祀されたようだ。これは、北宋時代の末期、徽宗政和明堂で祀られた祭祀対象に較べ、大幅に拡大され、北宋の初期に復古した観がある。この復古には、明堂祭祀を南郊祭祀の代替としたことに原因がある。『宋史』には、高宗紹興《しょうこう》元年(一一三一)、礼部尚書の秦檜《しんかい》等が冬至の郊祀が実施不可能であるから、季秋の明堂祭祀大礼をその代替とするよう奏上し、高宗がそれを許可したことを記す。(31)

(五)元時代の明堂論議

元《げん》(一二七一～一三六八)が臨安を陥落させ、南宋を事実上滅ぼしたのは、一二七六年のことであるが、元はすでにその前年の一二七五年(至元《しげん》十二年)に、世祖(フビライ)が、大都《だいと》の南、麗正門《れいせいもん》東南七里の地点に南郊壇を築き、昊天上帝、皇地祇を祀ることを宣言していた。実際に南郊壇が築かれたのは一二九四年であり、天地が合祭されたのは、一三〇二年である。このとき、昊天上帝、皇地祇とともに五方帝も合祭された(32)。

元王朝の天に対する信仰は篤く、また郊廟礼も整備されたが、明堂はついに建立されることはなく、季秋大享明堂大礼も行われなかった。ただし、漢人の間では明堂制度の実施が切望され、多くの議論がなされたのは事実である(33)。

第二節　明清時代の明堂

(一)明代の明堂——大祀殿、大享殿、皇乾殿

明《みん》(一三六八〜一六四四)では当初、国家祭祀としては、建国初に円丘が南京《なんきん》の正陽門《せいようもん》外、鍾山《しょうざん》の陽《みなみ》に築かれた。洪《こう》武《ぶ》十年(一三七七)に、この円丘は屋根で覆われ、大祀殿《たいしでん》と名付けられた。十二の門柱があり、中石台に昊天上帝、皇地祇の座位が設けられた。殿は最初、黄色の瑠璃瓦《るりがわら》で葺かれたが、後に青色の瑠璃瓦に替えられた(34)。ここで、洪武十二年(一三七九)正月に始めて天地の合祭が、皇帝親祀で行われたのである。北京《ぺきん》遷都後の永楽《えいらく》十八年(一四二〇)、北京の大祀殿が完成したが、その制度は南京のそれを忠実に再現したものだった(35)。

嘉靖《かせい》九年(一五三〇)に天地を分祀《ぶんし》することになり、円丘壇を大祀殿の南に建てた。壇の北門外の正北には泰神殿《たいしんでん》があり、正殿に上帝、太祖(洪武帝《こうぶてい》、朱元璋《しゅげんしょう》、在位一三六八〜一三九八)の位牌を収蔵し、配殿に従祀諸神の位牌を収めた。壇の北はもとの天地壇つまり大祀殿である。嘉靖十七年(一五三八)に大祀殿を撤去し、また泰神殿を皇穹宇《こうきゅうう》と改称した。嘉靖二十四年(一五四五)にまた、もとの大祀殿の跡地に大享殿《たいきょうでん》を建てた(36)。

実は嘉靖九年の天地の分祀には、明堂の問題が関わる。嘉靖時代には大祀殿(正確には大祀殿の上層)を明堂とする考え方があったのだ。『明史《みんし》』礼志二に、次のような皇帝と臣下との問答がある。

嘉靖九年、世宗《せいそう》(嘉靖帝、朱厚熜《しゅこうそう》、在位一五二一〜一五六六)は……大学士の張璁《ちょうそう》に問うた、「……朱子は、壇に祭ればそれを天と言い、屋根の下に祭ればそれを帝と言う、と謂った。今(壇の上に屋根を付けた)大祀殿があるが、これは屋根の下に帝を祭るだけで、(壇で)天を祭る礼を見たことがない。まして昊天上帝と皇地祇とを一箇所に合祭しており、昊天上帝だけを専一に祭るものでもない。」張璁が言う、「建国初は、古礼を遵守し、天地を分祭しましたが、その後また合祀しました。論者の意見では、大祀殿は下が壇で上が屋、屋はすなわち明堂で、壇はすなわち円丘です。明の皇帝が大祀殿を代々継承するのは、孔子が周公の厳父配天の意志に従ったのと同様です。」帝はまた張璁に告げて言う、「冬至夏至に天地を分祀するのは、万代不易の礼法である。今の大祀殿は周の明堂に擬えるなら近いかもしれないが、すなわち円丘とするは、全く根拠がない[37]。」

> 嘉靖九年、世宗……乃問大學士張璁、「……朱子謂、祭之於壇謂之天、祭之屋下謂之帝。今大祀有殿、是屋下之祭帝耳、未見有祭天之禮也。況上帝皇地祇合祭一處、亦非專祭上帝。」璁言、「國初遵古禮、分祭天地、後又合祀。説者謂、大祀殿下壇上屋、屋卽明堂、壇卽圜丘、列聖相承、亦孔子從周之意。」帝復諭璁、「二至分祀、萬代不易之禮。今大祀殿擬周明堂或近矣、以爲卽圜丘、實無謂也。」

大学士の張璁は大祀殿を、円丘と明堂とが一体化された祭祀施設、と認識したが、嘉靖帝はそもそも天地の合祭自体が古礼に違背し、屋内で天を祭るのも非礼である、と批判した。ただし、大祀殿を明堂とみなすことには一理あると考えたようである。このような経緯で、天地は分祀されたが、大祀殿も結局、明堂に改められることはなく、嘉靖十七年には撤去されてしまった。

しかしながら、嘉靖帝は明堂建立を諦めたわけではなかった。嘉靖十七年六月に豊坊《ほうぼう》という元官僚が、明堂建立を上疏したことをきっかけに明堂建立が論議された。この機に乗じ、嘉靖帝はまずは、実父の献《けん》皇帝(朱祐杬《しゅゆうげん》、皇帝号は追尊)を睿宗と称し、季秋大享大礼を玄極宝殿《げんきょくほうでん》で執り行った。さらに、嘉靖二十一年(一五四二)には、礼部に、「季秋大享明堂の大礼は、成周《せいしゅう》の礼典では、郊祀と並び行われた。先に大享の場所が未定だったので、特例として玄極宝殿で行ったが、朕は誠に思いが尽きない。南郊の旧殿は、元は大祀の場所だったが、昨年すでに有司に命じて撤去させた。朕は自ら設計図を書き、殿を立て、泰享殿《たいきょうでん》という名を謹呈し、上帝をお迎えする意思を明らかにしよう。」と言った。かくして翌嘉靖二十二年(一五四三)、明の明堂となるはずの大享殿(泰享殿)は竣工され、名も皇乾殿《こうけんでん》と正式に命名されたが、奇妙なことに皇乾殿が完成しても、大享大礼は玄極宝殿で行われ続けた。どうやら、嘉靖帝の目的は、実父の献皇帝に廟号を追尊することにあったようだ。大享大礼は隆慶《りゅうけい》元年(一五六七)に廃止され、玄極宝殿は旧称の欽安殿《きんあんでん》に戻された。(38)

(二)清代の明堂――禁中大饗殿、天壇祈年殿

清《しん》(一六一六～一九一二)には明堂の制度はなかったと言われる。しかしながら、『清史稿《しんしこう》』によれば、堂子《どうし》と呼ぶ建築物を宮城門外に建てて、諸神を祀り、古の明堂が群神を合祭したのに相当するとされた。その建築は二つの建物から成り、北の饗殿《きょうでん》で群神を合祭し、南の拝天円殿《はいてんえんでん》で天を祀った。(39)確かに天を円殿で祀るのは、明の大祀殿の先例もあり、堂子を明堂と見なすことは可能に思える。ただし、堂子の祭天儀式は満州族《まんしゅうぞく》固有の信仰であり、ここで祀られた天は中国伝統の天ではなく、直ちに堂子を明堂に同定することには躊躇せざるを得ない。

清に明堂を見出そうとするならば、堂子よりも注目すべきは、禁中に上帝を祀ったという、次の史実であろう。

『清史稿』礼志二に次のように記載される。

順治《じゅんち》十四年(一六五七)、詔に言う、「人君が天に事えるのは、父に対するのと同様である。一年に一度郊祀するだけでは、心に尽くされないものがある。思うに上帝を祭祀する殿を禁中に建て、季節ごとに天の祭祀を行い、太祖、太宗を配せば、誠敬を明らかにするに近いであろう。」礼臣はそこで唐の天宝《てんぽう》時代に四季の孟月に吉日を選び、上帝を祭祀した故事を援用し、上帝殿《じょうていでん》を奉先殿《ほうせんでん》の東に構築し、元旦、万寿《ばんじゅ》〈皇帝の誕生日〉、三節《さんせつ》〈端午《たんご》、中秋《ちゅうしゅう》、春節《しゅんせつ》〉、夏至冬至に、皇帝自ら上帝殿に詣で敬虔を尽くし、祭器祭物は郊祀の通りにした。ただ禁中での祭祀で初めて上帝の位牌を安置する時は祝辞を読み上げ、胙《ひもろぎ》〈神に供えた肉〉を用いず、酒を進めず、牛を焼かないようにして下さい、と申し上げた。皇帝は同意した。ここに至り、初めて禁中祀天礼《きんちゅうしてんれい》が出来上がった。十七年(一六六〇)、……四月、禁中大饗殿《きんちゅうたいきょうでん》で遂に天地日月及び諸神を合祭した。聖祖《せいそ》康熙帝《こうきてい》(愛新覚羅《あいしんかくら》玄燁《げんよう》、在位一六六一〜一七二二)が即位すると、この禁中大饗殿祭天の儀礼は詔勅により廃止された[40]。

　十四年、詔言、「人君事天如父、歳止一郊、心有未盡。惟營殿禁中、歳時致祀、配以太祖、太宗、庶昭誠敬。」禮臣乃援唐天寶四時孟月擇吉祭上帝故事、謂構上帝殿奉先殿東、元旦、萬壽、三節、夏冬二至、親詣致虔、儀物如郊祀。惟內祭初安神位時讀祝辭、不用胙、不進酒、不燎牛。從之。至是始有禁中祀天禮。十七年、……是歳四月、禁中大饗殿遂合祀天地日月暨諸神。聖祖嗣位、詔罷之。

『清史稿』礼志一にも、「康熙年間、禁中での上帝祭祀、大享殿での天地日月及び群神の合祀、太廟階下での五祀合祭は古制ではないので、詔勅により廃止された[41]。」とあるので、禁中で上帝が祭祀されたことは事実である。

　唐天宝年間の故事については、次の玄宗の詔書によってもたらされた出来事を指す。

天宝五載(七四六)、詔書に言う、「……自今以後、毎年四季の孟月に、先ず吉日を選び、昊天上帝を祭れ。その

図13　北京天壇祈年殿(著者撮影)

祭祀は皇地祇との合祭とし、翌日は九宮壇《きゅうきゅうだん》(太一、天一、招揺、軒轅、咸池、青龍、太陰、天符、摂提の九神の神壇)で祭祀せよ。[42]

天寶五載、詔曰、「……自今以後、毎載四時孟月、先擇吉日、祭昊天上帝、其皇地祇合祭、以次日祭九宮壇。」

唐玄宗の昊天上帝祭祀は、郊祀であったが、清の順治帝の上帝祭祀の場所は、禁中に新たに建立された大饗殿であった。宮城内の殿中で天地(及び日月諸神)を合祀するのは、宋初の大慶殿での明堂祭祀と同じである。臨安の文徳殿を明堂として行った南宋の明堂祭祀でも、天地合祭であった。だとすれば、北京紫禁城《しきんじょう》内の大饗殿こそは、清の明堂であったと言うことができるのである。

通説では、今の北京城南に位置する天壇祈年殿《てんだんきねんでん》(図13)は、明堂式の建物だと言われる。[43] その起源を求めれば、天壇祈年殿については、『清史稿』礼志一に、「世祖(順治帝、愛新覚羅福臨《あいしんかくらふくりん》、在位一六四三〜一六六一)が燕京《えんけい》を首都とすると、円丘を正陽門《せいようもん》外南郊に建てた。……成貞門《せいていもん》の北が大享殿である。……乾隆《けんりゅう》十六年(一七五一)、大享殿を祈年殿に改称した。[44]」とあり、『大清会典則例《だいしんかいてんそくれい》』に、「明朝初めに大祀殿を建て、天地を合祀した。嘉靖九年になり、南北郊を定立し、天は冬至、地は夏至に分祀したので、大祀殿を廃止した。十七年に、季秋大享明堂大礼を挙行することを論議し、大祀殿を大享殿に改めた。清朝はその大享殿で季秋大享大礼を挙行した。[45]」とある。前項で見た『明史』

やこれらの記述内容を総合すれば、清の大享殿は明の大享殿だということになる。明の大享殿は季秋大享明堂大礼のために建造されたのだから、明堂だと断言できる。したがって、清の大享殿も明堂と呼んで差し支えないと思われるが、ここで季秋大享明堂大礼が行われたのは順治帝時代に一度あったきりで(46)、その後は専ら祈穀《きこく》〈五穀豊穣の祈願〉祭祀に使われたから、明堂だと断言することは躊躇される。とはいえ、紛れもない明堂式の建物であり、その優美な姿は、二十一世紀の私たちに、明堂の残映を垣間見《かいまみ》せてくれるのである。

壁面も屋根も天を象徴する円形であることも、明堂をモデルにしたとされる所以である。今の天壇祈年殿は光緒《こうしょ》時代に焼けて、再建されたものであるが、それ以前の原状を確認すれば、『大清会典則例』に、「祈年殿は円丘の北に在り、円形に制作され南に向いている。外柱は十二本、内柱は十二本、中の龍井柱《りゅうせいちゅう》は四本、三層の円形の屋根で、上は青色、中は黄色、下は緑色の琉璃瓦で葺かれており、天辺《てっぺん》に金頂《きんちょう》〈金の飾り〉が置かれる。」と見え、今と屋根瓦の色が違う（今は三層すべて青色）だけで、ほぼ変わらない姿であったことが分かる。

結　語

唐宋変革によって、宋王朝は近世の幕を開けた。宋代初期は政治経済、思想文化の面で漢魏の交替期に勝るとも劣らない巨大な変化が起きた時代だったが、明堂に関して言えば、宋王朝は建国当初極めて慎重に、南郊に設けられた祭壇に寓礼して有司摂事の形式で、唐代最後の礼典『大唐開元礼』に定められた規範を遵守し、明堂儀礼を行った。

しかしながら、建国から九十年過ぎた仁宗の治世において、巨大な変化が突如として訪れた。天子は、大享明堂大礼の親祀を宣言すると、宮中の政治の正殿である大慶殿に幕を張り巡らして明堂に改装し、天地を合祭し、祖宗を並配し、太微五帝、五人帝、五官から日月河海の神神に至るまでを従祀した。その規模は、『大唐開元礼』を模倣して作った宋の礼典『開宝通礼』の規定を大きく超過する。この過剰さの原因は、大享明堂大礼が南郊円丘祭天儀礼の代替に他ならなかったからである。北宋時代にいったん、祭祀対象は削減されるが、南宋時代には前にも増して数多《あまた》の神神が祀られた。大享明堂大礼は南郊祭天と交互に三年に一度、太廟や景霊宮の祭祀と組み合わせて数日の間に行われたが、各種の恩沢が下賜され、万民が熱狂する一大祝祭行事へと世俗化した。

明代になると、南郊の円丘の上に屋根を架けた奇想天外な宗教施設が登場した。大祀殿である。大祀殿では天地が合祭されたが、屋根があるから明堂だと言えなくもなかった。だが、正統的な儒教規範からは逸脱した神殿だったから、嘉靖帝は大祀殿を撤去して、南郊に円丘と大享殿とを作った。大享殿は明堂に他ならなかったが、ここで大享大礼が行われることはなかった。嘉靖帝は帝位とは無縁だった実父に廟号を追尊するために、明堂祭祀を利用し、首尾良く目的が達成されると大享殿を忘れたのである。漢末の鄭玄は、明堂祭祀は上帝が主役で、配帝は従祀だと考えた。魏晋以降、孝の宗教化によって厳父配天〈父に対する孝心を表すために明堂に天とともに祀ること〉が明堂祭祀の目的とされ、配帝は格段に尊重されるようになったが、明堂や明堂祭祀が蔑《ないがし》ろにされることはなかった。嘉靖帝は『周礼』的古礼への復帰を志向する皇帝だったが(47)、明堂にはかくも冷淡だった。明代に明堂は存在価値を失ったと言って良かろう。

半ばうち捨てられた明堂である大享殿を拾ったのは、塞外《さいがい》から入城した清の順治帝だった。だが、明堂として大享大礼が行われたのは一度だけで、その後は五穀豊穣を祈る神殿と意義づけられ、名も祈年殿と変えて、今日に至るのである。これまで一般的には、清代における明堂の後裔と言えば、この天壇祈年殿とされてきた。だが、はたしてそうであろうか。禁中大饗殿こそが明堂の後裔と呼ぶに相応しいかもしれないのである。順治帝の祭天への熱意の産物として、禁中大饗殿は出現した。宋代に大慶殿や文徳殿に寓礼して天地の合祭を大享明堂大礼として行った例に照らせば、清は天地合祭の専用神殿として禁中大饗殿を建てたのだから、禁中大饗殿は明堂に他ならず、ここで行われた天地合祭は明堂祭祀であるに相違ない。祭祀を禁じられた禁中大饗殿のその後の消息は聞かない。天壇の大享殿が祈年殿に名を変えたとき、明堂祭祀の伝統は途絶えたのである。

注

(1) 〔宋〕薛居正《せつきょせい》等『旧五代史《きゅうごだいし》』巻三十一、唐書七、荘宗紀五(北京、中華書局、一九七六年、四二五頁)に、「同光二年春正月庚子朔、帝御明堂殿受朝賀、仗衞如式。」とある。

(2) 〔唐〕韓愈「石鼓歌」(『朱文公校昌黎《しょうれい》先生集』巻五、『四部叢刊』初編、五二頁)、「大開明堂受朝賀、諸侯劍珮鳴相磨。」

(3) 後梁が開平三年に西京の含元殿を朝元殿に改称したことは、欧陽修『新五代史』巻二、梁本紀第二(北京、中華書局、一九七四年、一三頁)に、「開平元年春正月……戊辰、……升汴州爲開封府、建爲東都、以唐東都爲西都。廢京兆府爲雍州。」とあり、西都含元殿を朝元殿に改めたことは、『旧五代史』巻四、梁書四、太祖紀に、「開平三年正月……改西京貞觀殿爲文明殿、含元殿爲朝元殿。」(六六~六七頁)とある。開元二十八年に乾元殿を含元殿に改称したことは、〔清〕徐松輯『河南志』、唐城闕古蹟(北京、中華書局、一九九四年、一二〇~一二一頁)に、「乾元門内正殿曰含元殿。」とあり、原注に、「隋之乾陽殿。武德四年、平王世充、遂焚之。麟德二年、命司農少卿田仁汪因舊阯造乾元殿成。高一百二十尺、東西三百四十五尺、南北一百七十六尺。武后長壽三年改造明堂、上圓下方、八窗四闥、高三丈、號萬象神宮。薛懷義充使檢校。去都百餘里外、遙望見之、其北造天堂、以貯佛像。證聖元年、大明堂・天堂同焚。又敕更造明堂、侔前制。其上初制寶鳳、後以金珠代之、號通天宮。其中號端扆殿。不復造天堂。其所爲佛光寺。明皇開元五年幸東都、改爲乾元殿。十年復爲明堂。二十七年毀明堂之上層、改修下層爲新殿。二十八年、佛光寺火、延燒廊舍。改新殿爲含元殿。殿下有九州鼎、武后所鑄。」とある。文中、「長壽三年」は「垂拱三年」、「高三丈」は「高三十丈」の誤りであろう。万象神宮創建は本書では垂拱四年としたが、垂拱三年説も有力である。例えば、〔宋〕王溥『唐会要』巻十一、明堂制度(北京、中華書局、一九九一年、三一八頁)は、垂拱三年に乾元殿撤去、明堂着工、垂拱四年完成とする。また、開元二十七年の明堂の乾元殿への改築は、前章では『旧唐書』により、開元二十五年としたが、『唐会要』巻十一、明堂制度、三二三頁は開元二十六年とし、〔清〕顧炎武『歴代宅京記』巻九、雒陽下(北京、中華書局、一九八四年、一五四頁)は開元二十七年とする。

(4)『旧五代史』巻三十、唐書、荘宗紀四に、「(同光元年〈九二三〉十二月)己丑、有司上言、「……季秋大享於明堂、請奉太祖武皇帝配。……」従之。」(四二二頁)とある。

(5)『旧五代史』巻四十一、唐書、明宗紀に、「(長興元年二月)壬子、帝宿齋於明堂殿。癸丑、朝獻太微宮。是日、宿齋於太廟、詰旦請行饗禮。甲寅、赴南郊齋宮。……乙卯、祀昊天上帝於圜丘、柴燎禮畢、郊宮受賀。是日、御五鳳樓、宣制、改天成五年爲長興元年、大赦天下、……羣臣職位帶平章事・侍中・中書令、竝與改鄕名里號。朝臣及蕃侯郡守亡父母、及父母在幷妻室未沾恩命者、竝與思澤。應私債出利已經倍者、祇許徵本、已經兩倍者、本利竝放。河陽管内人戶、每畝舊徵橋道錢五文、今後不徵。諸道州府每畝先徵麴錢五文、今特放二文云。商州吏民以刺史郭知瓊善政聞、詔褒之。」(五六〇頁)とあるのによる。

(6)朝献、朝饗が唐に始まり、宋に受け継がれたことは、〔宋〕沈括《しんかつ》『夢渓筆談《むけいひつだん》』巻一、故事一上(『四庫全書』文淵閣本、第八百六十二冊、七一〇頁)に、「上親郊廟、册文皆曰、恭薦歲事。先景靈宮、謂之朝獻、次太廟、謂之朝饗。……按唐故事……至天寶九載、乃下詔、曰、……今後太淸宮宜稱朝獻、太廟稱朝饗。」とあるのを参照。

(7)『宋史』巻一百一、礼志四、明堂、二四六五頁。

(8)『宋史』巻九十八、礼志一に、「『開寶通禮』二百巻、本唐『開元禮』而損益之。」(二四二一頁)とあるのによる。

(9)欧陽修『太常因革礼《たいじょういんかくれい》』巻三十四、吉禮六、大享明堂上(広州、広雅書局、一八九四年、三、五丁)、「通禮、季秋祀天帝于明堂。」「通禮、神位、昊天上帝、配位、宣祖皇帝、五方帝、五人帝、五官。」

(10)『大唐開元礼』巻一、序例上、「季秋大享明堂、祀昊天上帝、以睿宗大聖眞皇帝配座。又以五方帝、五帝、五官從祀。」(一四頁)。

(11)明道元年に天地を宮城内の天安殿で合祀したことは、『宋史』巻十、仁宗紀二に、「(明道元年)十一月甲戌、以修内成、恭謝天地于天安殿、謁太廟、大赦、改元、百官進秩、優賞諸軍。」(一九四頁)とあるのを参照。

(12)『宋史』巻一百一、礼志四、明堂に、「皇祐二年三月、仁宗謂輔臣、「今年冬至日、當親祀圜丘、欲以季秋行大享明堂禮。然自漢以來、諸儒各爲論議、駁而不同。夫明堂者、布政之宮、朝諸侯之位、天子之路寢、乃今之大慶殿也。況明道初合祀天地於此、今之親祀、不當因循、尚於郊壇寓祭也。其以大慶殿爲明堂、分五室於內。」」(二四六五頁)とあるのによる。

(13)『宋史』巻一百一、礼志四、明堂に、「詔曰、「祖宗親郊、合祭天地、祖宗竝配、百神從祀。今祀明堂、正當親郊之期、而禮官所定、祭天不及地祇、配坐不及祖宗、未合三朝之制。且移郊爲大享、蓋亦爲民祈福、宜合祭皇地祇、奉太祖・太宗・眞宗竝配、而五帝・神州亦親獻之。日・月・河・海諸神、悉如圜丘從祀之數。」」(二四六六頁)とある。

(14)『宋史』巻一百一、礼志四、明堂、二四六八頁。

(15)(宋)李燾《りとう》『續資治通鑑長編《ぞくしじつがんちょうへん》』巻三百六、「元豐三年七月丁亥」(『四庫全書』文淵閣本)の条に詳しい。このあたりの事情は、『宋史』巻一百一、礼志四(二四七一頁)にも記述されるが、杜撰な編集で、文意が通らない。山内弘一前掲論文「北宋時代の郊祀」を参照。

(16)『宋史』巻一百一、礼志四、明堂に、「至是、蔡京爲相、始以庫部員外郎姚舜仁「明堂圖議」上、詔依所定營建。明年正月、以彗出西方、罷。大觀元年九月辛亥、大享于明堂、猶寓大慶殿。」(二四七二頁)とある。

(17)『宋史』巻一百一、礼志四、明堂、二四七二～二四七三頁。

(18)『宋史』巻一百一、礼志四、明堂、「既又以言者「明堂基宜正臨丙方近東、以據福德之地」、乃徙祕書省宣德門東、以其地爲明堂。」(二四七三頁)。

(19)『宋史』巻一百一、礼志四、明堂に、「又詔、「……享帝嚴父、聽朔布政于一堂之上、於古皆合、其制大備。宜令明堂使司遵圖建立。」(二四七三頁)とある。

(20)『宋史』巻一百一、礼志四、明堂に、「七年四月、明堂成、有司請頒常視朔聽朝。詔、「明堂專以配帝嚴父、餘悉移於大慶、文德殿。」羣臣五表陳請、乃從之。」(二四七四～二四七五頁)とある。

(21)宋朝では、聖祖趙玄朗《ちょうげんろう》の諱「玄」を避け、明堂の北の堂室である「玄堂」の名称を、「平朔」に改めた。

(22)『宋史』一百一十七、礼志二十、明堂聽政儀、二七七二頁。

(23)『宋史』一百一十七、礼志二十、明堂聽政儀に、「靖康元年、詔罷頒朔布政。」(二七七三頁)とある。

(24)　〔宋〕孟元老《もうげんろう》著、入矢義高・梅原郁訳注『東京夢《とうけいむ》華《か》録《ろく》　宋代の都市と生活』(平凡社、東洋文庫、一九九六年)五三〜五四頁を参照。

(25)　『宋会要』礼二十四、明堂御礼、政和七年八月(北京、中華書局、『宋会要輯稿』、一九五七年、九三二頁)に、「十八日、手詔、宗祀明堂以配上帝。後世循沿末習、配於六天、而又偏以羣神從祀。違經失禮、瀆神爲甚。昔我烈考、下詔改革、是正禮經。今肇禋明堂、幷依先帝詔旨、從祀悉罷。明堂五室、不可虛設。考之周書、有大裘而冕、與設大次小次之文、則義當親祠而不廢。有司議來、上嘉從其說已降、指揮親祠五室革末世瀆神之陋。上承先帝已行之旨、而協周人享帝之恭。先是、八月八日、禮部尚書許光疑等奏、奉詔議明堂五室祀五帝。按『禮記』月令、季秋大享帝。說者謂、大饗者偏祭五帝也。曲禮、大享不問卜。說者謂、祭五帝於明堂、莫適卜也。周官太宰、祀五帝、則掌百官之誓戒輿其具修。說者謂、祀五帝於四郊及明堂。而王安石以謂、「五帝者、五精之君、昊天之佐也。」惟其爲五精之君、故分位於五室、惟其爲昊天之佐。故與享於明堂。自周以還、遭秦絕學、士之所見、無復全經。神宗皇帝、廢德音下明詔、唯以英宗配上帝、而悉去從祀羣神。陛下稽古、有作取成於心、肇新宋規、得其時制。爰卽季秋肆躬大享、位五帝於其室、既無以禰槩配之嫌。止祀五帝、又無羣神從祀之黷、永爲善繼、是謂達孝。然則神考黜六天於前、陛下正五室於後、其揆一也。故有是詔。」とある。

(26)　鄭玄の『礼記』月令篇注については、本書第一章第三節を参照。

(27)　〔宋〕王安石『周官新義』巻一(『四庫全書』文淵閣本、第九十一冊、二〇頁)、「五帝、則五精之君、昊天之佐也。」

(28)　ここでは、要点だけを断片的に記した。詳細については、〔宋〕呉自牧著、梅原郁訳注『夢粱録　南宋臨安繁盛記１』(平凡社、東洋文庫、二〇〇〇年)一八八〜二四九頁を参照。

(29)　北宋の大慶殿(明堂)―太廟―景霊宮―南郊壇のパレードについては、梅原郁前掲論文「皇帝・祭祀・国都」を参照。また、宋代の景霊宮については、山内弘一「北宋時代の神御殿と景霊宮」(『東方学』第七十輯、一九八五年)を参照。

(30)　梅原郁前掲論文「皇帝・祭祀・国都」及び、金子修一前掲書『中国古代皇帝祭祀の研究』、三六二〜三六九頁を参照。

(31)　『宋史』巻一百一、礼志四に、「高宗紹興元年、禮部尚書秦檜等言、「國朝冬祀大禮、神位六百九十、行事官六百七十餘員、今鹵簿・儀仗・祭器・法物散失殆盡、不可悉行。宗廟行禮、又不可及天地。明堂之禮、可擧而行、乞詔有司討論以聞。」禮部・御史・太常寺言、「仁宗明堂以大慶殿爲之、今乞於常御殿設位行禮。」乃下詔曰、「肇稱吉禮、已見于三歲之郊。載考彝章、當閒以九筵之祀。因秋成物、輯古上儀、會天地以同禋、升祖宗而竝配。」乃以九月十八日行事。」(二四七七～二四七八頁)とある。

(32)〔明〕宋濂《そうれん》等『元史』巻七十二、祭祀志一、郊祀上(北京、中華書局、一九七六年、一七八一頁)に、「(至元)十二年十二月、以受尊號、遣使豫告天地、下太常檢討唐、宋、金舊儀、於國陽麗正門東南七里建祭臺、設昊天上帝、皇地祇位二、行一獻禮。自後國有大典禮、皆卽南郊告謝焉。十三年五月、以平宋、遣使告天地、中書下太常議定儀物以聞。制若曰、「其以國禮行事。」三十一年、成宗卽位。夏四月壬寅、始爲壇于都城南七里。甲辰、遣司徒兀都帶率百官爲大行皇帝請謚南郊、爲告天請謚之始。大德六年春三月庚戌、合祭昊天上帝、皇地祇、五方帝于南郊、遣左丞相哈剌哈孫攝事、爲攝祀天地之始。」とある。

(33)元代の漢人が明堂を待望したことは、張一兵前掲書『明堂制度源流考』、二四〇～二四一頁を参照。

(34)〔清〕張廷玉《ちょうていぎょく》等『明史』巻四十七、礼志一、壇壝之制(北京、中華書局、一九七四年、一二二六～一二二八頁)に、「明初、建圜丘於正陽門外、鍾山之陽、……十年改定合祀之典。卽圜丘舊制、而以屋覆之、名曰大祀殿、凡十二楹。中石臺設上帝、皇地祇座。……瓦皆黃琉璃。……其後殿瓦易青琉璃。……成祖遷都北京、如其制。」とある。

(35)『明史』巻四十八、礼志二、郊祀之制に、「(洪武)十二年正月始合祀於大祀殿、太祖親作大祀文幷歌九章。永樂十八年、京都大祀殿成、規制如南京。」(一二四七頁)とある。

(36)『明史』巻四十七、礼志一、壇壝之制に、「嘉靖九年復改分祀。建圜丘壇於正陽門外五里許、大祀殿之南。……北門外正北泰神殿。正殿以藏上帝、太祖之主、配殿以藏從祀諸神之主。……壇北、舊天地壇、卽大祀殿也。十七年撤之、又改泰神殿曰皇穹宇。二十四年又卽故大祀殿之址、建大享殿。」(一二二八頁)とある。

(37)『明史』巻四十八、礼志二、郊祀之制、一二四七頁。

(38)『明史』巻四十八、礼志二、大饗礼に、「明初無明堂之制。嘉靖十七年六月、致仕揚州府同知豐坊上疏言、「……請復古禮、建明堂。加尊皇考獻皇帝廟號稱宗、以配上帝。」下禮部會議。……帝既排正議、崇私親、心念太宗永無配享、無以謝廷臣、乃定獻皇配帝稱宗、而改稱太宗號曰成祖。時未建明堂、迫季秋、遂大享上帝於玄極寶殿、奉睿宗獻皇帝配。殿在宮右乾隅、舊名欽安殿。……二十一年敕諭禮部、「季秋大享明堂、成周禮典、與郊祀竝行。曩以享地未定、特祭於玄極寶殿、朕誠未盡。南郊舊殿、原爲大祀所、昨歲已令有司撤之。朕自作制象、立爲殿、恭薦名曰泰享、用昭寅奉上帝之意。」乃定歲以秋季大享上帝、奉皇考睿宗配享。行禮如南郊、陳設如祈穀。明年、禮部尚書費宷以大享殿工將竣、請帝定殿門名、門曰大享、殿曰皇乾。及殿成、而大享仍於玄極寶殿、遣官行禮以爲常。」（一二五八〜一二六二頁）とある。

(39) 趙爾巽《ちょうじそん》等『清史稿』巻八十五、礼志四、堂子祭天（北京、中華書局、一九七六〜一九七七年、二五五三頁）に、「清初起自遼瀋、有設杆祭天禮。又於靜室總祀社稷諸神祇、名曰堂子。建築城東內治門外、卽古明堂會祀羣神之義。世祖旣定鼎燕京、沿國俗、度地長安左門外、仍建堂子。正中爲饗殿、五楹、南嚮、彙祀羣神、上覆黃琉璃。前爲拜天圜殿、北嚮。」とある。

(40)『清史稿』巻八十三、礼志二、郊社儀制、二五〇四頁。

(41)『清史稿』巻八十二、礼志一、「康熙閒、以禁中祭上帝、大享殿合祀天地日月及羣神、太廟階下合祭五祀非古制、詔除之。」（二四八四頁）。

(42)『通典』巻四十三、礼三、郊天下、大唐、二四八頁。

(43) 石橋丑雄『天壇』（山本書店、一九五七年）二四七頁を参照。

(44)『清史稿』巻八十二、礼志一、「世祖奠鼎燕京、建圜丘正陽門外南郊。……門四、東泰元、南昭亨、西廣利、北成貞。成貞北爲大享殿。……十六年、更名大享殿曰祈年。」（二四八六、二四八八頁）。

(45)〔清〕乾隆帝勅撰『大清会典則例』巻百二十六、工部、営繕清吏司、宮殿（『四庫全書』文淵閣本、第六百二十四冊、二三頁）、「前明初、建大祀殿、合祀天地。至嘉靖九年、定南北郊、二至分祀。罷大祀殿不用。十七年、議擧明堂秋饗、遂改大祀爲大享殿。國朝卽於其地擧行。」

(46)『清史稿』巻五、世祖紀二に、「（順治十七年［一六六〇］）定每年孟春合祭天地日月及諸神於大享殿。……（夏四月）己酉、合祀天地於大享殿。」（一五八〜一五九頁）とある。

(47) 嘉靖帝の古礼志向については、小島毅「嘉靖帝の礼制改革について」（『東洋文化研究所紀要』第百十七冊、一九九二年）を参照。

終章　明堂の変遷と波及

序

明堂は祭政一致を象徴する中国固有の建造物であるが、世界を見渡せば、明堂と類似した性質の建造物は普遍的に存在する。なかでも明堂と最も似ている建造物の一つとして指を屈すべきは、古代ローマ帝国のパンテオンであろう。パンテオンと明堂とは、その機能においていずれも祭政一致を象徴する国家祭祀施設であることや、歴史において繰り返し建造され、時代背景を反映させながら存在意義を遷移したことが共通しているが、なにより、その形態、構造における荘厳さ、完璧さに感銘を覚えることがその類似を際だたせる。

パンテオンは明堂とは異なり、二十一世紀の今日において現存する(図14)。イタリアの首都ローマの中心部マルス広場にあるそれは、喧騒を極める市街の中で、二千年の歳月を重ねてなお堅牢な外観を誇っている。円筒形の壁体に穹窿《きゅうりゅう》を載せた本体と三角の破風を列柱が支える方形の玄関部とからなるその建造物は、重厚な扉をくぐり、本体内部に入るや、その天穹を表現する、「宇宙的《コスミック》—星辰的《アストラル》性格」のドーム建築(1)によって深い感動を覚えることを禁じ得ない。

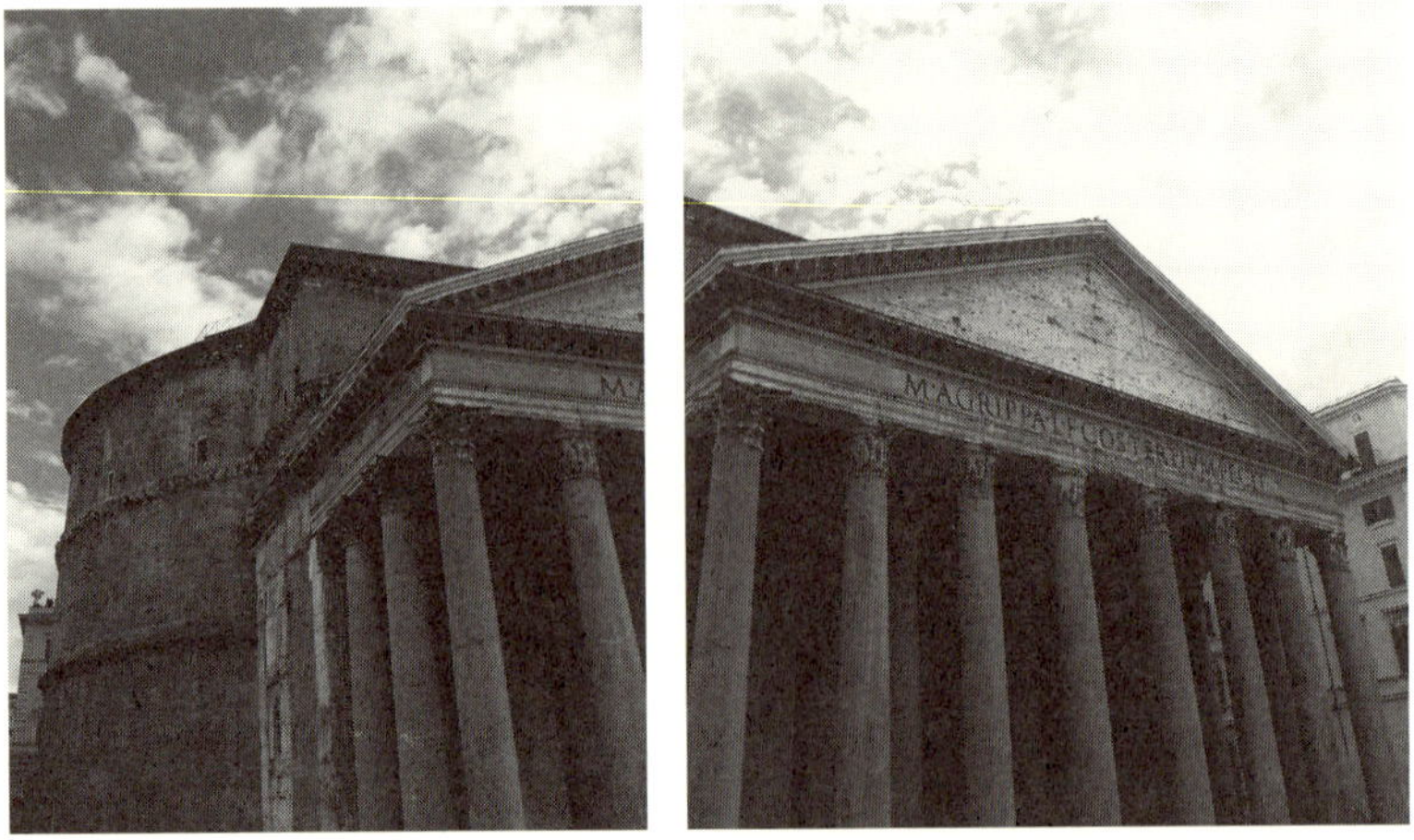

図 14　ローマのパンテオン　左：奥は円形の本体　右：玄関部分(著者撮影)

明堂もまた、宇宙的—星辰的性格をその円蓋によって表現しようとした建築だった。漢代には宇宙構造論としては球形宇宙論である渾天説が発展を遂げていたから、建築技術的に可能なら、パンテオン同様、ドーム建築を構築したに違いない。

本章では古代ローマのパンテオンと比較しながら、明堂の位置、構造、祭祀の変遷を概観し、また、明堂の波及の例として中国医学と風水思想に与えた影響を瞥見することによって、明堂の本質、存在意義を考究する。

第一節　明堂の位置

(一)明堂の設置地点——城南から宮城(正殿)へ

パンテオンは歴史上、少なくとも三度建造されたことが確認されている。最初のものは、紀元前二七〜前二五年にマルクス・アグリッパ(紀元前六三?〜前一二)によって建造された。この建造物は八〇年に焼失し、その後ドミティアヌス帝(在位八一〜九六)が再建したが、一一〇年に再び焼失し、現在のものはトラヤヌス帝(在位九八〜一一七)によって着工され、一二五〜一二八年にハドリアヌス帝(在位一一七〜一三八)が完成した。[2]

アグリッパのパンテオンは現在のものとは異なり、現在の長方形の玄関部分とだけ基礎を同じくする形状だったとされるが、入り口は北に向けられ、初代ローマ皇帝アウグストゥス(オクタウィアヌス、在位前二七〜一四)のマウソレウム(古代中国の陵寝制の陵墓のような墓と廟とが一体になった施設)と一直線の枢軸で結ばれていた。[3] 盟友(主君にして岳父)だったアウグストゥスのために、その王権の正統性を誇示することが建造目的だったのである。[4]

パンテオンが世界の首都と謳われたローマ中心部に建造されたのとは対照的に、明堂は首都の街外れに建造された。明堂の祖型の一つと考えられる方明壇は臨時の朝観のとき、国都の城外に築かれた。場所は季節によって異なり、春は東方、夏は南方、秋は西方、冬は北方だった。[5] これに対し、通常の朝観は太廟で行われる。明堂の設置場所は、『大戴礼記』明堂篇に近郊三十里とあるだけで、方位は記されていないが、緯書によって城南丙巳(東南)の地と規定された。[6]

後世になってなされた説明としては、例えば北宋を代表する学者である李觀《りこう》(一〇〇九〜一〇五九)は、明堂は明と称するから国都の南が適当であり、天神に事える施設であることから、城門の外が宜しい、と説いた。[7] いうまでもなく、中国の伝統的観念によれば、陰陽思想において明は陽に属し、陽は太陽に代表され、方位においては南方が配当される。また、天神は主に南郊において祭祀されてきたから、明堂は城内ではなく、城外に置かれるべきである。十分な説明とは思えないとはいえ、前漢の王莽の長安明堂以降、明堂が国都の城南外に設置され続けたことは歴史事実である。ところが、唐の則天武后は、その明堂を城内、しかも宮城内に置いた。それは宮中における表舞台である政治の殿堂、乾元殿を毀損し、その址に建てるという形態で行われた。ここに明堂は世界の中心である国都の城外から一挙に国都の中心にその地点を移したのである。

国都の中心に明堂を建設する理由として則天武后は、告朔礼と季秋大享礼とを挙げた。この両礼は重要な国家儀礼であり、遠方の城南よりも、近接の宮中に明堂を設置する方が、儀礼の実施に際しての宿営や祭具の保守管理に費やす労力が省かれるというわけである。この著しく世俗的な理由を則天武后は、宮中に置いた明堂は宗教施設として十分に機能していると、既成事実の面から補強したが、実際いったん宮中に置かれた明堂は、二度と城南に戻ることはなかった。則天武后の明堂を撤去した玄宗も、開元十年（七二二）に明堂を復活させたが、それは明堂を改称した乾元殿の看板を元に戻したに過ぎず、したがって玄宗の明堂は依然として宮中にあったのである。この玄宗明堂の設置地点に対する批判を記した資料を寡聞にして知らない。

則天武后の明堂は「私が古典を創作する《自我作古》」との意気込みで作られた独創的な明堂であり、その設置地点も先例に拘泥しなかった。結果として、根拠のいささか薄弱な城南説は支持を失い、世界の中心である神都と称した国都のさらなる中心に明堂は置かれることになった。宇宙論的により中枢に据えられたにもかかわらず、唐宋時代に明堂は世俗化したが、それは則天武后がその権力奪取と維持のために民衆の支持獲得を図る目的で、意図的に明堂を開放したこともあるが、都市が本質的に世俗空間であり、神聖都市神都洛陽もその例に洩れず、世界の中心なるが故に、避けがたい事態だったのである。

宋王朝の仁宗は、明堂儀礼の開催場所を南郊壇から宮中の大慶殿に移転したが、彼の認識では、明堂は、施政の宮殿、諸侯朝見の場所、天子の正殿であり、大慶殿がこれに相当したのである。しかも大慶殿はすでに天地合祭の場となった前例があるから、季秋大享明堂礼の場とすることに障害はなく、郊壇で寓礼すべき謂われはない[8]。北宋きっての政治家文学者の一人である欧陽修（一〇〇七〜一〇七二）も「皇祐二年と嘉祐七年（一〇六二）の季秋大享はみな大慶殿を明堂とした。おそらく明堂とは路寝であり、円丘に寓礼するよりは、その方が礼に近いだろう[9]。」と述べている。

徽宗は独立した明堂を創建したが、建築地に選ばれたのは大慶殿の東南にあった秘書省の土地だった。この地が福徳の地とされたからであり、城南に建造せよという議論は少数に止まった。

最後の明堂的性質の建築とされる明清時代の大祀殿＝大享殿(今の天壇祈年殿)は、首都北京の城門外東南に作られた。だが、これは円丘(南郊檀)と明堂とを継ぎ合わせた変則的礼制建築であり、明堂の嫡流とは言い難く、ようやく城南に明堂は復帰したものの、南郊円丘に寓礼したと見る方が事実に近い。

明堂が城南に置かれたのは鉄則ではなかったのであり、首都の中心に置かれるようになったのは、きっかけは女帝の我儘《わがまま》だったが、結果的には、宇宙論的に見ても妥当だったと言えよう(表1)。

(二)則天武后の万象神宮の意義

洛陽の宮城は隋では紫微宮と呼ばれた。周知の通り、紫微とは天空の宮廷であり、その紫微宮の正殿が乾陽殿《けんようでん》であった。唐ではこれを洛陽宮と改めたが、則天武后は太初宮《たいしょきゅう》と号した。太初とは混沌の元気の始原を指す。太初宮の正殿は乾陽殿址に建てられた乾元殿であり、乾陽が『周易』繫辞伝下に、「乾は純粋に陽であるものだ。(10)」とあるのによるのに対し、乾元は、同じく『周易』上経の乾卦、彖伝《たんでん》「乾元は偉大である。万物はこれによってはじまり、天(宇宙)を統御する。(11)」に取り、万物を生み出し、宇宙を統御する原動力を意味する。則天武后は乾元殿を神の都にある根源として万物生成の働きをする装置だと認識していたのである。

これに対し、則天武后が創建した明堂は、万象神宮と命名された。明堂はそれまで単に明堂と呼ばれ、漢の武帝以来固有名詞を命名する習慣はなかった。それをわざわざ、命名したのは、その名称や命名行為自体に意義がある。万象とは、万物であり、『周易』の文脈で言えば、乾元の働きによって、実現され、秩序立てられた万物である。(12)した

表1　歴代明堂の位置

明堂名	王朝	年代	場所	典拠
周明堂1	周	周公期	不明	『周礼』考工記、『孝経』聖治章
周明堂2	周	同右	近郊三十里	『大戴礼記』明堂篇
漢武帝泰山明堂	前漢	元封二年（前一〇九）	泰山下（奉高）	『史記』封禅書
王莽長安明堂	前漢	元始四年（四）	長安西南七里	『漢書』王莽伝
後漢雒陽明堂	後漢	中元元年（五六）	雒陽平城門外二里	『続漢書』祭祀志
後漢・蔡邕の明堂構想	後漢	蔡邕（一三三～一九二）	不明	蔡邕「明堂月令論」
後漢・鄭玄の明堂説	後漢	鄭玄（一二七～二〇〇）	国之陽	『周礼』注、『礼記』注、『鄭志』
曹魏明堂	魏	太和元年（二二七）	後漢明堂に同じ	『宋書』礼志
西晋明堂	西晋	泰始二年（二六六）	同右	同右
摯虞改制明堂	西晋	元康元年（二九一）	同右	『晋書』礼志
劉宋明堂	劉宋	大明五年（四六一）	建康城南国学之南丙巳の地	『宋書』礼志
南斉明堂	南斉	建元二年（四八〇）	同右	『南斉書』礼志
梁明堂	梁	天監十二年（五一三）	同右	『隋書』礼儀志
陳明堂	陳	武帝期	同右	同右
北魏平城明堂	北魏	太和十五年（四九一）	平城城南	『魏書』高祖紀
北魏洛陽明堂1	北魏	熙平二年（五一七）	洛陽城南辟雍西南	『魏書』礼志

がって、万象神宮とは万物の神殿であり、万物生成、調和の象徴・精神たる万神の殿堂なのである。言い換えれば、乾元殿の有する特性である万物生成、調和の機能を特出し、国家宗教儀礼施設の側面を露出させたものが万象神宮だと言えよう。つまり、万象神宮の称号は、則天武后が乾元殿の重要性を正確に理解し、より宗教的に発展させる意義を現しているのである。

また、則天武后の二つ目の明堂は通天宮と命名されたが、これによって明堂が天と直接つながっているとの認識を窺える。そして、実は万象神宮と通天宮という則天武后の二つの明堂の称号はいずれも、後漢の蔡邕「明堂月令論」に典拠を見出せるのである。蔡邕は明堂を北極星に譬え、万象がこれに翼賛すると述べ、また明堂は天の気を顕在化させ、万物を統御するとする先行

北魏洛陽明堂2	北魏	正光元年(五二〇)	洛陽城南	同右
隋明堂	隋	開皇三年(五八三)	郭内安業里(最初の宇文愷案)	『隋書』礼儀志
則天武后明堂(万象神宮)	唐	垂拱四年(六八八)	洛陽乾元殿跡	『旧唐書』礼儀志
北宋明堂	北宋	皇祐二年(一〇五〇)	汴京大慶殿(寓礼為明堂)	『宋史』礼志
宋徽宗明堂	北宋	政和七年(一一一七)	汴京秘書省跡	『宋史』礼志、『宋会要』明堂御礼
南宋明堂	南宋	紹興元年(一一三一)	臨安大慶殿(寓礼為明堂)	『夢粱録』明堂大礼
明代明堂(大祀殿)	明	洪武十年(一三七七)	南京正陽門外	『明史』礼志
清代明堂(天壇祈年殿)	清	順治十七年(一六六〇)	北京圜丘北	『清史稿』礼志

文献に基づき、直径九丈、高さ八十一尺の通天屋を提唱した[13]。これをもってすれば、乾元殿から明堂(万象神宮、通天宮)への転換は、乾元殿の意義を否定したことを意味せず、乾元殿の有する特性を積極的に肯定し、その能力をより効果的に発揮するため、乾元殿を開いたとも考えられる。

似たような例として、南朝の梁が前政権の南斉の太極殿を解体し、その資材を用いて明堂を作ったことを挙げられる。梁に建築用材が不足していたわけではあるまい。乾元に勝るとも劣らない、万物の根源、根本法則を意味する太極の語を冠したこの建築は、隋の乾陽殿、唐の乾元殿と同様、天と垂直に結ばれた天子の権威の象徴だった。呪術的機能を有すると考えられた建築を解体し、その用材や遺構を利用するのは、その呪術的能力を獲得しようとしたからであろう。

第二節　明堂の構造

(一)則天武后の明堂の構造

現存のパンテオンは、高さ二一・六五メートルの円筒形の上に直径四三・三メートルのドームが載り、中に構造物がないため、内部空間は広闊である。ドームの中心にはオクルスと呼ばれる直径九メートルの円が刳《く》り貫《ぬ》かれ、昼は燦燦と日光が透過し、ドームの内壁に陽光を降り注ぐ(図15)。オクルスは神格化された天を象徴する、大地と天空の融和を表した。(14) 円筒形の内壁にはニッチ(壁龕《へきがん》)が造形され、祭祀の神像はそこに安置された。

パンテオンと同時期に当たる明堂と言えば後漢雒陽明堂であろうが、それは中心に版築の土台があり(本書四四頁図8を参照)、細分化された一つ一つの房室の内部空間は案外狭隘《きょうあい》だった。それ以前の明堂もどれも、内部空間はさほど豊かではない。比較的大きな内部空間を確保できるようになったのは南北朝時代になってからである。特に、南朝の明堂は五室九室の論議から逃れて一屋構造を取り、結果として大殿屋は自由自在な設計が可能な、広闊な内部空間を確保した。また、後漢雒陽明堂の祭壇は中央の土台に貼り付けられた房室内に、方位にしたがって個別に設けられ、窓は外壁に穿たれた点が特徴である。

則天武后の明堂は方形の下層と円形の上層から構成された高層建築であり、上層は厳父配天の所、下層は施政の居とされた。明堂内の諸神の配置は未詳であるが、玄宗の時代の明堂制度は『開元礼』に見え、詳細は『大唐郊祀録《だいとうこうしろく》』によれば、次のようになっていた。

唐の明堂制度は『周礼』に依り、五室を基準とする。昊天上帝を太室の内中央に設け、南向する。配帝は東南で西向する。青帝は木室で西向し、赤帝は火室で北向し、黄帝は太室の南戸の西で北向し、白帝は金室で東向し、黒帝は水室で南向する。太皞・炎帝・軒轅・少皥・顓頊の座位は、それぞれ太微五帝の左にあり、ともに内向してややさがる。句芒・祝融・后土・蓐収・玄冥の座位は、明堂の庭にあり、それぞれの方位の位置でともに内向する。(15)

皇唐典制、依周禮、以五室爲準。設昊天上帝於太室之内中央、南向。配帝於東南西向。青帝於木室西向、赤帝於火室北向、黄帝於太室南戸之西北向、白帝於金室東向、黒帝於水室南向。其太皞・炎帝・軒轅・少皥・顓頊之座、各於方帝之左、倶内向差退。其句芒・祝融・后土・蓐收・玄冥等座、於明堂之庭、各依其方倶内向。

開元二十年に明堂で実施された大享儀礼はこの規定に従ったと思われる。玄宗の明堂は武后の通天宮を減築し、心柱を除去したものだから、則天武后の明堂における大享儀礼の祭祀空間も大同小異だったと見られる。そこで右の規定と天授二年の韋叔夏上奏(16)を参考に則天武后の明堂の祭祀空間を推定すれば、次のようになる。

六八九〜六九一年における万象神宮での大享礼では、南郊円丘祭天の代替として、明堂内には昊天上帝、皇地祇が合祀され、周の文王、武氏の父母が配享された。星宿や山川の百神は明堂の庭に設けられた壇位に配置された。六九一年以降は、百神は排除され、明堂内部では昊天上帝と皇地祇を主神とし、祖宗、先帝、先后が配帝とされ、太微五帝、五人帝が配享され、庭では五官神が従祀された。

図15 パンテオンのオクルス：ドーム屋根の中央にオクルスが開いている．右は入り口の扉(著者撮影)

(二)宋代の大慶殿＝明堂の構造

則天武后の明堂(通天宮)は、玄宗によって乾元殿―明堂―乾元殿―含元殿と改称され、五代には朝元殿(後梁)―明堂殿(後唐)と改称されたことは第七・八章ですでに見たが、続く後晋では宣徳殿と改称された後、また明堂殿に戻され、宋代になると、太極殿と改称された。[17] この宮殿の持続性には驚嘆させられるが、含元や太極の語義を考えれば、この建築乃至は建築地点が根源の呪力に満ちた特異な場所と認識されていたことが窺える。宋代の明堂もやはり、宮城の中心、政治の中心たる大慶殿に営まれたが、大慶殿もまた、前身を崇元殿、乾元殿、朝元殿、天安殿と言い、[18] やはり中心や根源性を志向して命名された建築だった。

大慶殿から明堂への転換は大慶殿に幕を張り、仁宗が篆書で書いた「明堂」の扁額《へんがく》を取り付けることで実現された。幕によって五室の明堂が出現し、円丘天地合祭の壇壝《だんい》〈祭祀の壇場〉制に依拠して本殿及び東西の続き間に昊天上帝・皇地祇の位牌を配置した。このような操作によって、首都の最中心の大慶殿に明堂の祭壇が現出したのである。[19]

宋の大慶殿明堂は政治の宮殿が俄《にわか》に宗教施設に変貌したのであり、則天武后の明堂が宗教施設で政治を行ったのとは全く異なる。則天武后の明堂はその外観・内部空間ともに宗教的な細工に満ちていたのに対し、大慶殿は政治の正殿として建てられており、宗教色など元来は微塵もなかったはずである。それを、明堂の性質の一つである施政の宮という側面を取りあげ、南郊円丘の寓礼よりはましであるとの理由で実現させた。具体的な儀注の担当者も前代未聞の事態にとまどいを隠せなかったが、皇帝自身の提言でそれは南郊円丘祭天の形式を模倣することになった。ところが、いったん実施した後は、扁額の掛け替えだけで忽《たちま》ち明堂が出現することに違和感を覚えなかったようだ(表2)。

第三節　明堂の祭祀

（一）明堂の神神——昊天上帝と五帝

古代ローマの歴史家カッシウス・ディオ（一五〇？〜二三五）によれば、アグリッパのパンテオンには、ユリウス家の守護神であるマールスとウェヌス、および神格化されたユリウス・カエサルの像が立っていた。[20]また、ハドリアヌスのパンテオンは、星辰の神神をニッチの中に彫像していた。[21]

アグリッパのパンテオンがローマの神神を祀り、その祭壇にアウグストゥスの養父であるカエサルをも祀ったのは、アウグストゥスの正統性を誇示するためだった。ハドリアヌスのパンテオンは天に捧げられ、祀られた神神は最高神のユピテルをはじめとする、中国で言えば天地や五行のような世界の主要な事象を司る重要な神神だった。

明堂もまた王―皇帝の正統性の象徴だった。そのために、天神を祀り、祖霊を配享し、それら神霊の権威のもと諸侯や属国を拝謁させた。また、王―皇帝の特権として天から時令を受け取り、従属者たちに与えた。

前節で見たように、則天武后の明堂は当初、昊天上帝、皇地祇を太室に合祀し、周の文王、武氏の父母を配享し、星宿や山川の百神を庭に従祀した。武周時代には昊天上帝と皇地祇を主神とし、祖宗、先帝、先后が配帝とされ、太微五帝、五人帝が明堂内で、五官神が庭で従祀された。すなわち、万象神宮に祀られた神神は、昊天上帝、皇地祇、配帝、太微五帝、五人帝、五神、百神が挙げられる。従来、儒学者間の論議では、明堂の主神は上帝であることに異論はなかったが、上帝は五帝か昊天上帝かで説が分かれた。ところが、唐代には両説は折衷され、昊天上帝と五帝とは併存することになり、皇地祇さえ昊天上帝と合祀されるようになったのである。[22]このような事態は唐代以前には見

表2 歴代明堂の構造

明堂名	王朝	年代	構造(外部〈外〉・内部〈内〉)	典拠
周明堂1	周	周公期	**外**・東西九筵・南北七筵・堂高一筵 **内**・五室	『周礼』考工記
周明堂2	周	同右	**外**・上円下方・茅屋、堂高三尺・東西九筵・南北七筵 **内**・九室・十二堂	『大戴礼記』明堂篇
漢武帝泰山明堂	前漢	元封二年(前一〇九)	**外**・一殿・四面無壁・茅蓋・環水・複道・上楼 **内**・祠太一・五帝於上坐、高祖対祠、祠后土於下房	『史記』封禅書
王莽長安明堂	前漢	元始四年(四)	**外**・不明 **内**・不明	『漢書』郊祀志、同王莽伝(及び応劭注)、『隋書』宇文愷伝
後漢雒陽明堂	後漢	中元元年(五六)	**外**・上円下方・茅蓋瓦葺、四面塹壕 **内**・九室・三十六戸七十二牖、復廟重屋	『続漢書』祭祀志注引諸書
後漢・蔡邕の明堂構想	後漢	蔡邕(一三三～一九二)	**外**・上円下方、四周環水、堂方一四四尺 **内**・九室・通天屋	蔡邕「明堂月令論」
後漢・鄭玄の明堂説	後漢	鄭玄(一二七～二〇〇)	**外**・上円下方 **内**・五室	『周礼』注、『礼記』注
曹魏明堂	魏	太和元年(二二七)	**外**・後漢明堂に同じ **内**・不明	『宋書』礼志
西晋明堂	西晋	泰始二年(二六六)	**外**・後漢明堂に同じ **内**・不明	同右
摯虞改制明堂	西晋	元康元年(二九一)	**外**・後漢明堂に同じ **内**・不明	『晋書』礼志
劉宋明堂	劉宋	大明五年(四六一)	**外**・一屋(大殿屋) **内**・擬則太廟十二間。設五帝位、太祖対饗	『宋書』礼志、『南史』宋武帝紀
南斉明堂	南斉	建元二年(四八〇)	**外**・一屋(大殿屋) **内**・殿屋十二間。中央六間。安六座。四方帝各依其方、黄帝居坤維	『南斉書』礼志、『隋書』礼儀志
梁明堂	梁	天監十二年(五一三)	**外**・一屋(大殿屋) **内**・毀宋太極殿、以其材構明堂十二間、基準太廟。以中央六間安六座、悉南向。東来第一青帝、第二赤帝、第三黄帝、第四白帝、第五黒帝。配帝総配享五帝、在阼階東上、西向。大殿後為小殿五間、以為五佐室	『梁書』武帝紀、『隋書』礼儀志

陳明堂	陳	武帝期	外・一屋(大殿屋) 内・殿屋十二間。中央六間。安六座。四方帝各依其方、黄帝居坤維。配帝総配享五帝、在阼階東上、西向	『隋書』礼儀志
北魏平城明堂	北魏	太和十五年(四九一)	外・上円下方、霊台・辟雍と一体 内・九室	『魏書』高祖紀
北魏洛陽明堂1	北魏	熙平二年(五一七)	外・後漢明堂に同じ 内・五室	『魏書』礼志、『洛陽伽藍記』城南
北魏洛陽明堂2	北魏	正光元年(五二〇)	外・後漢明堂に同じ 内・九室	『魏書』礼志
隋明堂(宇文愷案、牛弘案)	隋	開皇三年(五八三)	外・重檐複廟(最初の宇文愷案)。上円下方、四阿重屋、四旁両門(牛弘案) 内・五房四達(最初の宇文愷案)。五室九階(牛弘案)	『隋書』礼儀志
則天武后明堂(万象神宮)	唐(武周)	垂拱四年(六八八)	外・高二百九十四尺、東西南北各三百尺。有三層、下層象四時、各随方色。中層法十二辰、円蓋、蓋上盤九龍捧之。上層法二十四気、亦円蓋。蓋為鸑鷟、黄金飾之、勢若飛翥。刻木為瓦、夾紵漆之。明堂之下施鉄渠、以為辟雍之象 内・亭中有巨木十囲、上下通貫、栭櫨樽櫨、藉以為本、亙之以鉄索	『旧唐書』礼儀志
北宋明堂	北宋	皇祐二年(一〇五〇)	外・以大慶殿為明堂 内・設五室於大慶殿。旧礼、明堂五帝位皆為幔室。今旁帷上幕、宜用青繒朱裏、四戸八牖、赤綴戸、白綴牖、宜飾以朱白繒	『宋史』礼志
宋徽宗明堂	北宋	政和七年(一一一七)	外・蓋以素瓦、而用瑠璃縁裏及頂蓋鴟尾綴飾、上施銅雲龍。其地則随所向甃以五色之石。欄楯柱端以銅為文鹿或辟邪象 内・太室、脩三丈六尺。広四丈五尺。木、火、金、水四室各脩三丈一尺五寸。広三丈六尺。十二堂。明堂、玄堂各脩三丈六尺。広四丈五尺。左右箇各脩広三丈六尺。青陽、総章各脩広三丈六尺。左右箇各脩三丈六尺。広三丈一尺五寸。四阿各三丈六尺。堂柱外基各九尺。堂総脩一十七丈一尺。広一十八丈九尺	同右

明堂名	王朝	年代	構造〈外部〈外〉・内部〈内〉〉	典拠
南宋明堂	南宋	紹興元年（一一三一）	外・以大慶殿為明堂 内・不明。（参考までに北宋明堂の記事再掲）設五室於大慶殿。旧礼、明堂五帝位皆為幔室。今旁帷上幕、宜用青繒朱裏、四戸八牖、赤綴戸、白綴牖、宜飾以朱白繒	『宋史』礼志
明代明堂（大祀殿）	明	洪武十年（一三七七）	外・圜丘旧制、而以屋覆之、凡十二楹 内・中石台設上帝、皇地祇座。東、西広三十二楹	『明史』礼志
清代明堂（天壇祈年殿）	清	順治十七年（一六六〇）	外・円頂三層、上覆青色、中黄色、下緑色琉璃。金頂殿 内・外柱十二、内柱十二、中龍井柱四	『清史稿』礼志、『大清会典則例』

られない現象であった。

『孝経』聖治章に規定されるように、明堂に祀るのは上帝であり、それは郊に祀る天と対置されていたから、上帝は最高神である天とは異なる、天より下位の神とされた。漢代以降の解釈学では、周の明堂に祀る上帝は五帝とされ、五帝の解釈を巡りまた、天帝説と人帝説との論争を惹起した。鄭玄の説では、上帝は太微五帝を指すが、太微五帝の概念は漢代の緯書によって知られるようになったのであり、その成立をどこまで遡れるかは分からない。だが、太微五帝説は五行説を根幹としているからには、五行説の観念が成立する前には遡れず、五行説の成立を戦国時代とすれば、周代の上帝が太微五帝である可能性は極めて小さい。

魏晋から南北朝時代にかけ、鄭玄説は各王朝公認の解釈となって、明堂には太微五帝が祀られ、五神が従祀されるようになった。[23] さらに南北朝を統一した隋では太微五帝、五人帝、五神のフルセットが標準となった。[24] ところが、前述の通り、唐代になり、昊天上帝がこのフルセットに加上されたのである。屋上屋を架す明堂の祭壇の状況ではあったが、宋初はこの折衷を明文化した『開元礼』の規定を踏襲した。その後、王安石の説により、太微五帝は排除されたが、五人帝の従祀は継続された。

(二)明堂の神神――天地合祭

明清時代には伝統的な明堂はもはや存在しなかったが、五帝の姿も消えることになった。かわって、明堂の後継者である大祀殿や大享殿で祭祀されたのは、昊天上帝と皇地祇だった。この両神がはじめて明堂に昇ったのは、昊天上帝単独ならば、西晋の武帝即位当初のときであり、合祭の形では上述のように唐の則天武后のときが始めてであるが、その先蹤は漢の武帝の泰山明堂に求められる。

漢の武帝の泰山明堂の祭祀対象は泰一と五帝、それに后土だった。泰一は天の最高神であり、五帝はその輔佐であるからこれも天神である。これに対し、后土は地の神である。天地を合祭した例は漢では枚挙に遑が無く、特に封禅の儀式では天地はセットで祭祀されねばならなかった。漢の武帝の封禅儀式では、泰山において封の儀式を行い、その後泰山の支脈である粛然山等において地を祀る禅の儀式を行った。武帝がどのような経典に基づいて明堂において、祭祀を行ったかは明確には言えないが、神仙思想から出たものであるにせよ、武帝の泰山明堂建設及び祭祀は泰山封禅の一環であったから、やはり天地は分離できない祭祀対象だったのである。周代の明堂祭祀の主神だった上帝は必ずしも最高神ではなかった。漢では最高神である天神の泰一が祀られ、五帝はその従祀とされた。大地の神の后土は、より大地に近い下房で祀られた。つまり、明堂で天地を合祭することはけっしてイレギュラーな形態ではなく、むしろ原型の一つだったのである。

歴史的に言えば、西晋草創期は武帝の意思を忖度《そんたく》し、その祖父の王粛の学説を曲解した説に依拠し、昊天上帝を祀ったが、武帝の末年に至り再改制され五帝が祭祀された。その後しばらくの間、中国の明堂に昊天上帝が祀られるこ

表3　歴代明堂の祭祀

明堂名	王朝	祭祀対象(主神)	祭祀対象(配神)	典拠
周明堂1	周	上帝	文王	『周礼』考工記、『孝経』聖治章
周明堂2	周	文王？	不明	『大戴礼記』明堂篇
漢武帝泰山明堂	前漢	泰一・五帝	高祖	『史記』封禅書
王莽長安明堂	前漢	不明	不明	『漢書』王莽伝
後漢雒陽明堂	後漢	五行帝	光武帝	『続漢書』祭祀志
後漢・蔡邕の明堂構想	後漢	上帝（五帝）	祖	蔡邕「明堂月令論」
後漢・鄭玄の明堂説	後漢	太微五帝	五精之君、五神、文王、武王	『周礼』注、『礼記』注、『鄭志』
曹魏明堂	魏	同右	文帝	『宋書』礼志
西晋明堂	西晋	昊天上帝	文帝	同右
摯虞改制明堂	西晋	五帝	不明	『晋書』礼志
劉宋明堂	劉宋	太微五帝	文帝	『宋書』礼志
南斉明堂	南斉	同右	なし	『南斉書』礼志
梁明堂	梁	同右	配帝、五神	『隋書』礼儀志
陳明堂	陳	同右	配帝、五神	同右
北魏平城明堂	北魏	五帝	先帝	『魏書』高祖紀
隋明堂	隋	太微五帝	五人帝・五神・太祖	『隋書』礼儀志

とはなかったが、唐代に昊天上帝が皇地祇とともに太室において祭祀されるようになった。女帝である則天武后への阿諛もあったかもしれないが、天地合祭が明堂祭祀の本道だったとしたら、原点回帰ということになる。

昊天上帝と五帝とを総祭する理由を高宗は、それが礼の精神であり、先祖に最高の虔誠を捧げることになるからだと言った[25]。則天武后も、さらに皇地祇を加えた祭祀空間を「厳父配天の誠敬を弘めるものです。《弘嚴配之虔誠。》」と説明している[26]。宋代も昊天上帝を明堂に祀ったがその理由は、人民のために福を祈るからだという[27]。必ずしも、昊天上帝信仰のみを意味しないが、明堂に天地の最高神である昊天上帝と皇地祇とを祀り、重立った神神を一堂に会し従祀することこそが、大享礼の理想形だと認識されたのである（表3）。

則天武后明堂（万象神宮）	唐（武周）	昊天上帝・皇地祇	太微五帝、五人帝、五神、祖宗	『旧唐書』礼儀志
北宋明堂	北宋	同右	配帝（太祖・太宗・真宗）、太微五帝、五人帝、五神、神州地祇、日月河海諸神	『宋史』礼志
宋徽宗明堂	北宋	昊天上帝	五精之君、配帝	『宋史』礼志、『宋会要』明堂御礼
南宋明堂	南宋	同右	配帝（太祖・太宗・高宗）、天星・嶽瀆	『夢粱録』明堂大礼
明代明堂（大祀殿）	明	昊天上帝・皇地祇	皇考	『明史』礼志
清代明堂（大饗殿）	清	同右	配帝（太祖・太宗）、日月諸神	『清史稿』礼志

第四節　明堂の波及

（一）中国医学における明堂

パンテオンは、完全な模倣は不可能だったが、そのドーム建築は東西両ローマ帝国、そしてヨーロッパ各地に波及していった。今日なお見られるヴァチカンのサン・ピエトロ大聖堂やイスタンブール（旧コンスタンチノープル）のハギア・ソフィアのドーム建築がその名残である。

明堂の場合、その建築様式の波及は北京天壇祈年殿において見られるが、更に重要な波及は、思想や文化の面において確認される。その最も顕著な例は中国医学と風水思想への影響である。

唐の太宗が『明堂図』を見て、背への笞刑《ちけい》を廃止した話は有名である。この話柄の原型は唐代の史料筆記『隋唐嘉話』の次の一条であろう。

太宗は医学書を閲覧し、『明堂図』では、人間の五臓の系（経脈線）がみな背中に付いているのを見て、悲しみ傷んで、「今の法律の杖笞の刑は、どうやって臀と背中とを打ち分けるというのか。」と言い、詔を下して背中を鞭打つことを止めさせた。[28]

太宗閲醫方、見『明堂圖』、人五臟之系咸附於背、乃愴然曰、「今律杖笞、奈何令髀背分受。」乃詔不得笞背。

ここに言う『明堂図』は明らかに、本書で論じてきた国家礼制建築の明堂(以下、礼制明堂と略称)を描いた、『(黄帝時)明堂図』や『三礼図』の「明堂図」の類ではなく、医学、とりわけ鍼灸に関わる図版を収めた書物を指す。正史では、『新唐書』刑法志は、この逸話をリライトして、「(貞観四年)太宗は以前『明堂針灸図』を閲覧し、人の五臓がみな背に近いのを見た。《太宗嘗覧『明堂針灸圖』、見人之五藏皆近背。》[29]」と記録するから、『明堂図』は『明堂針灸図』を指す。具体的には、六二〇年(唐の高祖武徳三年)頃に甄権《しんけん》(五四一～六四三)が編纂した『明堂図』を基に、少府が制作し、六三〇年(貞観四年)に太宗に献上した『明堂人形《じんけい》図』がその主要なものの一つだった。[30] これは鍼灸の孔穴が描かれた仰(仰向け)・伏(うつぶせ)・側(横向き)の三図からなる偃側《えんそく》図系統といわれるものに属し、経文も記入されていた。[31]

このような『明堂図』は正史では南朝劉宋の太医令だった秦承祖《しんしょうそ》の『明堂図』に遡ることが出来、[32] 明堂を書名に入れた例としては、東晋の葛洪《かっこう》の『抱朴子《ほうぼくし》』内篇雑応篇に見える、『明堂流注偃側図』が挙げられる。実は、このような医学書における明堂の使用例は漢代成立の『黄帝内経素問《こうていだいけいそもん》・霊枢《れいすう》』にすでに見られるが、三世紀中期には、医書としての明堂経の原型(原『明堂』)が形成され、西晋の皇甫謐撰とされる『黄帝甲乙経《こういつけい》』による活用を経て、唐の楊上《ようじょう》善《ぜん》(五八九～六八一)によって『黄帝内経明堂類成』に大成された。[33]

唐では医博士とは別に鍼博士が置かれ、鍼生の教育には、『素問』『黄帝鍼経』『明堂』『脈訣』や『流注』『偃側』等の図が使われ、卒業試験として『素問』から四条、『黄帝鍼経』『明堂』『脈訣』から各二条が出題された。[34]

しかしながら、『明堂経』系統の医学書は、唐末、五代時代に失われ、宋代以降にはそれとは異なる鍼灸書が行われるようになった。ただし、『明堂経』の威名が忘れられたことはなく、大きな影響力を保った。[35] そして驚くべきことに、本邦では『日本国現在書目録』医方家に著録された、楊上善の『黄帝内経明堂』が伝存しており（本書一〇頁図5を参照）、丹波康頼《たんばのやすより》（九一二〜九九五）は『医心方《いしんぼう》』執筆において、楊上善の『黄帝内経明堂』やその他の『明堂経』を批判的に利用しつつ、原『明堂』の復元を試みた。また、『明堂図』に祖型が求められる鍼灸人形図は今日に至るまで、多様な展開を遂げながらも、鍼灸家必携のものとなっており、その状況は他の東アジアの諸国・地域も変わりがない。

今日において『明堂経』や『明堂図』の認知度は鍼灸家の間では抜群である。『明堂図』と言えば、想起されるのは、鍼灸の『明堂図』であろう。この状況はあるいは唐代においても同様だったかも知れない。『隋書』経籍志、『旧唐書』経籍志、『新唐書』藝文志に著録された『明堂図』は鍼灸のそれだけであった。礼制建築の『明堂図』は秘閣に蔵され、一方の鍼灸の『明堂図』は、奉勅の『明堂人形図』は生活の場におかれた等身大の彩色された図鑑であったから、どちらが人目を引いたかは言うまでもないであろう。

宋代にはいささか事情は異なるようだ。それは、宋代の書物は同じ太宗のエピソードを伝えて、『明堂図』を『明堂針灸図』（『新唐書』刑法志）や『明堂鍼灸書』（『資治通鑑』唐紀九）[36]と書き換えたことから窺える。判然とさせたのは、宋代特有のリゴリズムもあっただろうが、この時代には明堂は年中行事化した大享祭祀によって身近なものになり、「明堂図」の用語は礼制建築に使うべきものとなっていたからであろう。

さて、本書で問題とするのは、何故に鍼灸医学の書物に「明堂」の名を付けたかである。真柳誠は、「頭部の円形と四肢の方形、人体の立体性と陽気下降・陰気上昇、さらに孔穴・針灸を統括するシンボルとして、人体の天子が政務する顔面の「明堂」で命名したのである。[37]」と述べる。顔面の明堂とは、『霊枢』五色篇に、「明堂とは鼻である。《「明堂者鼻也。」》」とあることから、鼻の謂いである。[38]

筆者の推測を付け加えれば、明堂が黄帝と不可分の関係にあるからだろう。黄帝は鍼灸の神であり、実際のところ、『明堂経』の正式名称は『黄帝明堂経』なのだ。略称として黄帝を省略して『明堂経』と言い、明堂を省略して『黄帝経』と言うが、『明堂経』が先行し、それに黄帝を付加して『黄帝明堂経』が成立したわけではないだろう。

(二)風水思想における明堂

風水思想で言う明堂とは、気の流れである龍脈から気が吹き出す地点である龍穴に臨んで麓側に広がる一帯を指す。ここが吉地と判断されれば、住宅や墓地を営み、子孫が繁栄するのである。(39) 唐宋期に重んじられた風水の理論書である、晋の郭璞《かくはく》(二七六～三二四)に仮託される『葬書《そうしょ》』や『黄帝宅経《たくけい》』も明堂が広闊であることの重要性をしばしば説き、南宋の朱熹は「今人は墓地の前を明堂と呼ぶ。(40)」と言ったが、年代が判明している文献としては、次の『宋書』符瑞志の記事が最も早い風水思想の明堂(以下、風水明堂と略称)の用例の一つと言えるだろう。

泰始四年(四六八)十一月辛未、崇寧陵令が上書して言うには、大明八年(四六四)より今に至るまでの四年二箇月の間、宣太后陵(崇寧陵)の明堂の前後でしばしば光と五色の雲とが現れ、また芳香があたりに立ちこめ、また五采の雲は松の木の下にあって、車の屋根のような形だった、と。(41)

泰始四年十一月辛未、崇寧陵令上書言、自大明八年至今四年二月、宣太后陵明堂前後數有光及五色雲、又芳香四滿、又五采雲在松下、狀如車蓋。

南朝の陵墓は風水思想に基づいて造営されており、馬蹄形の丘陵地帯の最奥部、つまり気の噴出する龍穴に墳丘が営まれている。(42) 右の記述の明堂とは墳丘＝龍穴の前に広がる空間を指すのである。

太后陵とはいえ、礼制明堂が墓葬の付属施設として営まれることはない。しかしながら、なにゆえに風水思想では龍穴の前の空間を明堂と称するのであろうか。また、風水明堂は礼制明堂と如何なる関係にあるのであろうか。この疑問に直接の解答を与えてくれる文献はないが、『漢書』藝文志、術数略の記述はその端緒になるかも知れない。『漢書』藝文志では、呪術的な疑似科学を術数(数術)と称し、「数術とはみな、明堂、羲和《ぎか》、史卜の職である。(43)」と述べる。術数には、天文、暦法、五行、蓍亀《しき》(易占亀卜)、雑占、形法(相術)の六家がある。五行家に『堪輿《かんよ》金匱《きんき》』があり、蓍亀家に『周易明堂』があり、形法家に『宮宅地形』があるから、必ずしも単純に、天文・暦法・五行各家は羲和の、蓍亀・雑占両家は史卜に属するから、明堂は形法家を指すというわけにはいかないが、形法家を説明する『漢書』藝文志の次の記述は、明堂の職の性質を理解する一助になる。

形法とは、中国の国土の形勢を大局的に考察して都市や建築の形状を設計し、人と家畜の身体構造の原理、器物の形体からその性向、貴賤、吉凶を判断することである。律(基準の楽器)に長短があり、それぞれその音階を出すようなもので、鬼神がいるわけではなく、数の原理で自ずからそうなるのだ。だが形と気とは密接に関係するが、形はあるが気はないことや、気はあるが形はないこともあり、形法は精密な観察によってのみ為せる業なのだ。(44)

形法者、大擧九州之勢以立城郭室舍形、人及六畜骨法之度數、器物之形容以求其聲氣貴賤吉凶。猶律有長短、而各徵其聲、非有鬼神、數自然也。然形與氣相首尾、亦有有其形而無其氣、有其氣而無其形、此精微之獨異也。

形法とは、神怪な魔法ではなく、数の原理から合理的に導き出される「形勢」と「気」との精密な理論なのである。礼制明堂もまた、総体や各部において、『周易』や陰陽五行思想をはじめとする中国伝統思想の様々な象徴数や形状を表現し、四時・中央の気の循環を統御する装置であった。明堂の職を礼制明堂配属の官職とすれば、形法家は間違いなくその一員に数えられるだろう。また、礼制明堂の王城城南の立地や気の統御という機能を想起すれば、龍穴の前の空間を明堂と称することに一つの解答を与えられるであろう。

そして、風水明堂と礼制明堂との深い関係には、漢の武帝の泰山明堂が大きな影響を及ぼしたと考えられる。泰山明堂が基づいた方士の公玉帯が奉った『(黄帝時)明堂図』によれば、明堂には昆侖《こんろん》と名付けられた複道(二階建の廊下)があり、これは崑崙山にある仙人の棲む五城十二楼に想を得たのであるが[45]、風水思想では、中国の龍脈はすべて世界の中心である崑崙山に源を発し、中国に向かう三大幹龍(三つの大きな龍脈)の一つの終着点が泰山なのである[46]。

朱熹も、「冀都(冀州。尭の都)はまさに天地の中心であり、素晴らしい風水の地だ。……前面には一本の黄河がぐるりと繞り、右岸には華山が聳え立ち、白虎(風水思想で西方を象徴する)となっている。華山から中ほどに山脈が来て、嵩山となり、前案(案山とも言い、風水思想では気の拡散を防ぐ役割をする)となっている。山脈はそのまま続いて行き泰山となり、黄河左岸に聳え立ち、青龍(風水思想で東方を象徴する)となっている[47]。」と述べる。華山、嵩山、泰山はいずれも五岳の一つとされ、中国では古来より崇拝される名山である。中でも泰山は神仙思想では神仙や死者の霊魂が集まる神山とされ、秦の始皇帝、漢の武帝が封禅儀式を行って以降は、儒教でも別格の霊山とされた。

武帝が風水思想を信奉していたかは不明だが、泰山封禅の折りに明堂は建てられ、泰一、五帝が祀られた。泰一神は天の最高神であり、五帝は五行を司り、五気を支配する。風水思想的に言えば、武帝は気を発する偉大な龍穴である泰山の前を選んで明堂を作り、気を御して昇仙という最大の好運を招こうとしたのだ。龍穴の前の好運を呼び込む空間、それが明堂ならば、泰山明堂こそは風水明堂の有力な起源の一つだったのに違いない。

風水明堂の観念は中国のみならず、礼制明堂のそれと同様に、周辺諸国家に伝播した。礼制明堂が王者―皇帝の特権物だったために、冊封《さくほう》国では表だって営建出来なかったのとは異なり、風水明堂は忌避の必要がなく、国家の繁栄を支えるものとして重要視された。ここでは、朝鮮と琉球の例を見ておこう。

朝鮮半島では、新羅(三五六〜九三五)末に道詵《どうせん》(八二七〜八九八)が唐から風水術を持ち帰ったと伝えられ、風水明堂の観念も含まれていた。高麗や朝鮮王朝(一三九二〜一九一〇)の王都や王宮は明堂に建てられたとされる。ここでいう明堂は風水明堂であり、明堂の地徳こそが国家の命運を左右すると信じられていた(48)。

これに対し、琉球王国の首里城御庭ゾーンは、正殿、南殿・番所、奉神門、北殿が御庭を囲み、あたかも東南西北の四室が中央の太室を囲む礼制明堂のような形状を呈している(本書八頁図3を参照)。ところが、この御庭ゾーンの西に位置する下之御庭《しちゃぬうなー》は、正殿を龍穴とする明堂の空間とされる(49)。つまり、首里城は礼制明堂と風水明堂の二重の明堂を有する王宮なのである。祭政両面で重要な空間である御庭ゾーンを、密かに礼制明堂に擬《なぞら》え、さらに風水明堂を整備し、国家の繁栄を盤石にしようとしたのであろう。

結　語

パンテオンの、円と方形、半球《ドーム》と円筒《ドラム》の単純ながらも緻密に計算された、その造形は、無限の宇宙《コスモス》と自己完結的な内部空間の間の簡潔な関係を成立させた希有《けう》な例とされる(50)。パンテオンはまた、その造形とともに、内部にローマと宇宙とを司る神神を祀ることによって、皇帝の正統性と帝国・世界の安寧秩序の維持を保証する装置であった。驚異的に堅牢なローマン・コンクリートによって往時の原型を今なお確固としてとどめるこの建築は、ローマ皇帝の権力と信仰への意志とは関わりなく、只管《ひたすら》無限の宇宙の荘厳さによって圧倒する。

明堂はもはや現存しないから、パンテオンとは異なり、その荘厳さを実感することは出来ないが、本章において、位置、構造、祭祀の三点においてその変遷を概観し、明堂の本質や存在意義を考究した。そこからは、明堂もまた、宇宙を象徴する造形がなされ、宇宙と直結し、天神と交感する装置だったことが確認された。すなわち、明堂とは、祭政一致の象徴として起こり、円形によって天を象徴し、方形によって地を象徴し、天神を祀り、宇宙の調和を図り、皇帝自身と王朝・天下の繁栄を願う装置だったのである。パンテオンがずっと同じドームを支えた二千年の間に、中国は何度も王朝交替し、多くの明堂が造られた。それらの明堂は幾多の変遷を経て、大きな差異を見せた。例えば、漢の武帝の泰山明堂と則天武后の万象神宮(復原図は本書三一二頁図6、同二二七頁図11を参照)を比較すれば、位置や規模、構造、祭祀対象等、多くの点で差異は歴然としている。しかしながら、その建築が祭政一致の場所であり、その構造が宇宙を象徴し、そこに天地の神神が祀られ、王朝の有功者が従祀されたことは変わりない。その本質は不変だったのである。

いささか詳細に述べれば、位置においては、明堂は長らく経典や緯書に記された首都城南におかれていたが、唐代に城内最中央の宮城内におかれ、宋代においても同様だった。このような劇的な変化は、経典や礼学の理論や原則を無視したように見えるが、明堂が祭政一致の象徴であり、宇宙論的に世界の中心こそ相応しいとの認識に立てば、これらの変遷の背後には一貫した原則が存在する。つぎに構造においては、五室か九室か、上円下方の造形法といった問題が明堂を礼学上最大の紛糾の的にしていた。だが、南朝の一屋の明堂はこれらの難問を雲散霧消し、また宋代においては幕と纈の舞台装置だけで、聖俗の転換がなされた。これらは明堂の本質がその構造になく、天との関係にあること示す。祭祀の面では、明堂の祭壇に祀る上帝が五帝か昊天上帝か、五帝とは何かという問題がやはり、明堂論における最難問の一つだった。原則としては、城南明堂では五帝だが、宮城明堂では昊天上帝となる。これは宮城明堂が南郊祭天の代替との理屈からである。だが、歴代王朝の祭祀対象の変遷を見れば、重要なのは、明堂という閉ざされた空間内で、直結して交感し、皇帝の願望を適えてくれる天神だということのようだ。

中国医学や風水思想においても、明堂が天と直結し、天神と密かな交感をはかり、利益を導き出す装置であるという意義は、礼制明堂と変わらない。中国医学や風水思想において明堂の概念はきわめて重要である。礼制明堂の命脈は尽きたが、その波及した分野において、明堂は今日なおその影響力を保ち続けているのである。

注

(1) S・ギーディオン著、前川道郎・玉腰芳夫訳『建築、その変遷 古代ローマの建築空間をめぐって』(みすず書房、一九七八年)二二八頁を参照。原著は Siegfried Giedion, *Architektur und das Phänomen des Wandels: Die drei Raumkonzeptionen in der Architektur*, Verlag Ernst Wasmuth, Tübingen, 1969.

(2) Tod A. Marder and Mark Wilson Jones, "Introduction", Tod A. Marder and Mark Wilson Jones (ed.), *The Pantheon: From Antiquity to the Present*, Cambridge University Press, New York, 2015, p. 7 を参照。

(3) Tod A. Marder and Mark Wilson Jones, 前掲論文 "Introduction", *The Pantheon: From Antiquity to the Present*, pp. 5-6 を参照。

(4) Eugenio La Rocca, "Agrippa's Pantheon and Its Origin", 前掲書 *The Pantheon: From Antiquity to the Present* を参照。

(5) 本書第一章、二九〜三〇頁を参照。

(6) 本書第一章、二九頁及び注(16)を参照。

(7)『宋史』巻四百三十二、儒林伝二、李覯、「若其建置之所、……夫稱明也、宜在國之陽、事天神也、宜在城門之外。」(一二八四一頁)。

(8) 本書第八章第一節(一)2を参照。

(9) 欧陽修『帰田録』巻下(『四庫全書』文淵閣本、第一千三十六冊、五四八頁)、「皇祐二年・嘉祐七年季秋大享、皆以大慶殿爲明堂。蓋明堂者路寢也。方於寓祭圜丘、斯爲近禮。」

(10)『周易』繫辞伝下、「乾、陽物也。」(八九頁)。

(11)『周易』上経、乾卦、彖伝、「大哉乾元。萬物資始、乃統天。」（一四頁）。

(12)『周易』上経、乾卦、彖伝、孔穎達疏に、「萬物資始者、釋其乾元稱大之義、以萬象之物皆資取乾元、而各得始生、不失其宜、所以稱大也。」（一四頁）とあるのを参照。

(13)本書第一章第三節（四）を参照。

(14)Eugenio La Rocca, 前掲論文 "Agrippa's Pantheon and Its Origin", *The Pantheon: From Antiquity to the Present*, p. 76 を参照。

(15)〔唐〕王涇『大唐郊祀録』巻五、祀礼二、明堂祀昊天上帝（汲古書院、一九七二年、七六五頁）。

(16)本書第七章、二四二～二四三頁を参照。同箇所で省略した韋叔夏上奏の後段は次の通りである。『旧唐志』、「往以神都郊壇未建、乃於明堂之下、廣祭衆神、蓋義出權時、非不刊之禮也。謹按禮經、其内官、中官、五岳、四瀆諸神、竝合從祀於二至。明堂總奠、事乃不經。然則宗祀配天之親、雜與小神同薦、於嚴敬之道、理有不安。望請每歳元日、惟祀天地大神、配以帝后。其五岳以下、請依禮於冬、夏二至、從祀方丘、圜丘、庶不煩黷。」（八六四～八六五頁）。

(17)『宋会要輯稿』巻七千六百九十九、方域一、「正殿曰太極殿。……晉曰宣德、後復爲明堂。太平興國三年改今名。」（七三二二頁）。

(18)『宋史』巻八十五、地理志一、京城、「東京。……大慶殿。」原注「舊名崇元、乾德四年（九六六）重修、改曰乾元、太平興國九年（九八四）改朝元、大中祥符八年（一〇一五）改天安、明道二年（一〇三三）（二年、原作三年。中華書局本校勘に従い改めた）改今名。」（二〇九七～二〇九八頁）。

(19)本書第八章、二五三～二五四頁を参照。

(20)Eugenio La Rocca, 前掲論文 "Agrippa's Pantheon and Its Origin", *The Pantheon: From Antiquity to the Present*, pp. 51–52 を参照。

(21)S・ギーディオン前掲書『建築、その変遷　古代ローマの建築空間をめぐって』、二二八頁を参照。

(22)本書第七章第四節を参照。

(23)本書第二～五章を参照。

(24) 本書第六章第四節、二〇六～二〇七頁を参照。
(25)『旧唐書』巻二十一、礼儀志一、「乾封二年十二月、詔曰……仍總祭昊天上帝及五帝於明堂。庶因心致敬、獲展虔誠、宗祀配天、永光鴻烈。」(八二六～八二七頁)。
(26) 本書第七章、二四二～二四三頁参照。
(27)『宋史』巻一百一、礼志四、明堂、二四六六頁。原文は、本書第八章、注(13)を参照。
(28)〔唐〕劉餗《りゅうそく》『隋唐嘉話』巻中(北京、中華書局、一九七九年、一八頁)。作者の劉餗は唐代の著明な史学者劉知幾(六六一～七二一)の次子、生卒年は不明ながら、玄宗時代の人物と推定される。
(29)『新唐書』巻五十六、刑法志、一四〇九頁。
(30) 閻淑珍「『明堂経』の流伝と現状」(『歴史文化社会論講座紀要』第八巻、京都大学大学院人間・環境学研究科、二〇一一年)、真柳誠『黄帝医籍研究』(汲古書院、二〇一四年)五一三～五一七頁を参照。
(31) 真柳誠前掲書『黄帝医籍研究』、五八四頁を参照。
(32) 秦承祖が劉宋の太医令だったことは、〔唐〕李林甫等『唐六典』巻十四、太常寺、太医署、医博士原注(北京、中華書局、一九九二年、四一〇頁)に、「宋元嘉二十年、太醫令秦承祖奏置醫學、以廣教授。」とあるのを参照。また、秦承祖の『明堂図』は、『旧唐書』巻四十七、經籍志下に、「『明堂圖』三卷。秦承祖撰。」(二〇四六頁)と著録される。
(33) 真柳誠前掲書『黄帝医籍研究』、五八一～五八六頁を参照。
(34)『唐六典』巻十四、太常寺、太医署、鍼博士原注、四一一頁を参照。
(35) 閻淑珍前掲論文「『明堂経』の流伝と現状」、一二～一三頁を参照。
(36)『資治通鑑』巻一百九十三、唐紀九、六〇八三頁。
(37) 真柳誠前掲書『黄帝医籍研究』、五八一頁。
(38) 真柳誠前掲書『黄帝医籍研究』、四四四～四四五頁を参照。
(39) 水口拓寿『儒学から見た風水　宋から清に至る言説史』(風響社、二〇一六年)七〇頁を参照。
(40)〔宋〕黎靖徳編『朱子語類』巻九十七、程子之書三(北京、中華書局、一九八六年、二五〇五頁)、「今人呼墓地前爲明堂。」

（41）『宋書』巻二十九、符瑞志下、慶雲、八三六頁。
（42）拙稿「南朝陵墓と王権――王者を生む墓について」（吉川忠夫『六朝道教の研究　京都大学人文科学研究所研究報告』、春秋社、一九九八年）、来村多加史「南朝陵墓選地考」（『網干善教先生華甲記念考古学論集』、網干善教先生華甲記念会、一九八八年）を参照。
（43）『漢書』巻三十、藝文志、術数略、「數術者、皆明堂羲和史卜之職也。」（一七七五頁）。
（44）『漢書』巻三十、藝文志、術数略、形法、一七七五頁。
（45）『史記』巻十二、武帝紀、『索隠』に、「王帶『明堂圖』中爲複道、有樓從西南入、名其道曰崑崙。言其似崑崙山之五城十二樓、故名之也。」（四八一頁）とあるのによる。
（46）三大幹龍については、三浦國雄『風水講義』（文藝春秋、文春新書、二〇〇六年）を参照。
（47）『朱子語類』巻二、理気下、天地下、「冀都是正天地中間、好箇風水。……前面一條黃河環繞、右畔是華山聳立、爲虎。自華來至中、爲嵩山、是爲前案。遂過去爲泰山、聳于左、是爲龍。」（二九頁）。
（48）村山智順『朝鮮の風水』第二章「国都風水」、第三章「京城の風水」（国書刊行会、一九七二年）を参照。
（49）浦山隆一・秋元一秀「首里城の象徴空間構成――風水思想の築城計画に及ぼした影響――」（『日本建築学会大会学術講演梗概集』F、一九八九年）を参照。
（50）S・ギーディオン前掲書『建築、その変遷　古代ローマの建築空間をめぐって』、二三〇頁を参照。

あとがき

本書は、二〇一二年に京都大学に提出した博士論文『南北朝隋唐明堂研究』を基礎に、大幅に増補改訂し、研究史や先秦両漢魏晋時代、宋元明清時代、中国医学と風水思想の明堂観念に関する章節を加え、朝鮮、琉球への波及にも言及した総合的な通史研究である。各章のもとになった論文の原題と初出は次の通りである。

第一章「漢代の明堂と五帝」『中国哲学論集』第四十二号、九州大学中国哲学研究会、二〇一六年十二月
第二章「魏晋の明堂改制論と王粛の五帝説」『中国思想史研究』第三十四号、京都大学中国哲学史研究会、二〇一三年三月
「裴頠の「一屋之論」と南朝北朝の明堂」『哲学年報』第七十一輯、九州大学大学院人文科学研究院、二〇一二年三月
第三章「南朝宋時代における明堂創建と謝荘の明堂歌」『中国哲学論集』第三十三号、二〇〇七年十二月
第四章「南朝斉梁時代の明堂」『哲学年報』第六十九輯、二〇一〇年三月
第五章、第六章「北魏と隋の明堂」『哲学年報』第七十輯、二〇一一年三月
第七章「唐代の明堂」『中国哲学論集』第三十六号、二〇一〇年十二月

明堂は、礼学上古来紛糾を極めた厄介な問題である。けれども、明堂は、中国古代の祭政一致の象徴であり、中国伝統文化の凝集であるが故に、中国固有の問題であると同時に、文化の象徴、凝集という点で普遍的なテーマでもある。深みも広がりもある頗る魅力的な研究対象なのである。このような多面的で複雑な明堂を体系的に理解し、その本質を解明するために、中国歴代の明堂に関する資料を博捜し、思想史、政治史、建築技術史等の多角的な観点から、皇帝、学者、政治家たちの厖大な議論を丹念に読み解き、思想文化の座標上に位置づけた。この作業は地味ながらも最善の方法であり、思想面に分厚い明堂研究の新たな指標を提示し得たと自負する。

本書は、一冊で明堂の全体像を把握できる書物を企図した。主な関係資料はほぼ網羅し、現代語訳して原文を添えた。五帝等の明堂研究上のみならず、中国思想、歴史学研究上重要な諸問題に関する創見も少なくない。中国思想、中国史研究者をはじめ、広範な分野の研究者、読書人の関心を喚起し、広く読まれんことを庶幾う。

本書出版にあたり、池田秀三先生と吉川忠夫先生にあつくお礼申し上げたい。両先生は学生時代以来、今日まで多大なる学恩を蒙ってきた恩師である。本書に関しては、池田先生には博士論文の審査以来、折にふれ懇切丁寧なご指導を頂戴した。吉川先生には本書出版について貴重なご示唆とコメントを頂戴した。

また、編集を担当下さり、終始お世話になった岩波書店の赤峯裕子さんにもお礼申し上げたい。

そして、常に献身的に支えてくれた妻に心よりの感謝を捧げる。

二〇一七年　冬至

南澤良彦

索　　引

事項・人名・書名(作品名)に分けて，項目を五十音順にならべ，頁数を示す．
3頁以上続く場合は「-」を用いる．

事項索引

あ 行

か 行

さ 行

た 行

な・は 行

ま・や 行

ら 行

人名索引

あ 行

か 行

さ 行

た 行

書名索引

さ 行

た 行

な・は 行

ま 行

ら 行

南澤良彦
1962年，兵庫県生まれ.
1985年，京都大学文学部哲学科中国哲学史専攻卒業.
1992年，京都大学大学院文学研究科博士後期課程研究指導認定退学.
2012年，京都大学博士(文学)学位取得.
現在，九州大学大学院人文科学研究院准教授.
専門は中国古代中世思想史，中国科学技術思想史.
1995年度「張衡の宇宙論とその政治的側面」(『東方学』89)で，東方学会賞受賞.
〔主要論文〕「『帝王世紀』の成立とその意義」(『日本中国学会報』44，1992)，「『孔子家語』の流伝と評価との再検討」(『九州中国学会報』51，2013)，「唐代の将作大匠—中国中世官僚制における科学技術と術数」(『中国哲学論集』41，2015)など.

中国明堂思想研究 —王朝をささえるコスモロジー

2018年2月15日　第1刷発行

著　者　南澤良彦《みなみざわよしひこ》

発行者　岡本　厚

発行所　株式会社　岩波書店
〒101-8002 東京都千代田区一ツ橋2-5-5
電話案内 03-5210-4000
http://www.iwanami.co.jp/

印刷・精興社　函・加藤製函所　製本・牧製本

ISBN 978-4-00-023891-5　　Printed in Japan